工业和信息化高职高专「十二五」规划教材立项项目

经济法基础与实务

The Theory and Practice of Economic Law

胡德华 ◎ 主编

吴湘频 李文斌 叶家红 ◎ 副主编

FE

基础课系列

21世纪高等职业教育财经类规划教材

Basic Course

人民邮电出版社

北京

图书在版编目（CIP）数据

经济法基础与实务 / 胡德华主编. -- 北京 : 人民邮电出版社, 2011.5（2016.7重印）
21世纪高等职业教育财经类规划教材基础课系列
ISBN 978-7-115-25034-6

Ⅰ. ①经… Ⅱ. ①胡… Ⅲ. ①经济法－中国－高等职业教育－教材 Ⅳ. ①D922.29

中国版本图书馆CIP数据核字(2011)第044320号

内容提要

本书依据一线职业岗位对经济法知识与应用能力的要求，以经济类职业岗位工作过程中需要处理的经济法律事务为主线，吸收最新经济法的立法信息，重构了经济法课程内容体系。

本书共9讲，内容包括经济法概述、企业法律制度、公司法律制度、市场规制法律制度、合同法律制度、宏观调控法律制度、金融法律制度、经济争议解决法律制度、社会保障法律制度。全书结构简洁，深入浅出，重点突出，实现了理论与实践、法律与案例的有机融合。

本书既可作为高职高专院校经济管理类及相关专业的经济法教材，也可作为各类成人院校、中等专业（职业）学校教学用书以及企业职工的培训教材，还可作为在职人员迅速提高经济法知识与应用能力的自学用书。

21世纪高等职业教育财经类规划教材·基础课系列

经济法基础与实务

◆ 主　　编　胡德华
　副 主 编　吴湘频　李文斌　叶家红
　责任编辑　刘　琦

◆ 人民邮电出版社出版发行　　北京市丰台区成寿寺路11号
　邮编　100164　　电子邮件　315@ptpress.com.cn
　网址　http://www.ptpress.com.cn
　大厂聚鑫印刷有限责任公司印刷

◆ 开本：700×1000　1/16
　印张：16.5　　　　2011年5月第1版
　字数：363千字　　　2016年7月河北第8次印刷

ISBN 978-7-115-25034-6

定价：28.00元

读者服务热线：(010)81055256　印装质量热线：(010)81055316
反盗版热线：(010)81055315
广告经营许可证：京东工商广字第8052号

前　言

市场经济发展越快，依法治国和依法治经的要求就越迫切、目标就越明确、任务也就越繁重。这就需要培养和造就不仅懂经济，而且也懂法律尤其是懂经济法的人才，以满足我国市场经济快速发展的需要。20 世纪末期，我国高等职业教育的兴起和快速发展已经为满足这种需求奠定了后备人才的基础。然而，要真正培养和造就这样的优秀人才，客观上要有一本既能将经济法基础知识阐述到位，又能使学生通过学习能够真正掌握经济法律实务并具有处理实际工作中各种经济法律问题能力的好教材。基于此，我们依据国务院颁发的《国家中长期教育改革和发展规划纲要》和教育部【2006】16 号文件精神，组织了全国部分长期工作在高等职业教育第一线而且在法律战线兼职多年，既有丰富的教育教学经验，又有很强的法律尤其是经济法律实战能力的教授、专家、学者和律师经过反复酝酿和论证，编写了这本《经济法基础和实务》。值得一提的是，本教材还吸收了长期奋斗在司法工作第一线的法律实战专家参与编写，从而增添了本书素材的真实性及实务的实战性。

本书的编写具有以下特色。

1. 易教易学性。本书作者都是长期从事高等职业教育教学工作并在法律领域兼职多年的教授、学者和律师以及长期工作在司法实践第一线的法律实战专家，他们深知职业教育类学生的经济法律基础和接受、理解知识的能力。因此，在编写过程中，一方面避开了较为复杂的经济法理论的陈述；另一方面又兼顾到教材体系的完整性，从而形成了学生易学、教师易教的特色。

2. 体例的创新性。全书采用一体化的格式编写，每一讲的开头设有内容提要、知识目标、实务目标和学时建议以及导引案例；每一讲的正文始终坚持理论以够用为原则，注重经济法实务的掌握和运用，并通过穿插大量的案例讨论、案例分析和知识链接帮助学生理解和掌握；每一讲的最后均安排有学习回顾、知识巩固、综合案例分析和实务与技能训练等。

3. 理论的前沿性。本教材在保持基本内容完整的同时，吸收了截至 2010 年底为止国内外经济立法的新领域、新动态和新成果，实现了“基础”与“前沿”的良好结合。在内容的安排上除了一般经济法教材中具有的经济法律内容外，针对职业类学生的就业需要增添了劳动保障法律制度。可以这样说，这是目前已经出版的经济法教材中内容最新的一本。

4. 实务的工学结合性。本教材在充分贯彻和落实国务院《国家中长期教育改革与发展规划纲要》和教育部【2006】16 号文件精神的基础上，根据职业类学生毕业后就业的岗位群的实际需要确定编写的方法。尤其在涉及经济法律实务时，穿插有小案例讨论和案例分析，并在每一讲的最后安排有包括模拟法庭在内的各种实务与技能训练。这就充分突出了经济法教学过程的实践性，强化了对职业类学生的职业能力的培养，更好地体现了职业类院校人才培养模式的“工学结合性”。

5. 教学资源的丰富性。本教材配有丰富的教学资源，为教学提供了全方位、立体化的解决方案。教学资源包括电子课件、习题及其参考答案，除此之外，还配有试题库以及标准答案。这就减轻了教师的备课负担，解决了教师布置和批改作业、出卷和改卷方面所遇到的各种困难与问题。同时，精美又形象的电子教案也有利于提高学生学习兴趣，帮助学生更好地理解和掌握教材的内容。

本书由胡德华教授任主编，吴湘频、李文斌、叶家红任副主编。全书根据胡德华教授拟定的写作思路、设计的创新体例进行编写，并由胡德华、李文斌共同起草大纲，最后由吴湘频做初次统稿，胡德华反复修改、总纂后定稿。全书共 9 讲，齐齐哈尔大学应用技术学院李文斌编写第 1 讲和第 9 讲；丽水职业技术学院叶家红编写第 2 讲和第 6 讲；广州科技贸易职业学院吴湘频编写第 3 讲、第 4 讲和第 5 讲；丽水职业技术学院胡德华、丽水市人民检察院潘骏编写第 7 讲和第 8 讲；惠州经济职业技术学院陈宏寿编写第 7 讲和第 9 讲的案例收集工作。

本书在编写过程中，参考和借鉴了大量的国内外同类著作、文献，以及报刊资料，值此出版之际，特向这些作者表示诚挚的感谢！

由于作者水平有限，书中错误与疏漏之处在所难免，敬请有关专家、学者、教授和广大读者批评指正，以便再版时予以完善和纠正。

作　者

2011 年 2 月

目 录

目 录

目 录

第1讲

经济法概述

内容提要

本讲主要阐述经济法的历史及现状，经济法的定义、调整对象及特征，经济法与民法、刑法和行政法的关系，并简单介绍和经济法相关的几项经济法律制度，如法人制度、代理制度、所有权制度、债权制度等。最后，比较详细地介绍经济法律关系及其组成要素。

知识目标

1. 了解经济法的历史与现状。
2. 理解经济法与民法、刑法和行政法的关系。
3. 熟悉经济法的定义、调整对象及其特征。

实务目标

1. 能够运用法人制度、代理制度、所有权制度和债权制度的具体法律规定，处理与之相关的纠纷案件。

2. 能够正确判断代理关系和经济法律关系。

学时建议

6～8 课时

引导案例

美国的金融危机开始于2007年的次贷危机，在2008年下半年演变成一场自1929年大萧条以来最严重的金融危机。这场金融危机从美国的房地产市场开始，以惊人的速度迅速波及信贷市场和资本市场，造成货币市场和信用市场的流动性枯竭，股票价格大幅跌落，银行等金融机构相继破产或重组，信贷资产损失数以万亿，经济实体受损，消费低迷，世界经济陷入第二次世界大战以来最为严重的衰退。

为了摆脱金融危机，各国政府采取了史无前例的措施对金融市场进行干预：多国银行实行国有化，政府出资购买金融机构不良资产以及为金融机构注资等。美国的金融危机已经发展成全球的经济危机，且对全球经济的震动还将持续数年。

分析：从美国的这场金融危机来看，其教训是深刻的。

第一，政府应加强对金融机构的监管和调控。美国的金融危机早有先兆，在金融危机前就有经济学家发出警告，由美国房地产带来的金融危机将会蔓延全世界。然而，这些警告没有引起美国联邦储备委员会的重视。如果美国政府能够及早加强对华尔街的审查和监管，房地美和房利美、雷曼兄弟、美林、贝尔斯登、华盛顿互惠银行等或许就不会像多米诺骨牌一样倒掉。

第二，必须健全微观金融运行机制。美国著名金融机构的危机甚至破产，就是源于内部经营管理机制的薄弱和风险控制机制的失效。因此，健全金融企业的经营管理机制，强化风险控制制度，是保证金融体系稳定、安全运行的根本环节。

第三，必须有效抑制市场投机。投机是市场的润滑剂，但投机过度就会严重损害市场稳定的基础，甚至引发金融危机。目前美国的金融危机，在很大程度上是由投机行为泛滥而引发的。经验表明，要想实现金融市场和金融体系的稳定与可持续发展，必须采取有效措施抑制过度投机，严防投机泛滥。

美国金融危机的整个过程展示的正是政府监管缺位的严重后果，特别是美国的衍生金融品过度泛滥，盲目信奉自由主义，放松监管，最终导致金融市场的系统性崩溃。因此，政府对金融市场进行适度的干预是必要的，否则后果难以预料。

1.1 经济法的过去、现在与将来

1.1.1 经济法溯源

法是人类社会发展到一定历史阶段的产物，是随着国家的产生而产生的。法和法学产生后，大体上经历了诸法合一、结构分化和高度专业化三个阶段。

【知识链接 1.1】 汉谟拉比法典

1901 年，一支考古队在伊朗西南部发现了一个椭圆柱形的石碑。这个石碑就是著名的“汉谟拉比法典”，它是世界上最早的一部比较系统的法典。

汉谟拉比（阿摩利人）是古巴比伦的国王，为了处理每天繁杂的申诉案件，他让臣下将法律条文和社会习惯编成了一部法典，这就是汉谟拉比法典。

汉谟拉比法典比较全面地反映了4000年前的古巴比伦社会状况，该法典分为序言、正文和结语三个部分。正文共有282条，其中包括诉讼手续、盗窃处理、租佃、雇佣、商业高利贷和债务、婚姻、遗产继承、奴隶地位等条文。

汉谟拉比法典处理的基本原则就是"以牙抵牙，以眼还眼"。如两个自由民打架，一个人被打瞎了一只眼睛，对方就要同样被打瞎一只眼睛以作为赔偿。

汉谟拉比法典反映了诸法合一阶段的法律特征。

19世纪中后期，人类社会生产力水平的大幅提高引发了社会关系与社会思想领域前所未有的剧烈冲突与深刻变革，这时产生了一个崭新的法律部门——经济法。人们普遍认为西方国家的经济法起源于19世纪末20世纪初的德国，1910年德国颁布的钾矿业法被认为是最早的经济法。

【知识链接1.2】 "经济法"词源

"经济法"一词，最早见于1775年法国空想共产主义者——摩莱里撰写的《自然法典》，其中的第四篇"合乎自然意图的法制蓝图"中就出现了"经济法"一词。但当时的"经济法"仅作为一个名词出现，并不具有今天的含义。

1865年，法国著名无政府主义代表人物——蒲鲁东曾在其著作《工人阶级的政治能力》一书中指出："政治法是经济法和民法的补充和必然产物"。

1906年，德国学者莱特在他撰写的《世界经济年鉴》中使用了"经济法"这一概念。

1916年，德国法学家海德曼在《经济学字典》中也使用了"经济法"的概念。

经济法概念的出现和逐步完善，是一个连续的历史过程。在第一次世界大战结束前，只有"经济法"之名，而无"经济法"之实。经济法作为一个独立的法律部门还是第一次世界大战以后的事情。

经济法从产生到现在，大致的发展过程可以概括为以下几个阶段。

① 战时经济法阶段。一些国家为了应对战争而采取经济法措施的时期。如日本在明治维新时期，就推行"殖产兴业"政策，由政府扶植了一批政商，如三井、三菱等；在第一次世界大战时期又颁布了诸如《黄金出口禁令》等一系列管制经济法。日本当时的经济法主要是围绕着侵略扩张，是为战争服务的经济法。

② 危机对策法阶段。一些国家为了摆脱经济危机而采取经济法措施的时期。如美国在20世纪30年代经济危机期间，罗斯福总统推行新政，为恢复经济颁布了《国家产业复兴法》、《1934年证券交易法》等；20世纪70年代的滞涨时期，政府被迫立法实行物价和工资管制。

③ 战后经济法阶段。一些国家在战后为恢复国民经济而采取的经济法措施的时期。如美国在二战后，为了推行民主和维护自由竞争的市场秩序，以反垄断法为代表，推进一系列以协调社会经济发展为目的的经济法律。

④ 现代经济法阶段。一些国家为了发展国民经济而采取经济法措施的时期。在和平时期，为了维护适当的市场竞争，使社会资源得到合理配置以发挥最大的社会效益，各国推出了各种各样的反垄断法、计划和产业政策法等，经济立法进入快速发展时期。

新中国成立后，我国在相当长的一段时期内实行计划经济，经济立法被忽视。党的十一届三中全会后，我国进入了一个新的历史发展时期，经济立法工作才全面展开。

1.1.2 经济法现状

目前，世界上经济法体系比较健全的国家当属美国和日本，我国的经济立法由于起步较晚，尚处于初级阶段。

新中国的经济法起始于 20 世纪 70 年代末 80 年代初。为了适应经济体制改革与对外开放，从 1978 年到 1992 年我国陆续出台了《中外合资经营企业法》（1979 年）、《个人所得税法》（1980 年）、《统计法》（1984 年）、《森林法》（1984 年）、《外资企业法》（1986 年）、《土地管理法》（1986 年）、《全民所有制工业企业法》（1988 年）、《中外合作经营企业法》（1988 年）、《环境保护法》（1989 年）等经济法。

党的十四大（1992 年 10 月）明确提出建立社会主义市场经济体制后，使我国的经济立法进入了一个前所未有的快速发展时期，由此初步形成了比较完善的社会主义经济法体系。这时期的经济法主要有《反不正当竞争法》（1993 年）、《产品质量法》（1993 年）、《消费者权益保护法》（1994 年）、《广告法》（1995 年）、《劳动法》（1995 年）、《商业银行法》（1995 年）、《审计法》（1995 年）、《预算法》（1995 年）、《中国人民银行法》（1995 年）、《价格法》（1998 年）、《招标投标法》（2000 年）、《税收征收管理法》（2001 年）等。

进入 21 世纪，随着我国经济形势的不断变化，经济立法呈现蓬勃发展的态势。

1.1.3 我国经济立法展望

我国经济立法的发展方向是：体系更加完善，内容更加健全。

① 培育统一、完善和开放的市场体系。为了更好地进行资源配置，使各种资源能够充分、自由地流动，国家必须有意识地通过经济立法建立和健全生产资料市场、消费资料市场、金融市场、人才市场、技术市场、信息市场等，并打破条块分割和地方封锁，使市场体系畅通无阻。

② 保证国家对市场的宏观调控。历史经验表明，市场经济也需要国家的必要干预。在市场经济体制下，政府要转变职能，采用间接的方式调控经济，而完善经济法中的税法、银行法、预算法、统计法等法律是实现宏观调控的有效途径和保障。

③ 完善市场主体法。企业和各种经济组织是构成市场的主体，没有充满活力的企业和经济组织就没有发达的市场。而目前我国的市场主体法还存在很多问题，如内外资企业的法律地位问题，以兼并、联合等形式进行资产重组和结构调整的法律问题，企业破产、关闭的法律问题，关联公司问题，小股东权益的保护问题，中小企业的发展促进问题等。建立现代企业制度，完成战略性调整和改组，形成比较合理的国有经济布局和结构，加强经济管理，提高经济效益，都需要通过经济立法予以保障。

④ 有效监管市场运行。现有的市场规制法侧重于对具体市场行为的规范和管理，今后要对市场结构进行立法。因为，缺乏市场结构立法就可能造成不合理的垄断，从而妨碍市场机制发挥作用。

⑤ 推动科技进步。知识经济时代，科学技术是促进经济发展、增强国力的主导因素之一。因此，国家有必要通过立法推动科技进步以促进国民经济的持续发展。

1.2　经济法与其他法律的关系

1.2.1　经济法简述

1. 经济法的定义

经济法是调整国家在管理与协调经济运行过程中发生的经济关系的法律规范的总称。对经济法定义的理解，主要包括以下几个方面。

① 经济法体现了国家运用法律对社会经济生活的干预。

② 经济法不是调整所有的经济关系，仅调整具有全局性的、社会公益性的经济关系。

③ 经济法的特定调整对象具有相对独立性。

2. 经济法的调整对象

经济法具有自己独立的调整对象，其调整对象是指经济法所干预、管理和调控的具有社会公益性的经济关系。国家在经济管理和经济协调过程中调整的特殊的经济关系主要包括以下一些。

① 市场主体关系。国家从社会整体利益出发，对市场经济主体的法定资格条件、设立程序、资本制度、内部治理结构等问题必须进行统一协调，对企业的设立、变更、终止、内部设置及其职权、财会管理等要进行必要干预。这方面的法律主要有《公司法》、《全民所有制工业企业法》、《外商投资企业法》、《合伙企业法》、《个人独资企业法》等。

② 市场规制关系。为了维护市场机制的有效运行，国家必须对市场进行必要的规范与制约。这方面的法律主要有《产品质量法》、《反不正当竞争法》、《反垄断法》、《消费者权益保护法》、《工业产权法》、《广告法》等。

③ 宏观调控关系。在社会主义市场经济体制下，国家要运用计划、财政、金融等一系列宏观调控手段，保证经济健康、稳定发展。这方面的法律主要有《财政法》、《税法》、《金融法》、《会计和审计法》等。

3. 经济法的特征

经济法具有法律的一般特征，又有自身的特点，其特点具体表现为以下几个方面。

① 综合性。在调整范围方面，经济法既有宏观的经济管理和调控关系，也有微观的经济协作关系；在法律结构方面，经济法既包括部门法又包括各种规范文件，既有实体法又有程序法，既含强制性、任意性规范又含指导性、诱导性规范等；在调整方法方面，经济法综合运用民事、行政、刑事、专业技术等多种手段作用于经济领域。

【知识链接 1.3】　实体法与程序法

实体法与程序法是根据法律规定内容的不同为标准对法进行的分类。

实体法是指以规定和确认权利、义务或职权、职责为主要内容的法律法规，如《刑法》、《民法通则》等。

程序法是指以保证权利、义务得以实现或职权、职责得以履行的有关程序为主要内容的法律法规，如《民事诉讼法》、《行政诉讼法》等。

就其主要方面的内容而言，实体法和程序法之间也有一些交叉，如实体法中也可能涉及一些程序规定，程序法中也可能有一些涉及权利、义务、职权、职责等内容的规定。

② 政策性。政策是管理者在某一时期为完成特定任务而规定的活动准则。政策比法律缺少相应的强制性和严格的程序性，但政策往往更灵活。由于经济活动变化快，而立法具有一定的滞后性，所以经济法必须随时根据国家意志的需要赋予政策以法的效力，并根据政策的变化而变化。

③ 社会公益性。经济法主要是调整国家经济管理与经济协调关系，所以强调的是社会责任本位理念。经济法通过保障社会经济秩序，进而保护个体的权利和利益。因此，经济法维护的是社会整体利益。

1.2.2 经济法与其他法律的关系

经济法同其他法律部门既有联系又有区别，为了更加清晰地认识经济法的特点，现将经济法与民法、刑法与行政法进行简单对比。

【知识链接 1.4】 法律部门

法律部门，也称部门法，是指运用特殊调整方法调整一定种类社会关系的法律规范的总和。在现行法律规范中，由于调整的社会关系及其调整方法不同，可分为不同的法律部门。凡调整同一类社会关系的法律规范的总和，就构成一个独立的法律部门。

我国的法律部门主要包括宪法、行政法、民法、商法（或者民商法）、经济法、刑法、诉讼程序法等。

1. 经济法与民法的关系

民法是调整平等民事主体的自然人、法人及其他非法人组织之间人身关系和财产关系的法律规范的总称。目前，由于我国没有独立的商法，所以我国的民法也包括商法，是民商合一的立法。我国的民法包括民法通则、物权法、婚姻法、继承法、收养法、合同法、担保法、著作权法、专利法、商标法等法律法规。

经济法与民法既有联系又有区别。

（1）经济法与民法的联系

经济法与民法的联系最为密切，主要表现在：调整对象方面，两者都是调整一定范围的经济关系，如财产关系；法律作用方面，经济法和民法都是保护当事人合法经济权益的法律。

（2）经济法与民法的区别

① 调整对象不同。经济法以国家在管理和协调国民经济运行过程中发生的经济关系为调整对象，不调整人身关系，具有显著的服从性，属于公法范畴；民法则调整作为平等主体的自然人、法人之间的财产关系和人身关系，以平等性为基本特征，属于私法的范畴。

【知识链接 1.5】 公法与私法

公法是指涉及公共利益，尤其是国家利益的法律。而私法是指涉及私人利益的法律。

目前，区分公法与私法并没有一个统一的标准理论。公法与私法的划分是动态的、历史的，是经济、政治等诸因素作用的结果。现代社会公法有扩张的趋势，国家越来越需要向社会授权，所谓的“社会法”实质上属于公法范畴。

② 作用不同。经济法以维护国家利益和社会公共利益为主，强调社会本位；而民法以维护自然人和法人的个体利益为主，突出个体权利的本位性。

③ 调整方法不同。经济法采取奖励和惩罚相结合的调整方法，以强制性规范为主，对违法行为综合运用追究经济责任、行政责任和刑事责任相结合的制裁方式；而民法则更多地采用任意性规范，当事人享有可以依法自由处分的权利，以补偿性为主。

【知识链接 1.6】 民事责任

民事责任是指民事主体因违反民事义务所应承担的民事法律后果，它主要是一种民事救济手段，目的是使受害人被侵犯的权益得以恢复。

民事责任的种类主要包括：停止侵害，排除妨碍，消除危险，返还财产，恢复原状，修理、重做、更换，赔偿损失，支付违约金，消除影响、恢复名誉，赔礼道歉等。

2. 经济法与刑法的关系

刑法是规定犯罪和刑罚及其罪刑关系的法律。刑法作为一种公法，其任务是用刑罚同一切犯罪行为作斗争，保卫国家安全、人民民主专政的政权和社会主义制度，保护社会主义的经济基础和公民的合法权利，维护社会秩序。

刑法针对一切犯罪行为，制裁比较严厉。严重违反经济法的行为，当影响严重、社会危害性较大，构成犯罪的，也会受到刑事制裁。

【知识链接 1.7】 刑事责任

刑事责任是指行为人实施犯罪行为必须承担的法律责任。

刑事责任主要有9种，包括5种主刑和4种附加刑。主刑有管制、拘役、有期徒刑、无期徒刑和死刑，附加刑有罚金、剥夺政治权利、没收财产和驱逐出境。

3. 经济法与行政法的关系

行政法是指行政主体在行使行政职权和接受行政法制监督过程中，与行政相对人、行政法制监督主体之间发生的各种关系，以及行政主体内部发生的各种关系的法律规范的总称。

行政法的调整对象主要包括以下几种。

① 行政管理关系，即行政机关、法律法规授权的组织等行政主体在行使行政职权的过程中，与公民、法人和其他组织等行政相对人之间发生的各种关系。行政管理关系如行政许可、行政处罚等是行政关系中的主要部分。

② 行政法制监督关系，即行政法制监督主体在对行政主体及其公务人员进行监督时发生的各种关系。行政法制监督主体主要包括权力机关、司法机关和行政监察机关等。

③ 行政救济关系，即行政相对人认为其合法权益受到行政主体做出的行政行为的

侵犯时，向行政救济主体申请救济，行政救济主体对其申请予以审查，做出向相对人提供或不提供救济的决定而发生的各种关系。行政救济主体主要包括受理申诉、控告、检举的信访机关，受理行政复议的行政复议机关，以及受理行政诉讼的人民法院等。

④ 内部行政关系，即行政主体内部发生的各种关系，主要包括上下级行政机关之间的关系，平行行政机关之间的关系，行政机关与其内设机构、派出机构之间的关系，行政机关与国家公务员之间的关系，行政机关与法律、法规授权组织之间的关系，行政机关与其委托行使某种行政职权的组织之间的关系等。

行政法涉及的领域广泛，已经扩展到了社会生活的各个方面。因此，在社会经济生活领域中，经济法和行政法都起着调整一定社会经济关系的作用，那么，两者有何区别呢?

经济法与行政法的区别主要表现为以下几个方面。

① 调整对象不同。经济法调整的是特定的经济关系；而行政法调整的是行政管理关系。

② 作用不同。经济法是调整全局性的、社会公益性的经济关系，以社会为本位；行政法是国家用来规范行政权的法律，体现的是国家利益。

③ 调整方法不同。经济法采取经济责任、行政责任和刑事责任相结合的制裁方式；行政法采取行政制裁的方式。

【知识链接 1.8】 行政制裁

行政制裁是指国家行政机关对行政违法者所实施的法律制裁，即根据法律及相关规定，对犯有轻微违法失职行为但尚不够成刑事犯罪，或违反内部纪律的人员所采取的一种强制性措施。

行政制裁分为行政处分、行政处罚和劳动教养三种。

行政处分是国家行政机关依照行政隶属关系，对违法的行政机关工作人员所实施的行政制裁。具体包括警告、记过、记大过、降级、撤职和开除等 6 种形式。

行政处罚是指由特定的行政机关对违法的公民、法人或者其他组织所实施的行政制裁。具体包括：警告，罚款，没收违法所得、非法财物，责令停产停业，暂扣或者吊销许可证、执照，行政拘留以及法律、行政法规规定的其他行政处罚等 7 种形式。

劳动教养是为了维护社会治安，预防和减少犯罪，对轻微违法犯罪人员实行的一种强制性教育改造的行政措施。劳动教养的期限一般为 1～3 年。

1.3 相关经济法律制度

1.3.1 法人制度

1. 法人的定义与特征

法人制度是近代资本主义商品经济发展的产物。法人制度萌芽于古代罗马法。1900 年的《德国民法典》第一次对法人制度作了系统规定，随后在各国的民法中对法人制度做了明确规定。法人的本质是社会组织在法律上具有独立地位即法律人格的表现。只有商品经济才需要承认商品生产者和经营者的独立地位和独立利益，因此，商品经济的存在是法人制度赖以建立的基础。

我国从解放后到改革开放前的很长一段时期内实行计划经济。在计划经济体制下，企业是行政机构的附属物，没有任何自主性，企业生产的积极性和创造性受到压制。我国经济体制改革的总体目标是建立社会主义市场经济，而实现这一目标的重要措施之一就是赋予企业独立主体资格即法人资格。

我国 1987 年 1 月 1 日施行的《民法通则》，第一次以基本法形式确定了法人制度。法人是具有民事权利能力和民事行为能力，依法独立享有民事权利和承担民事义务的组织。

与其他民事主体相比，法人具有以下基本法律特征。

① 法人是依法成立的一种社会组织。这是法人与自然人之间的最大区别。在法律上，自然人作为民事主体以其生命体的存在为前提，而法人作为民事主体是以社会组织体的存在为前提。因此，只有那些具备法定条件，并得到国家认可或批准的社会组织，才能取得法人资格。

② 法人必须拥有独立的财产。法人以其民事主体资格参与的民事活动，均与财产有直接或间接的联系。因此，法人拥有独立的财产，是法人作为独立主体存在的基础和前提条件，也是法人独立地享有民事权利和承担民事义务的物质基础。所谓独立的财产，是指法人必须拥有独立归其所有、由其支配的财产，这些财产应当与国家财产、他人财产及其成员财产严格分开。

③ 在法律上，法人具有独立人格。法人依法享有独立的民事权利能力和民事行为能力。法人的民事权利能力是指法律赋予法人参加民事法律关系，取得民事权利、承担民事义务的资格。法人的民事权利能力是法人作为民事主体参加民事活动的前提，没有这种民事权利能力，就不能参加民事活动。法人的民事行为能力是法人以自己的行为取得民事权利和承担民事义务的资格。国家赋予法人民事行为能力，就是为了保证法人实现其民事权利能力。

【案例分析 1.1】　公司财产与个人财产是一回事吗？

在我国民营企业中，有不少私企老板认为"公司财产就是我个人的财产"。

分析：诚然，有许多民营企业能够发展到今天的规模，与私企老板个人的精明与勤奋是分不开的，他（她）们本人在公司中的工资也许不是很高，当公司遇到资金周转困难时，他（她）们还会将家里的钱投到企业中。这样就经常出现公私不分的现象，私企老板缺钱时便从公司的账目上提取，甚至其亲属也可以随便从公司账目上提取现金用作个人消费支出。这种看似方便、理所当然的做法，往往隐藏着很大的风险。

公司是具有独立法人资格的企业组织，这就要求公司的财产与个人的财产要严格分开。公司账目混乱将直接影响到企业的财税规划，一旦被税务机关查出后，企业不仅要补交所得税，还要缴纳罚金，后果会很严重。

2. 法人的类型

根据《民法通则》的规定，我国的法人分为企业法人、国家机关法人、事业单位法人和社会团体法人 4 类。

（1）企业法人

企业法人是指从事生产、流通、科技等活动为内容，以获取盈利和增加积累、创造社会财富为目的的一种营利性的社会经济组织。依照《民法通则》的规定，我国的企业法人有三种分类方法：一是根据所有制性质将企业法人分为全民所有制企业法人、集体所有制企业法人和私营企业法人；二是根据是否有外资参与，将企业法人分为中资企业法人、中外合资经营企业法人、中外合作经营企业法人和外资企业法人；三是根据企业的组合形式，将企业法人分为单一企业法人、联营企业法人和公司法人。

（2）国家机关法人

国家机关法人是指依法享有国家赋予的行政权力，并因行使职权的需要而享有相应的民事权利能力和民事行为能力的国家机关。国家机关以法人资格进行活动时，与其他当事人处于平等的法律地位。国家机关依照法律或行政命令成立，不需要进行核准登记程序即可取得机关法人资格。

（3）事业单位法人

事业单位法人是指为了社会公益事业目的，由国家机关或者其他组织利用国有资产举办的，从事文化、教育、卫生、体育、新闻等公益事业的单位法人。这些法人组织不以营利为目的，一般也不参与商品生产和经营活动，虽然有时也能取得一定收入，但该收入只能用于事业目的。依据法律规定或行政命令组建的事业单位，从成立之日起，即具有法人资格；由自然人或法人自愿组建的事业单位，应依法办理法人登记，方可取得法人资格。

（4）社会团体法人

社会团体法人是指由自然人或法人自愿组成，为实现会员共同意愿，按照其章程开展活动的非营利性法人。社会团体法人可分为学术性社会团体法人、行业性社会团体法人、专业性社会团体法人及联合性社会团体法人。

3. 法定代表人

法定代表人是指依法代表法人行使职权的最高行政负责人。法定代表人全权代表法人实施法律行为，其他任何自然人均无此资格和权利。法定代表人以外的其他工作人员对外代理法人实施法律行为时，必须有法定代表人的委托授权。

4. 企业年检制度

企业法人登记管理实行年度检验制度。年检制度是登记主管机关按照《企业法人登记管理条例》及其实施细则的规定，在每个年度内对已登记注册的法人核准登记事项和对执行有关法律、法规和政策的情况进行检验的一种手段。它是一项法定的监督管理制度，是对法人进行监督管理的重要方法。通过年检制度，可以有效保护合法经营，取缔违法经营，维护正常的经济秩序。

1.3.2 代理制度

1. 代理的定义与法律特征

代理是指代理人以被代理人的名义，在代理权限范围内与第三人进行的法律行为，其法律后果直接由被代理人承受的法律制度。其中，代为他人实施民事法律行为的人称为代理人；由他人以自己的名义代为民事法律行为并承受法律后果的人称为被代理人。

【小案例 1.1】

甲受乙的委托，以乙的名义与丙签订合同，在乙和丙之间形成合同关系。甲和乙构成代理关系，其中，甲是乙的代理人，乙是被代理人。

代理的法律特征如下。

① 代理是一种法律行为。

② 代理是代理人以被代理人的名义进行的，即代替被代埋人进行的法律行为。

③ 代理是代理人在代理权限范围内独立地向第三人进行意思表示。

④ 代理人在代理授权范围内进行代理的法律后果归属于被代理人，只要代理人根据代理权进行了正常的代理活动，无论法律后果对被代理人是否有利，都由被代理人承担。

2. 代理的种类

代理从不同的角度可以分成不同的类型，其中最重要的分类方法是根据代理权产生的原因的不同，将代理分为委托代理、法定代理和指定代理。

（1）委托代理

委托代理是指基于被代理人的委托授权而发生代理权的代理，由于它是依据本人意思而产生代理权的代理，本人意思表示是发生委托代理的前提条件，因此又称为意定代理。委托授权行为是被代理人以委托的意思表示将代理权授予代理人的行为，它是委托代理产生的根据。我国《民法通则》有关委托代理的规定，明确使用了“授权委托书”、“委托书授权”等术语，可见，我国《民法通则》也把授权行为作为委托代理发生的根据。

一般认为代理权的授予并不是一种契约关系，而是一种单方法律行为，它不必取得代理人的同意，仅凭被代理人一方的意思表示，就能发生授权的效力。我国《民法通则》第 65 条规定，授权委托书只需要委托人签名或者盖章即可。

通常情况下，在本人完成授权行为之时，本人与代理人之间往往已设定一种合同关系作为代理权赖以产生的基本法律关系。所以，委托合同是产生委托代理授权的原因或基础，委托代理权就成为受托人处理委托事务的一种手段。但是，委托合同的成立和生效，并不当然产生代理权，只有委托人作出委托授权的单方行为，代理权才发生。此外，劳动合同关系、合伙关系、职务关系，并不存在委托合同关系，也能产生委托代理授权。

委托代理授权，一般为不要式行为。《民法通则》第 65 条第 1 款规定：“民事法律行为的委托代理，可以用书面形式，也可以用口头形式。法律规定用书面形式的，应当用书面形式。”在法律规定必须用书面形式时，口头形式为无效。

（2）法定代理

法定代理是指依照法律的规定发生代理权的代理。这种法律规定，即法定授权行为，是国家立法机关基于保护公民和维护交易秩序的特别需要，而作出的关于具有特定身份的民事主体有权代理他人为民事法律行为的规定。取得法定代理人的资格既不需要当事人的意思表示，也不需要人民法院的指定，这是法定代理的一个显著特征。

法定代理通常适用于被代理人是无民事行为能力人、限制民事行为能力人的情况。《民法通则》第 12 条、第 13 条规定，限制民事行为能力人依法不能独立实施的民事行为，由他的法定代理人代理或征得法定代理人的同意实施；无民事行为能力人由他的法定代理人代理民事活动。《民法通则》第 14 条规定："无民事行为能力人、限制民事行为能力人的监护人是他的法定代理人"。因此，具有监护人资格的人，依法享有法定代理权。监护人作为法定代理人实施代理行为时，应遵循《民法通则》第 18 条第 1 款规定的行为准则，本着有利于被监护人利益的精神而为之。监护人实施代理行为违反监护职责的要求或者侵害被监护人的合法权益时，应当承担由此产生的不利后果；若因此致被监护人受损失，应负赔偿责任。

（3）指定代理

指定代理是指依据人民法院或者有关单位的指定行为而发生的代理。这里所谓"有关单位"，是指依法对被代理人的合法权益负有保护义务的组织。人民法院可以依法为那些因特殊原因不能亲自处理自己事务，又不能通过法定代理人或委托代理人处理其事务的公民指定代理人。如为失踪人指定财产代管人，为没有法定代理人或者其法定代理人互相推诿代理责任的无诉讼行为能力人指定诉讼代理人。在不能由法院指定代理人的情况下，应依法由对他的合法权益负有保护义务的单位为其指定代理人。

由于指定代理人的机关及代理权限都是由法律直接规定的，因此，指定代理不过是法定代理的一种特殊类型。

3. 代理的几个相关规定

① 无代理权、超越代理权或代理权已终止仍进行代理的，视为无权代理，均由行为人承担民事责任；如被代理人事后追认，则由被代理人承担民事责任。

② 被代理人知道他人以自己名义实施民事行为而不做否认表示的，视为同意代理。

③ 第三人知道行为人没有代理权、超越代理权或者代理权已终止还与行为人实施民事行为，给他人造成损害的，由第三人和行为人负连带责任。

④ 代理人不履行代理职责而给被代理人造成损害的，应当承担民事责任。

⑤ 代理人和第三人串通，损害被代理人利益的，由代理人和第三人负连带责任。

⑥ 代理人知道被委托事项违法而仍然进行代理活动，或者被代理人知道代理人代理行为违法却不表示反对的，代理人与被代理人负连带责任。

⑦ 委托代理转托时，应当事先取得被代理人的同意，或事后及时告知被代理人取得其同意，否则，由代理人负民事责任。但在紧急情况下为保护被代理人的利益而转托的不受该规定限制。

4. 表见代理

表见代理是指行为人虽无代理权，但由于本人的行为，造成了足以使善意第三人相信其有代理权的表象，而与善意第三人进行的、由本人承担法律后果的代理行为。表见代理实质上是无权代理。若无权代理行为均由被代理人追认决定其效力的话，会给善意第三人造成损害。因此，在表见的情形之下，规定由被代理人承担表见代理行为的法律后果，更有利于保护善意第三人的利益，维护交易安全，并以此加强代理制度的可信度。

【案例分析 1.2】　是否构成表见代理？

张××是一套房屋的产权人，张××的儿子拿着他的印章、身份证和房屋产权证原件委托一家房产中介公司出售该房屋。在中介公司的帮助下，顺利将房屋出售并办理了房屋过户手续。张××知道后，拒绝买房者入住房屋。双方在交涉无果的情况下，诉至法院。

庭审中，张××坚持自己并不知情，均是儿子私下所为，但没有拿出证据予以证明。买房者则认为，张××儿子拿出的印章、身份证和房屋产权证都是真实的，应视为委托代理关系，而且自己是通过合法途径购买房屋，应当受到法律的保护。

法院在查明事实的基础上认为，由于张××儿子所持的印章、身份证和房屋产权证均是真实的，因此张××儿子的售房行为在法律上可以视为表见代理。据此，法院认为买房者作为善意第三人，基于合理信任签订的房屋买卖合同是合法有效的。

1.3.3　所有权制度

1．所有权的概念与特征

所有权，也称财产所有权，是指所有人依法对自己的财产所享有的占有、使用、收益和处分的权利。所有权是一种财产权，也是物权中的一种权利。

【知识链接 1.9】　物权法

《中华人民共和国物权法》于2007年3月16日由第十届全国人民代表大会第五次会议通过，自2007年10月1日起施行。物权法共5编19章247条，是关于财产归属和利用的法律规则，它的功能在于明确财产所有、充分发挥财产的效用。

物权法主要解决3个问题：一是物属于谁，谁是物的主人；二是权利人对物享有哪些权利，他人负有怎样的义务；三是怎样保护物权，侵害物权要承担哪些民事责任。

物权是指权利人依法对特定的物享有直接支配和排他的权利，包括所有权、用益物权和担保物权等3种。

所有权的具体内容包括占有、使用、收益、处置等4项权利。占有是指民事主体对于标的物实际上的占领、控制；使用是指依照物的性质和用途，并不毁损其物或变更其性质而加以利用；收益是指收取标的物的孳息；处分是指决定财产事实上和法律上命运的权利。所有权人享有上述4个方面的权利，但并不意味着所有人必须实际行使各项权利，他可以将4项权利中的一项或数项权利分离出去由他人享有并行使。

【小案例 1.2】

房屋的所有人可以将房屋出租，房屋的占有和使用权暂时让渡给承租人，但收益和处分权仍归房屋的所有人。

所有权的法律特征是以下几方面。

① 完整性。所有权与其他物权区别的主要表现在于所有人对自己财产享有占有、使用、收益和处分的完整权利，而其他物权只是具有所有权的部分权利。

② 绝对性。所有权的权利主体是特定的，作为特定权利主体的所有权人对权利的行使不需要任何其他人的协助，就可以直接实现对其财产的占有、使用、收益与处分。所有权的义务主体是不特定的，所有人之外的任何不特定的民事主体都负有

不作为的义务，都属于义务主体。

③ 排他性。所有权可以依法排斥他人的非法干涉，不允许其他任何人加以妨碍或者侵害。所有权实行一物一权，任何财产只能有一个所有权，不能形成双重所有权。

④ 永续性。所有权因标的物的存在而永久存在，不能预定其存续期间。

2. 所有权的取得

所有权的合法取得方式可分为原始取得与继受取得两种。

（1）原始取得

原始取得也称最初取得，是指依法最初取得财产的所有权或不依赖于原所有人的意志而取得财产的所有权。原始取得的方式主要有以下几种。

① 生产。任何生产都是对自然界的占有、利用和改造，如对自然界的直接或间接占有、捕鱼、采矿、使用原料制造产品等。

② 先占。先占指因事实行为而取得动产所有权。构成先占须符合一定的条件：先占的标的物须为无主物（抛弃物属于无主物，但发现的文物属于国家所有，遗失物、漂流物等也不属于无主物）；标的物必须不是法律禁止占有的物；须有依所有意思占有标的物的行为。

③ 孳息。孳息指依法取得的相关利益。孳息可分为天然孳息（如果树结果）和法定孳息（如存款产生利息）两种。

④ 添附。添附是指民事主体把不同所有人的财产或劳动成果合并在一起，在恢复原状于事实上不可能或者于经济上不合理的情况下，形成另一种新形态的财产。添附主要有混合、附合和加工 3 种方式。混合是指不同所有人的财产互相混合，难以识别而形成的新财产；附合是指不同所有人的财产密切结合在一起而形成的新财产，例如，使用他人的建筑材料建造房屋；加工是指一方使用他人财产加工改造为具有更高价值的新财产，例如，在他人的布上画油画。

⑤ 善意取得。善意取得是指无权处分他人物的占有人，在不法将物转让给第三人以后，如果受让人在取得该物时出于善意，即可依法取得该物所有权的法律制度。受让人在取得物的所有权以后，原所有人不得要求受让人返还财产，而只能请求转让人（占有人）赔偿损失。

⑥ 拾得遗失物。遗失物是指他人不慎丧失占有的动产。拾得遗失物指发现他人遗失物而予以占有的法律事实。根据《物权法》的规定：拾得遗失物，应当返还权利人；拾得人在返还拾得物时，可以要求支付必要费用，但不得要求支付报酬；遗失人发出悬赏广告，愿意支付一定报酬的，不得反悔；自有关部门发出招领公告之日起 6 个月内无人认领的遗失物归国家所有；拾得人拒不返还遗失物，按侵权行为处理，拾得人不得要求支付必要费用。拾得漂流物、发现埋藏物或者隐藏物的，同样适用关于遗失物的规定。

⑦ 国有化和没收。国有化和没收都是剥夺原所有权的行为。国有化取得的所有权是独立的，其所有权归国家；没收取得的所有权，与原所有人的所有权和意志无关。

（2）继受取得

继受取得也称传来取得，是指通过某种法律事实从原所有人那里取得对某项财产的所有权。这种方式是以承认原所有人对该项财产的所有权作为取得的前提条件。继受取得的具体方式有以下3种。

① 合同行为。民事主体双方达成协议，通过买卖、赠与等合同行为使得所有权发生移转。

② 继承遗产。继承人按照法律的直接规定或者合法有效遗嘱的指定，取得被继承人死亡时遗留的个人合法财产。

③ 接受遗赠。公民、集体组织或者国家作为受遗赠人，按照被继承人生前所立的合法有效遗赠的指定，取得遗赠的财产。

1.3.4 债权制度

1. 债权的概念

债是按照合同约定或依照法律规定，在特定的当事人之间产生的权利和义务，即债权和债务。

债权是一种要求他人实现一定行为（作为或不作为）的法律权利。根据权利义务对等的原则，债务是一种必须实现一定行为（作为或不作为）的法律义务。因此，债的本质是一种债权债务关系，债权和债务都不能单独存在，否则就失去意义。

债权人通常也叫债主，是指拥有债权的当事人；负有偿债义务的当事人称为债务人。债权人和债务人既可以是公民，也可以是法人，还可以是国家，但国家只有作为民事主体出现时才具备债务人的资格。

在债权债务关系中，债权人和债务人都是特定的，只有特定的权利主体才有权要求特定的义务主体履行约定的义务。

如果债务人不履行偿债义务，债权人有权请求司法机构强制其履行。如果债权人由于对方不履行债务而遭受经济损失的，债权人有权要求其赔偿。

【知识链接1.10】　强制执行与强制措施

强制执行是指法院强制执行债务人的财产折抵债务，如果债务人没有财产可供执行，就会暂不执行，但一旦发现债务人有可执行的财产，法院就会执行。如果债务人阻挠执行，法院可以对其采取强制措施，包括：查询、冻结、划拨债务人的存款；扣留、提取债务人的收入；查封、扣押、拍卖、变卖债务人的财产；搜查债务人隐匿的财产；强制债务人交付法律文书指定交付的财物或者单据；强制债务人迁出房屋或者退出土地；强制执行法律文书指定的行为；强制加倍支付迟延履行期间的债务利息和支付迟延履行金；强制办理有关财产权证照转移手续等。

2. 代位权与撤销权

近年来，我国存在着严重的三角债和债务人逃债废债现象。为保护债权人的正当利益，我国确立了新的保全制度，代位权和撤销权都是其中主要的保全措施。

（1）代位权

债权人的代位权是指因债务人怠于行使其对第三人享有的到期债权，对债权人的债权造成危害时，债权人可以向人民法院请求以自己的名义向第三人代位行使到期债权的权利。

代位权的行使一般需要具备以下几个法律要件：债权人与债务人之间要有合法的债权债务关系存在；债务人享有对第三人的到期债权（非专属于债务人本身的权利）；债务人怠于行使自己的债权，即债务人到期能够并且应当行使自己的债权而不行使；债务人怠于行使其债权的行为使债权人到期的债权有不能实现的危险；债权人行使代位权的范围不能超过其对债务人享有的债权。

【小案例 1.3】

乙欠甲 1 万元人民币，丙欠乙 5 万元人民币，且都到了偿还的时间。如果乙不去向丙要 5 万元人民币，就不能偿还甲的欠款，这时甲可以向人民法院请求以自己的名义代位乙向丙要 1 万元人民币的欠款。

代位权的行使主体是债权人。债务人的各个债权人在符合法定的条件下都有权行使代位权，但如果其中一个债权人已经就某项债权行使了代位权，并且债务人对第三人的债权已被行使完毕，则其他债权人就不能就该项权利再对债务人的债务人行使代位权。

（2）撤销权

债权人的撤销权是指债权人对债务人有害其债权的行为，可以向法院申请撤销该行为的权利。根据《合同法》的规定：债务人放弃其到期债权或无偿转让财产，对债权人造成损害的，债权人可以请求法院撤销债务人的行为；债务人以明显的不合理的低价转让财产，对债权人造成损害，并且受让人知道该情形的，债权人亦可请求法院撤销债务人的该行为。

由于债权人撤销权的行使往往会妨碍交易安全，影响第三人的权益，因而法律规定债权人行使撤销权前必须向法院起诉，由法院作出撤销债务人行为的判决才能发生撤销的法律效果。

3. 债权与所有权的区别

① 主体不同。债的主体，即债权人和债务人都是特定的；而所有权只有权利主体是特定的，义务主体是不特定的。

② 内容不同。债的内容，即债权债务；而所有权的内容包括对财产的占有、使用、收益和处分的权利，义务则是所有人以外的一切人所承担的不侵犯其所有权的义务。

③ 客体不同。债的客体可以是物，也可以是行为；而所有权的客体仅限于物。

1.4 经济法律关系

1.4.1 经济法律关系简述

经济法律关系是指由经济法律规范规定和调整而形成的权利和义务关系。

1. 经济法律关系与经济关系的区别

① 经济法律关系是经济法调整的特定经济关系所确认的权利义务关系，属于上层建筑范畴；而经济关系是客观存在的物质利益关系，属于经济基础的范畴。

② 经济法律关系靠法律保障与维系；经济关系靠客观经济规律支配。

③ 经济法律关系的存在以经济法律的存在为前提；经济关系是客观存在的，不

以法的存在为前提。

2. 经济法律关系的特征

经济法律关系除了具有法律关系的一般特点之外，还有其自身的特征。

① 经济法律关系是发生在经济领域中的意志关系。经济领域中的这种法律关系主要表现为管理关系和协调关系，体现的是国家意志和当事人意志。国家意志是依据，当事人意志是归宿，二者不可分割。

② 经济法律关系以经济权利和经济义务为内容。如果不是以经济权利和经济义务为法律关系内容的，就不是经济法律关系，这体现了经济法律关系的经济本性。

③ 经济法律关系是采取较严格的法定程序和法定形式的法律关系。除法律规定允许采用口头形式外，均采用书面形式，甚至有的还要鉴证和公证。

经济法律关系与其他法律关系一样，是由主体、客体和内容等3个要素构成的。

1.4.2 经济法律关系的主体

1. 概念

经济法律关系的主体，也称经济法主体，是指在经济管理和协调过程中依法独立享受经济权利和承担经济义务的当事人。

经济法律关系的主体必须具备一定的主体资格。主体资格是指当事人参加经济法律关系、享受经济权利和承担经济义务的资格或能力。只有具备经济法律关系主体资格的当事人，才能参与经济法律关系，享受经济权利和承担经济义务。对经济法律关系主体资格的认可，一般采用法律规定一定条件或规定一定程序成立的方式予以确认。未取得经济法律关系主体资格的当事人不能参与经济法律关系，也不受法律保护。具有经济法律关系主体资格的当事人只能在法律规定或认可的范围内参与经济法律关系，超越法律规定或认可范围的，则不具有参与相应经济法律关系的主体资格。

【案例分析1.3】 私改一字罚两千

个体户唐某，领取的工商《营业执照》中，经营范围及方式栏内容为零售百货、塑料制品、日杂（不含烟花爆竹）。由于唐某想经营烟花爆竹，又不愿去办理经营烟花爆竹的许可证，便自作主张，将日杂（不含烟花爆竹）的“不”字用小纸片覆盖，擅自扩大了经营范围。唐某的行为被工商部门发现，工商部门根据规定对唐某擅自涂改《营业执照》经营范围的行为，进行了2000元的罚款。

2. 种类

经济法律关系的主体具体包括以下几种。

① 经济管理主体。主要指依据宪法、行政法和其他法律法规设立的各级国家机关。在经济管理活动中，国家机关以国家名义行使经济管理权，与其他主体的关系是一种领导与被领导、管理与被管理的关系。

② 经济活动主体。主要指依据民法、经济法、行政法以及其他法律法规设立的，从事经济活动的组织和个人。具体包括各类企业、事业单位、社会团体、农村承包经营户、个体工商户和公民个人等。

此外，经济组织的内部机构，虽不是独立法人，但在一定条件下也可以具备经济法律关系的主体资格。

【知识链接 1.11】

担负企业一定生产经营职能的分支机构、职能科室等，依法可以与企业订立承包或租赁等责任制合同。

国家机关和国家作为整体，除可作为经济管理的主体之外，在一定条件下也可以是经济活动关系的主体。如国家对外签订政府贷款和担保合同、对内对外发行政府债券等。

1.4.3 经济法律关系的客体

经济法律关系的客体是指经济法律关系的主体享有权利和承担义务所共同指向的对象。经济法律关系的客体主要包括物、经济行为和非物质财富。

① 物是指具有一定形态和经济价值，能够被人们所控制和支配的物质财富。物包括自然存在的物品和人类劳动生产的产品，以及固定充当一般等价物的货币和有价证券等。

② 经济行为是经济法律关系的主体为实现一定的经济目的而进行的经济活动。经济行为包括经济管理行为、完成工作的行为和提供劳务的行为等。经济管理行为是指经济法律关系的主体行使经济管理权或经营管理权所指向的行为，如经济决策行为、经济命令行为、审查批准行为以及经济监督检查行为等。完成工作的行为是指经济法律关系的主体的一方利用自己的资金和技术设备为对方完成一定的工作任务，而对方根据完成工作的数量和质量支付一定报酬的行为。提供劳务的行为是指为对方提供一定劳务或服务满足对方的需求，而由对方支付一定酬金的行为。

③ 非物质财富也称精神财富或精神产品，包括智力成果、道德产品和经济信息等。智力成果是指人们创造的能够带来经济价值的脑力劳动成果，如科学发明、技术成果、艺术创作成果、学术论著等。智力成果本身不直接表现为物质财富，但可以转化为物质财富。智力成果作为经济法律关系客体的表现形式主要有商标、发明、实用新型、外观设计、专有技术等。道德产品是指人们在各种社会活动中取得的非物化的道德价值，如荣誉称号、嘉奖、表彰等，这是法人和公民荣誉权的客体。经济信息是对反映社会经济活动发生、变化等情况的各种信息、数据、情报和资料等的总称。

此外，权利也可能成为经济法律关系的客体。权利本来是经济法律关系的内容，但是当某种权利成为另一种权利的对象时，该种权利就成为客体的组成部分。如土地使用权的客体是土地，但是，当土地使用权在土地出让和转让法律关系中成为其指向的对象时，土地使用权就构成该法律关系的客体。

1.4.4 经济法律关系的内容

1. 概念

经济法律关系的内容是指经济法律关系的主体享有的经济权利和承担的经济义务。这是经济法律关系的核心，直接体现了经济法律关系主体的利益和要求，没有权利和义务的经济法律关系是不存在的。

（1）经济权利

经济权利是指经济法律关系主体在经济管理和经济协调关系中，依法具有的自己为一定行为或不为一定行为，或要求他人为一定行为或不为一定行为的资格。经济权利主要包括经济职权、财产所有权、企业经营管理权、请求权等。

① 经济职权是指国家机关依法行使经济管理的职能，对社会生产总过程的经济活动进行计划、织组、指挥、监督和调节时所享有的一种权利。经济职权的产生基于国家授权或法律的直接规定，因此，关非所有的经济法主体都享有经济职权。只有负有领导、组织与管理经济职能的国家机关才享有经济职权。经济职权具有命令与服从的隶属性质。同时对于国家机关来说，这种职权既是权利又是义务，因此不可随意转让、放弃和抛弃。同国家机关管理经济的职能相适应，根据法律规定，经济职权主要有国民经济决策权、协调权、监督权。

② 财产所有权是指法律确认和保护的所有人对自己的财产占有、使用、收益和处分的权利。一定的财产所有权是进行经济活动的前提。所有权的权能具体体现在4个方面：占有权，是指经济法主体对财产在事实上进行具体控制的权利；使用权，是指经济法主体对于财产根据其性能和用途加以具体利用的权利；收益权，是指经济法主体取得占有使用财产过程中所产生的经济收入或利益的权利；处分权，是指经济法主体商定财产在事实上和法律上的命运的权利。

③ 企业经营管理权是指企业对经营管理的财产行使占有、使用、收益和处分的权能所拥有的具体资格和能力。主要包括经营方式选择权、生产计划权、物资采购权、产品销售权、劳动管理权、资金支配权、物资管理权、人事管理权。

④ 请求权是指当自己的经济权益受到侵害或者在经济活动中发生纠纷时，经济法主体要求侵权人停止侵权行为或者要求有关机关用行政的、经济的或司法手段维护其合法权益的权利。经济法主体主要享有以下请求权：要求赔偿权、请求调节权、申请仲裁权、经济诉讼权、破产申请权。

（2）经济义务

经济义务是指经济法律关系主体为了满足特定权利主体的权利，在法律规定的范围内必须为或不为一定行为的责任。经济义务主要包括正确行使所有权的义务、经营责任、经济职责、经济债务和正确行使工业产权的义务等。

经济权利与经济义务是相互依存的。没有义务，也就不会有权利。经济法律关系主体不能只享受权利而不尽义务，也不会只尽义务而不享受权利。通常，在经济法律关系中权利与义务是对等的，一方的权利依赖于另一方的义务来实现，另一方的权利也对应着这一方的义务。

2. 经济法律关系的设立、变更和终止

经济法律关系的设立、变更和终止都要依据一定的经济法律事实。根据经济法律事实是否以人的意志为转移，可分为行为和事件两大类。

① 行为是指人们进行的能引起经济法律关系产生、变更和终止的有意识的活动。行为包括合法行为和违法行为。其中，合法的行为又可分为经济法律行为、经济

司法行为和经济行政行为；而违法的行为又可分为一般违法行为和严重违法行为。

② 事件是指人们主观意志不能控制的能够引起经济法律关系产生、变更或终止的客观现象。事件包括自然现象和社会现象。自然现象是指由于自然现象所引起的客观事实，如发生地震、水灾等；社会现象是指由于社会上发生了不以个人意志为转移的、难以预料的重大事变所形成的客观事实，如战争、社会动乱、武装冲突等。

学习回顾

本讲首先介绍了经济法的历史及现状。经济法起源于19世纪末20世纪初的德国。其发展大致经历了战时经济法阶段、危机对策法阶段、战后经济法阶段和现代经济法阶段等4个阶段。新中国的经济立法起步较晚，始于20世纪70年代末80年代初，目前处于初级阶段。

经济法是调整国家在管理与协调经济运行过程中发生的经济关系的法律规范的总称。其调整对象是指经济法所干预、管理和调控的具有社会公共性的经济关系，主要包括市场主体关系、市场规制关系和宏观调控关系等。经济法的特征具体表现为综合性、政策性和社会公益性。经济法同民法、刑法和行政法既有联系又有区别。

学习经济法，有必要认识相关的经济制度。法人是具有民事权利能力和民事行为能力，依法独立享有民事权利和承担民事义务的组织。我国的法人分为企业法人、国家机关法人、事业单位法人和社会团体法人4类。代理是指代理人以被代理人的名义，在代理权限范围内与第三人进行法律行为，其法律后果直接由被代理人承受的法律制度。代理可分为委托代理、法定代理和指定代理3种。所有权是指所有人依法对自己的财产所享有的占有、使用、收益和处分的权利，所有权具有完整性、绝对性、排他性和永续性等法律特征，所有权的取得方式可分为原始取得与继受取得两种。债是按照合同约定或依照法律规定，在特定的当事人之间产生的权利和义务，即债权和债务。代位权与撤销权都是债权的保全措施。

经济法律关系是指由经济法律规范规定和调整而形成的权利和义务关系。经济法律关系由主体、客体和内容3个要素构成。经济法律关系的主体包括国家机关、企事业单位、社会团体、农村承包经营户、个体工商户和公民个人等。经济法律关系的客体包括物、经济行为和非物质财富。经济法律关系的内容包括经济权利和经济义务。

知识巩固

1. 经济法的定义是什么，如何理解？
2. 经济法的调整对象是什么，主要包括哪些内容？
3. 经济法与民法有哪些联系与区别？
4. 什么是法人，我国的法人分为哪几类？
5. 什么是代理，其法律特征是什么？

6. 什么是表见代理？
7. 什么是所有权，什么是债权，债权和所有权有何区别？
8. 什么是代位权，什么是撤销权？
9. 什么是经济法律关系，其法律特征是什么？
10. 经济法律关系的要素有哪些，其具体包括哪些内容？

案例分析

李某给了朋友吴某20万元人民币，其中10万元是借给吴某的，另10万元是委托吴某帮助其购买基金的。因为是很熟的朋友，所以也没有约定利息，书面手续也没有。后来，吴某看基金没什么收益，就挪用了8万元去炒股票，结果炒股的钱全亏了，基金却有收益。到了还钱的日期，吴某只还给李某10万元借款及其利息和其余的5万元。再次协商后，约定了余款的还款日期，由于经济能力问题，到了还款日期，吴某只还了2.5万元及其利息。李某将吴某告上法庭（没有调解的余地）。请问如何判定吴某的法律责任？

分析：这是一起既有债权债务关系又有代理关系的案例。

在该案例中，由于李某借给吴某10万元人民币，所以构成债权债务关系。吴某到期将10万元借款及利息偿还给李某，债权债务关系终止。

李某给吴某10万元人民币，委托其帮助购买基金，构成代理关系。由于没有书面手续，其代理关系的确立需要证据（如有其他朋友当时在场）。如果代理关系成立，代理的范围和权限如何认定（如购买哪类基金，损益如何分配，代理费用如何确定等）？如果双方就上述问题已有约定，则按照约定处理；如果没有约定，最好协商处理；如果协商不成，最好按照代理关系不成立处理（吴某返还李某10万元人民币及其利息）。

技能训练

搜集经济法相关案例，分别指出其法律关系的具体主体、客体和内容是什么？

第2讲

企业法律制度

内容提要

在市场经济国家中，企业是社会经济中最重要、最活跃的经营活动主体。目前，我国已经初步形成了以公司法、合伙企业法、个人独资企业法等单行法律为主，以其他企业法为辅的企业法体系。尽管现行立法仍有许多不够完善之处，但对我国市场经济的发展起到了重要的保障与促进作用。本讲从分析企业的法律特征入手，介绍《全民所有制企业法》、《企业破产法》、《外商投资企业法律》、《合伙企业法》、《个人独资企业法》等我国现行重要的企业法律法规，使学习本书者对我国的企业法律制度和体系有大体的把握。另外，考虑到公司法在建立我国现代企业制度中的特殊作用，将其另行在第3讲中单独介绍。

知识目标

1. 理解企业的法律特征，了解我国企业法立法状况和企业法律体系。
2. 熟悉合伙企业、个人独资企业的特点。
3. 外商投资企业的设立、出资方式、组织机构、解散和清算等。
4. 掌握合伙企业，个人独资企业在设立、运行过程中的法律规定。

实务目标

1. 运用企业法的法律规定处理相关企业破产案件。
2. 能够独立办理外商投资企业的设立、解散和清算等相关法律事宜。

3. 学会运用合伙企业、个人独资企业的相关法律规定处理实际运行过程中出现的相关法律问题。

学时建议

6～8 课时

引导案例

2008年11月28日，被告牟某、王某夫妇向原告彭某借到现金82 000元，并出具借条。同日，牟某、王某夫妇还向彭某出具借款保证书一份，担保人为某砖瓦厂。2008年12月18日，上述砖瓦厂的合伙组织执行人黄某根据彭某要求，再向其出具承诺书一份。借款到期后，彭某向牟某、王某夫妇催要借款本金及利息未果。

案发后查明，担保人砖瓦厂为合伙型企业。根据工商登记，该企业原合伙人为本案被告牟某、王某夫妇，自2008年11月起合伙人变更为黄某、陈某二人，黄某为企业执行人。案发后，并无证据表明陈某同意彭某以企业名义为牟某夫妇借款提供担保。

2009年5月，彭某一纸诉状将主债务人牟某、王某夫妇及砖瓦厂、黄某、陈某一并告上法庭。

法院审理后认为，原告彭某与被告牟某、王某间的借贷关系合法、有效。

分析：根据我国《合伙企业法》的规定，砖瓦厂合伙组织执行人黄某在未经全体合伙人同意的情况下，为二原告借款提供担保，该行为尽管不符合法律规定，有损其他合伙人的利益，但不影响担保行为对善意第三人的效力。合伙人对法律规定必须经全体合伙人同意才能执行的事项，擅自处理，给合伙企业或者其他合伙人造成损失的，应另行承担赔偿责任。因而，本案不仅被告黄某以个人名义提供的担保合法有效，而且黄某以企业名义提供的担保亦有效。被告黄某、砖瓦厂应直接承担担保责任，被告陈某则应对砖瓦厂财产不足清偿部分承担无限连带清偿责任。被告黄某、砖瓦厂、陈某承担担保责任后，有权向牟某追偿。被告砖瓦厂、陈某对其损失，亦可向被告黄某寻求赔偿。

2.1 企业法简述

2.1.1 企业与企业法

1. 企业的概念与特征

企业是依法成立的以营利为目的从事生产经营活动和商业服务活动的独立核算经济组织。企业按企业资产组织形式划分为公司、合伙企业和独资企业；按照所有制形式划分为国有企业、集体企业和私营企业；按照有无涉外因素划分为内资企业和外商投资企业。企业具有如下特征。

① 企业是依法设立的经济组织。企业必须按照国家法律的规定设立，才能够取得从事生产经营活动的合法资格，得到国家相关法律的保护。企业享有独立的企业权

益，并承担其相应的义务。

② 企业以营利为目的。企业以赢取利润为直接、基本目的，利用生产、经营某种商品的手段，通过资本经营，追求资本增值和利润最大化。

③ 企业是独立的经济组织。企业是一种在法律和经济上都具有独立性的组织。一些企业的分支机构，尽管它们具备人和物两大要素，并且是一个以营利为目的的关系性契约组织，但由于它们没有独立的民事主体地位，因而它们不是企业。

2. 企业法

企业法，是指调整企业在设立、组织形式、管理和运行过程中发生的经济关系的法律规范的总称。企业法是以确认企业法律地位为主旨的法律体系，因此，广义企业法应当是规范各种类型企业的法律规范的总称。这一含义的企业法既有纵向关系即国家与企业之间的管理关系，也有横向关系，即企业“在生产经营或服务性活动中所发生的经济关系”。狭义的企业法是关于企业这一法律主体设立、变更、解散、组织机构与管理、成员权利与义务等对内对外关系的法律规范的总称，因而它是有关企业的组织法。

企业法的调整对象是企业这种组织或者主体，规定或调整企业的设立、变更、终止、企业的法律地位和能力、企业的资本、出资者相互之间及其与企业的关系、企业的内部组织机构、企业与其他组织之间的控制与被控制之间的关系等。

2.1.2 我国企业法体系

在改革开放以前，传统的计划经济体制几乎消灭了所有非公有制经济成分，政治国家与经济社会合二为一，政府以财产所有者身份对公有制企业发号施令，企业是国家实现其政治目的的工具，在此过程中，企业自觉或不自觉地延化成了政治组织。所以，这段时期没有什么企业法，有的只是政府的年度计划指令。

随着改革的深入，非公有制经济成分存在并日益壮大，各种经济成分出现了并存的局面，国有经济的存在形式也出现了多样化，于是，国家按所有制标准，对不同所有制企业进行立法。国营企业改为国有企业，国有企业又可分全资国有和控股国有等形式，农村集体企业中又出现了乡镇企业、私营企业等。社会主义市场经济的确立，使得在计划经济的发展惯性中按所有制标准对企业的分类着实不合时宜，在此情况下，按人之间的结合方式及财产的责任形式作为分类标准的《公司法》于1993年出台，《合伙企业法》于1997年8月、《个人独资企业法》于1999年8月相继出台。至此，我国具有法律定义的企业法的基本处延得到了确立。

由于我国企业法是在经济体制改革过程中逐渐产生和发展的，所以现在处于一个过渡的阶段，表现为核心法规和相关以及配套法规的模式的产生和发展，主要表现为《中华人民共和国公司法》、《中华人民共和国公司登记管理条例》、《中华人民共和国全民所有制工业企业法》、《中华人民共和国乡镇企业法》、《中华人民共和国个人独资企业法》、《中华人民共和国中小企业促进法》、《中华人民共和国企业法人登记管理条例》、《中华人民共和国合伙企业法》、《中华人民共和国外资企业法》、《中华人民共和国外资企业法实施细则》、《中华人民共和国中外合资经营企业法》、《中华人民共和国中外合作经营企业法》、《中华人民共和国中外合资经营企业法实施条例》、《中华人民共和国中外合作经营企业法实施条例》等法律法规。

2.2 全民所有制工业企业法

2.2.1 全民所有制企业简述

1. 全民所有制企业的含义和特征

全民所有制企业又称国有企业，是指企业资产属国家所有，实行自主经营的企业法人。它具有下列基本特征。

① 企业资产属于国家所有。实践中一般是由各级有关政府主管机关或其授权的部门代表国家行使投资权。这是全民所有制企业与其他企业的根本区别，也是全民所有制企业的本质特征。

② 经济上实行自主经营、自负盈亏、独立核算。企业独立自主地进行经营活动，独立地计算其生产经营活动的投入产出，核算盈亏。

③ 法律上具有法人资格，对国家授予其经营管理的财产享有经营权，并独立承担民事责任。

2. 全民所有制工业企业法

全民所有制工业企业法可从狭义和广义两种意义上来理解。狭义的全民所有制工业企业法是指 1988 年 4 月 13 日第七届全国人民代表大会第一次会议通过的《中华人民共和国全民所有制工业企业法》（以下简称《全民所有制工业企业法》）。该法不仅适用全民所有制工业企业，其原则还适用于全民所有制交通运输、邮电、地质勘探、建筑安装、商业、外贸、物资、农林、水利企业。广义的全民所有制工业企业法是指调整国家在干预和调控经济过程中发生的经济关系的法律规范的总称。它主要调整以下 3 种经济关系。

① 全民所有制企业与政府之间的关系。企业与政府关系有两种：一是经济行政管理关系，二是财产经营关系。前者属于政府的经济管理职能而产生的，政府通过行政活动与全民所有制企业建立行政管理关系，对企业进行控制、指导和监督，以实现对经济的宏观调控。后者是根据所有权与经营权分离的原则产生的，根据这个原则，国家将经营权交给企业，由企业自主经营，但是国家仍然要以所有人的身份，对企业的生产经营活动进行有效的监督管理，保证国家财产的安全和有效运用，实现资产的保值增值和保障国家对企业财产的所有权。

② 全民所有制工业企业之间以及与其他企业之间的关系，如经济竞争关系、经济联合关系等。

③ 全民所有制企业内部的关系。企业内部经济管理关系要受有关全民所有制工业企业的法律、法规和规章所规定的基本原则、基本制度的约束，如关于企业内部领导制度及机构的设置、企业内部分配约束机制的原则规定等，都对企业内部经济管理关系起着调整作用。但这种经济关系同时还要靠企业根据法律、法规和规章规定的基

本原则、基本制度制定的企业内部经营管理的各项规章制度来约束。

2.2.2 全民所有制企业的权利和义务

1. 全民所有制工业企业的权利

根据《全民所有制工业企业法》和《全民所有制工业企业转换经营机制条例》的规定，全民所有制工业企业最重要的权利是经营权。所谓经营权是指企业对国家授予其经营管理的财产享有占有、使用和依法处分的权利。全民所有制工业企业经营权制度涉及两方面的基本问题：企业经营权的主要内容和企业经营权的行使方式。全民所有制工业企业经营权的主要内容有：生产经营决策权，产品、劳务定价权，产品销售权，物资采购权，进出口权，投资决策权，留用资金支配权，资产处置权，联营、兼并权，劳动用工权，人事管理权，工资、奖金分配权，内部机构设置权以及拒绝摊派权。

【案例讨论 2.1】

张某系某全民所有制企业的厂长，2000 年 5 月，张某代表该企业与某汽车公司签订了一份汽车购销合同。同年 6 月，该企业按照合同的约定，支付了预付款，但是该企业的上级主管机关认为，该企业未经批准，擅自签订购车合同，其行为违反了有关规定，因此该购销合同无效。此后，作为该厂的法定代表人的张某也调离了该企业。汽车公司要求该企业支付剩余款项，但遭到了该企业的现任法定代表人的拒绝。他认为，该合同是原法定代表人与汽车公司签订的，自己则不受该合同的约束。双方发生争议。

思考：

1. 企业的上级主管机关是否有权宣布企业和其他经济主体签订的合同无效？
2. 企业的现任法定代表人是否可以拒绝履行原法定代表人签订的合同？

2. 全民所有制工业企业的义务

全民所有制工业企业法在赋予企业权利的同时，也规定了企业必须履行的义务。企业的义务体现在企业生产经营活动的各个环节，主要分为企业对国家的义务、企业对社会的义务和企业对职工的义务。

（1）全民所有制工业企业对国家的义务

① 必须完成指令性计划。

② 接受国家监督。企业必须遵守国家关于财务、劳动工资和物价管理等方面的规定，接受财政、审计、劳动工资和物价等机关的监督。

③ 依法缴纳税金、费用。

④ 努力实现企业财产的保值或增值，保障固定资产的正常维修、改进和更新设备。

⑤ 提高劳动效率，节约能源和原材料，努力降低成本。

⑥ 必须加强保卫工作，维护生产秩序，保护国家财产。

（2）全民所有制工业企业对社会的义务

① 必须履行依法订立的合同。

② 保护自然资源和环境。

③ 保证产品质量和服务质量，对用户和消费者负责。

④ 不得采取不正当的竞争手段。

（3）全民所有制工业企业对职工的义务

① 必须执行或参照国家规定的工资标准，按照职工劳动的熟练程度和质量支付工资。

② 必须贯彻安全生产制度，改善劳动条件，做好劳动保护和环境保护工作，做到安全生产和文明生产。

③ 企业必须为职工办理社会保险。企业还必须兴办集体福利事业，建立生活福利制度，不断改善职工的生活福利待遇。

④ 企业必须建立职工大会或职工代表大会，民主协商制度，支持工会组织的活动，保障职工参与民主管理。

⑤ 企业应当加强职工教育和业务培训，提高职工队伍的素质。

⑥ 企业应当支持和奖励职工进行科学技术活动和劳动竞赛活动，对做出突出贡献的职工应当给予奖励。

2.2.3　全民所有制企业内部领导体制

我国现行的全民所有制工业企业内部领导体制是根据 1986 年 9 月 15 日中共中央、国务院颁发的《全民所有制工业企业厂长工作条例》、《中国共产党全民所有制工业企业基层组织工作条例》和《全民所有制工业企业职工代表大会条例》三个规范性文件正式确立的。根据这三个文件，我国现行全民所有制工业企业内部领导体制的内容可表述为“厂长全面负责，管理委员会协助决策，职工民主管理，党委保证监督”。

1. 厂长（经理）负责制

全民所有制工业企业实行厂长（经理）负责制，是指厂长对企业的生产经营管理制定决策，统一领导和全民负责的法律制度。厂长是企业的法定代表人，在企业中处于中心地位，对企业的物质文明和精神文明建设负有全面的责任。厂长的产生，除国务院另有规定外，由政府主管部门根据企业的情况决定，由政府主管部门委任、招聘或者由企业职工代表大会选举。政府主管部门委任或招聘的厂长人选，须征求职工代表的意见；企业职工代表大会选举的厂长，须报政府主管部门批准。另外，企业设立管理委员会或者通过其他形式协助厂长决定企业的重大问题。企业管理委员会是协助厂长进行生产经营决策的咨询机构，是企业决策机关的附属机构。企业管理委员会由厂长、副厂长、总工程师、总经济师、总会计师、党委书记、工会主席、团委书记和职工代表大会选出的职工代表组成。

2. 职工民主管理制度

厂长负责制并不意味着厂长可以独断专行，职工群众的主人翁地位不能动摇。职工代表大会是企业民主管理的基本形式，是保证职工当家做主，建设社会主义民主制度的重要环节。职工代表大会是职工行使民主管理权力的机构。突出表现为审议企业重大决策、监督行政领导干部、维护职工合法权益等方面的权力。

3. 企业基层党委组织

在坚持和完善厂长负责制的同时，必须加强党组织在企业政治思想领域的核心作用。根据经济体制改革企业要党政分开的要求，企业党委不再直接组织指挥生产经营，而是主要起到保证监督作用。通过监督企业对党和国家的经济政策方针、法律法规以及干部政策的执行，加强纪律检查工作，健全党的组织生活制度等来保证企业的社会主义方向。

2.2.4 全民所有制企业与政府的关系

1. 所有者和经营者之间的关系

企业的财产属于全民所有，即国家所有，国务院代表国家行使企业财产的所有权。国家依照所有权与经营权分离的原则授予企业经营管理权，企业对国家授予其经营管理的财产享有占有、使用和依法处分的权利。企业享有自主经营权，其合法权益不受政府的干预；同时，国家作为全民所有制企业财产额所有者，授权有关国家机关管理国有财产。

2. 政府对全民所有制企业的职责

根据政企分开的原则，政府运用经济手段、法律手段和必要的行政手段管理国民经济，不直接干预企业的生产经营活动。作为宏观经济活动的组织者和管理者，政府不仅肩负着监督企业活动的职责，而且对营造适合企业生存的宏观环境，培育和完善市场体系，建立和完善社会保障体系，为企业提供社会服务等方面负有不可推卸的责任。

2.3 企业破产法

2.3.1 企业破产制度

1. 破产的概念

破产，是指在债务人不能清偿到期债务，并且资产不足以清偿全部债务或者明显缺乏清偿能力的情况下，由法院主持强制执行其全部财产，公平清偿全体债权人的法律制度。

2. 破产法

企业破产法，是指在企业法人不能清偿到期债务，并且资产不足以清偿全部债务或者明显缺乏清偿能力的情况下，法院强制对其全部财产清算分配，公平清偿债权人，或通过和解、重整延缓清偿债务，避免企业法人破产的法律规范的总称。

《中华人民共和国企业破产法》（以下简称《企业破产法》），于2006年8月27日在中华人民共和国第十届全国人民代表大会常务委员会第二十三次会议上通过，并自2007年6月1日起施行。《企业破产法》第2条规定，该法的适用范围为企业法人，即适用于所有的企业法人，包括全民所有制企业与法人型的三资企业、私营企业、有限责任公司和股份有限公司等；另外，《企业破产法》对商业银行、保险公司、证券公司等金融机构的破产作了特别规定；为缓解其他非法人型企业和社会组织的破产无法可依的问题，《企业破产法》规定企业法人之外的其他组织（合伙企业、个人独资企业、学校、医院等）的清算，如果属于破产清算的，可以参照适用《企业破产法》。

3. 企业破产条件

企业破产条件也称破产原因，是指由法律规定的，企业可以宣告破产所达到的客观状况。

【知识链接 2.1】

已经废止的《企业破产法（试行）》规定的全民所有制企业破产原因，仅限于因企业经营管理不善造成严重亏损，并导致其不能清偿到期债务的情形。就是说，如果不是因经营管理不善，而是因其他原因如政策性亏损等，即使亏损已非常严重，早已达到不能清偿到期债务的界限，也不能被宣告破产。什么样的情况才算“经营管理不善”、“严重亏损”呢？其标准难以衡量。

《企业破产法》第 2 条第 2 款规定：“企业法人不能清偿到期债务，并且资产不足以清偿全部债务或者明显缺乏清偿能力的，依照本法规定清理债务。”破产条件的实质标准就是企业法人不能清偿到期债务。

2.3.2 企业破产程序

1. 破产的申请和受理

（1）破产申请

破产申请是破产申请人请求法院受理破产案件的意思表示。在我国，破产程序的开始不以申请为准而是以受理为准。

破产申请人可以是债务人、债权人或者负有清算责任的人。债务人不能清偿到期债务，并且资产不足以清偿全部债务或者明显缺乏清偿能力的，可以向人民法院提出重整、和解或者破产清算申请。债务人不能清偿到期债务，债权人可以向人民法院提出对债务人进行重整或者破产清算的申请。企业法人已解散但未清算或者未清算完毕，资产不足以清偿债务的，依法负有清算责任的人应当向人民法院申请破产清算。

破产申请应当以书面形式提出，包括提交破产申请书和有关证据。“有关证据”是指破产申请书所列事项的真实性证明。人民法院受理破产申请前，申请人可以请求撤回申请。

【知识链接 2.2】

用于证明申请人身份真实性的文件（如企业法人的营业执照，公民的身份证或护照等）；用于证明申请事实和理由的文件（如债权人用以证明债权有效存在和债务人到期不履行的合同、借据、催款通知书等）。

（2）受理

破产案件的受理，又称立案，是指人民法院在收到破产案件申请后，认为申请符合法定条件而予以接受，并由此开始破产程序的司法行为。法院裁定受理破产申请，是破产程序开始的标志。《企业破产法》第 10 条规定，债权人提出破产申请的，人民法院应当自收到申请之日起 5 日内通知债务人。债务人对申请有异议的，应当自收到人民法院的通知之日起 7 日内向人民法院提出。人民法院应当自异议期满之日起 10 日内裁定是否受理。除前款规定的情形外，人民法院应当自收到破产申请之日起 15 日内裁定是否受理。有特殊情况需要延长前两款规定的裁定受理期限的，经上一级人民法院批准，可以延长 15 日。

破产案件受理后将产生以下法律后果。

① 意味着破产程序开始，管理人将接管破产企业，开展包括接管债务人财产、调查债务人财产状况、管理和处分债务人财产等一系列工作。

② 债务人对个别债权人的债务清偿无效。《企业破产法》第16条规定："人民法院受理破产申请后，债务人对个别债权人的债务清偿无效。"破产制度的目标就是通过集体程序实现全体债权人之间的公平清偿。

③ 尚未履行完毕的合同的处理。人民法院受理破产申请后，管理人对破产申请受理前成立而债务人和对方当事人均未履行完毕的合同有权决定解除或者继续履行，并通知对方当事人。管理人自破产申请受理之日起2个月内未通知对方当事人，或者自收到对方当事人催告之日起30日内未答复的，视为解除合同。管理人决定继续履行合同的，对方当事人应当履行；但是，对方当事人有权要求管理人提供担保。管理人不提供担保的，视为解除合同。

④ 有关债务人财产的保全措施应当解除，执行程序应当中止。破产案件受理之前已经发生的服务于民事诉讼程序的财产保全措施和执行程序，都是以实现个别债权为目的，而破产程序代表的是全体债权的集体清偿利益。因此，破产程序开始后，针对债务人财产的保全措施应当解除，执行程序应当中止。以便使债务人的财产和债权人的权利行使都纳入统一的集体程序之中。

⑤ 已经开始而尚未终结的有关债务人的民事诉讼或者仲裁应当中止。《企业破产法》第20条规定，人民法院受理破产申请后，已经开始而尚未终结的有关债务人的民事诉讼或者仲裁应当中止；在管理人接管债务人的财产后，该诉讼或者仲裁继续进行。

【知识链接 2.3】

一般来说，与破产程序相冲突的诉讼和仲裁程序，例如，以追索债务为目的的给付之诉，按照集体程序优先的原则应当被搁置，直到出现集体程序因破产原因被确定不存在或者已消除而归于终结；与集体清偿程序不相冲突的诉讼或仲裁案件，例如债务人追索财产或债务的诉讼或者有关债权或物权的确认之诉，则可以在管理人接管债务人财产之后继续进行。

《企业破产法》第21条规定，人民法院受理破产申请后，有关债务人的民事诉讼，只能向受理破产申请的人民法院提起。"有关债务人的民事诉讼"包括对债务人提起的民事诉讼和由债务人提起的民事诉讼。《民事诉讼法》等其他法律关于民事诉讼管辖权的规定与本条规定不一致的，都必须以本条规定为准。

2. 通知和公告

人民法院受理破产申请的，应当自裁定作出之日起5日内送达申请人。债权人提出申请的，人民法院应当自裁定作出之日起5日内送达债务人。债务人应当自裁定送达之日起15日内，向人民法院提交财产状况说明、债务清册、债权清册、有关财务会计报告以及职工工资的支付和社会保险费用的缴纳情况。

人民法院应当自裁定受理破产申请之日起25日内通知已知债权人，并予以公告。通知和公告应当载明下列事项：

① 申请人、被申请人的名称或者姓名；

② 人民法院受理破产申请的时间；

③ 申报债权的期限、地点和注意事项；

④ 管理人的名称或者姓名及其处理事务的地址；

⑤ 债务人的债务人或者财产持有人应当向管理人清偿债务或者交付财产的要求；

⑥ 第一次债权人会议召开的时间和地点；

⑦ 人民法院认为应当通知和公告的其他事项。

3. 管理人

人民法院裁定受理破产申请的，应当同时指定管理人。

（1）管理人的指定及其报酬的确定

【知识链接 2.4】

从一些国家和地区破产制度立法的经验来看，指定管理人和确定管理人报酬的立法模式大致有两种：一种是法院主导，即由法院来指定管理人和确定管理人的报酬；另一种是债权人会议主导，即允许债权人会议选任（或者在法院已经指定的情况下另行选任）管理人和确定管理人的报酬。

《企业破产法》规定：管理人由人民法院指定，债权人会议认为管理人不能依法、公正执行职务或者有其他不能胜任职务情形的，可以申请人民法院予以更换。指定管理人和确定管理人报酬的办法，由最高人民法院规定。管理人依法执行职务，向人民法院报告工作，并接受债权人会议和债权人委员会的监督。

（2）管理人的任职资格

管理人必须具备一定的专业素质或者特定的执业资格，才能应对破产程序的复杂性。《企业破产法》第 24 条规定，管理人可以由有关部门、机构的人员组成的清算组或者依法设立的律师事务所、会计师事务所、破产清算事务所等社会中介机构担任。人民法院根据债务人的实际情况，可以在征询有关社会中介机构的意见后，指定该机构具备相关专业知识并取得执业资格的人员担任管理人。个人担任管理人的，应当参加执业责任保险。

有下列情形之一的，不得担任管理人：

① 因故意犯罪受过刑事处罚；

② 曾被吊销相关专业执业证书；

③ 与本案有利害关系；

④ 人民法院认为不宜担任管理人的其他情形。

（3）管理人的职责

管理人在破产程序中承担重要的职责，它负责债务人财产的管理和处分，决定债务人的内部管理事务，代表债务人参加诉讼或者其他法律程序。除重整程序中债务人自行管理财产和营业事务的情形外，管理人决定债务人的一切事务。

4. 债权人会议

（1）债权申报

债权申报是指债务人的债权人在接到人民法院的破产申请受理裁定通知或者公

告后，在法定期限内向人民法院申请登记债权，以取得破产债权人地位的行为。

① 债权申报的期限。人民法院受理破产申请后，应当确定债权人申报债权的期限。债权申报期限自人民法院发布受理破产申请公告之日起计算，最短不得少于30日，最长不得超过3个月。

在人民法院确定的债权申报期限内，债权人未申报债权的，可以在破产财产最后分配前补充申报；但是，此前已进行的分配，不再对其补充分配。为审查和确认补充申报债权的费用，由补充申报人承担。

② 债权申报的要求。未到期的债权，在破产申请受理时视为到期。附利息的债权自破产申请受理时起停止计息。

附条件、附期限的债权和诉讼、仲裁未决的债权，债权人可以申报。

债务人所欠职工的工资和医疗、伤残补助、抚恤费用，所欠的应当划入职工个人账户的基本养老保险、基本医疗保险费用，以及法律、行政法规规定应当支付给职工的补偿金，不必申报，由管理人调查后列出清单并予以公示。

③ 债权表的编制。管理人收到债权申报材料后，应当登记造册，对申报的债权进行审查，并编制债权表。

（2）债权人会议

依法申报债权的债权人为债权人会议的成员，有权参加债权人会议，享有表决权。对债务人的特定财产享有担保权的债权人，未放弃优先受偿权利的，其对通过和解协议和破产财产的分配方案的事项不享有表决权。

债权人会议应当有债务人的职工和工会的代表参加。

第一次债权人会议由人民法院召集，自债权申报期限届满之日起15日内召开。以后的债权人会议，在人民法院认为必要时，或者管理人、债权人委员会、占债权总额1/4以上的债权人向债权人会议主席提议时召开。

债权人会议行使下列职权：核查债权；申请人民法院更换管理人，审查管理人的费用和报酬；监督管理人；选任和更换债权人委员会成员；决定继续或者停止债务人的营业；通过重整计划；通过和解协议；通过债务人财产的管理方案；通过破产财产的变价方案；通过破产财产的分配方案；人民法院认为应当由债权人会议行使的其他职权。

债权人会议的决议，由出席会议的有表决权的债权人过半数通过，并且其所代表的债权额占无财产担保债权总额的1/2以上。但是通过和解协议草案的决议，必须占无财产担保债权总额的2/3以上。

5. 重整

重整，是指当企业法人不能清偿到期债务时，不立即进行破产清算，而是在人民法院的主持下，由债务人与债权人达成协议，制定债务人重整计划，债务人继续营业，并在一定期限内全部或部分清偿债务的制度。

（1）重整申请

债务人尚未进入破产程序时，债务人或者债权人可以直接向人民法院申请对债务人进行重整。债权人申请对债务人进行破产清算的，在人民法院受理破产申请后，宣告债务人破产前，债务人或者出资额占债务人注册资本 1/10 以上的出资人，可以向人民法院申请重整。

人民法院经审查认为重整申请符合规定的，应当裁定债务人重整，并予以公告。

（2）重整计划的制定与批准

债务人或者管理人应当自人民法院裁定债务人重整之日起 6 个月内，同时向人民法院和债权人会议提交重整计划草案。人民法院应当自收到重整计划草案之日起 30 日内召开债权人会议，对重整计划草案进行表决。出席会议的同一表决组的债权人过半数同意重整计划草案，并且其所代表的债权额占该组债权总额的 2/3 以上的，即为该组通过重整计划草案。各表决组均通过重整计划草案时，重整计划即为通过。

（3）重整期间

自人民法院裁定债务人重整之日起至重整程序终止，为重整期间。

在重整期间，有下列情形之一的，经管理人或者利害关系人请求，人民法院应当裁定终止重整程序，并宣告债务人破产：①债务人的经营状况和财产状况继续恶化，缺乏挽救的可能性；②债务人有欺诈、恶意减少债务人财产或者其他显著不利于债权人的行为；③由于债务人的行为致使管理人无法执行职务。

6. 和解

和解，是指具备破产原因的债务人，为了避免破产清算，而与债权人会议达成协商解决债务的制度。

（1）和解的提出

债务人可以依照《企业破产法》的规定，直接向人民法院申请和解；也可以在人民法院受理破产申请后、宣告债务人破产前，向人民法院申请和解。债务人申请和解，应当提出和解协议草案。

（2）和解协议的通过及裁定

人民法院经审查认为和解申请符合规定的，应当裁定和解，予以公告，并召集债权人会议讨论和解协议草案。对债务人的特定财产享有担保权的权利人，自人民法院裁定和解之日起可以行使权利。

债权人会议通过和解协议的决议，由出席会议的有表决权的债权人过半数同意，并且其所代表的债权额占无财产担保债权总额的 2/3 以上。

债权人会议通过和解协议的，由人民法院裁定认可，终止和解程序，并予以公告。

和解协议草案经债权人会议表决未获得通过，或者已经债权人会议通过的和解协议未获得人民法院认可的，人民法院应当裁定终止和解程序，并宣告债务人破产。

（3）和解协议的终止

因债务人的欺诈或者其他违法行为而成立的和解协议，人民法院应当裁定无效，并宣告债务人破产。

债务人不能执行或者不执行和解协议的，人民法院经和解债权人请求，应当裁定终止和解协议的执行，并宣告债务人破产。

债务人不能执行或者不执行和解协议的行为有：拒不执行或者延迟执行和解协

议；财务状况继续恶化，足以影响执行和解协议；给个别债权人和解协议外的特殊利益；转移财产、隐匿或私分财产；非正常压价出售财产、放弃自己的债权；对原来没有财产担保的债务提供财产担保；对未到期的债务提前清偿等行为。

7. 破产清算

（1）破产宣告

破产宣告，就是法院对债务人具备破产原因的事实作出有法律效力的认定。有下列情形之一的，人民法院应当以书面裁定宣告债务人企业破产：企业不能清偿到期债务，又不具备法律规定的不予宣告破产条件的；企业被人民法院依法裁定终止重整程序的；人民法院依法裁定终止和解协议执行的。

人民法院依法宣告债务人破产的，应当自裁定作出之日起5日内送达债务人和管理人，自裁定作出之日起10日内通知已知债权人，并予以公告。

债务人被宣告破产后，债务人称为破产人，债务人财产称为破产财产。人民法院受理破产申请时对债务人享有的债权称为破产债权。

【知识链接2.5】

债务人财产，是指破产申请受理时属于债务人的全部财产，以及破产申请受理后至破产程序终结前债务人取得的财产。

1. 撤销权

人民法院受理破产申请前1年内，涉及债务人财产的下列行为，管理人有权请求人民法院予以撤销：①无偿转让财产的；②以明显不合理的价格进行交易的；③对没有财产担保的债务提供财产担保的；④对未到期的债务提前清偿的；⑤放弃债权的。

人民法院受理破产申请前6个月内，债务人有不能清偿到期债务，并且资产不足以清偿全部债务或者明显缺乏清偿能力的情形，仍对个别债权人进行清偿的，管理人有权请求人民法院予以撤销。但是，个别清偿使债务人财产受益的除外。

2. 债务人的无效行为

涉及债务人财产的下列行为无效：①为逃避债务而隐匿、转移财产的；②虚构债务或者承认不真实的债务的。

3. 抵销权

债权人在破产申请受理前对债务人负有债务的，可以向管理人主张抵销。

人民法院受理破产申请后，债务人占有的不属于债务人的财产，该财产的权利人可以通过管理人取回。

人民法院受理破产申请时，出卖人已将买卖标的物向作为买受人的债务人发运，债务人尚未收到且未付清全部价款的，出卖人可以取回在运途中的标的物。但是，管理人可以支付全部价款，请求出卖人交付标的物。

对破产人的特定财产享有担保权的权利人，对该特定财产享有优先受偿的权利。

对破产人的特定财产享有优先受偿权的债权人，行使优先受偿权利未能完全受偿的，未受偿的债权作为普通债权；放弃优先受偿权利的，其债权作为普通债权。

（2）破产财产的分配

破产财产在优先清偿破产费用和共益债务后，依照下列顺序清偿：

① 破产人所欠职工的工资和医疗、伤残补助、抚恤费用，所欠的应当划入职工个人账户的基本养老保险、基本医疗保险费用，以及法律、行政法规规定应当支付给职工的补偿金；

② 破产人欠缴的除前项规定以外的社会保险费用和破产人所欠税款；

③ 普通破产债权。

破产财产不足以清偿同一顺序的清偿要求的，按照比例分配。

破产企业的董事，监事和高级管理人员的工资按照该企业职工的平均工资计算。

管理人应当及时拟订破产财产分配方案，提交债权人会议讨论。

破产财产分配方案的表决必须由出席会议的有表决权的债权人过半数通过，并且其所代表的债权额占无财产担保债权总额的 1/2 以上。经债权人会议表决通过的破产财产分配方案对全体债权人有约束力。

【案例分析 2.1】

甲企业因经营管理不善，不能清偿到期债务，依法破产。经查，甲企业现有现金及实物共 100 万，房地产 500 万，其中有一处 200 万元的房地产抵押给 A 银行，贷款 150 万，另有一处 100 万元的房地产抵押给 B 银行，贷款 130 万。另有两企业分别欠了甲企业 70 万和 30 万，甲企业还分别欠了乙企业、丙企业、丁企业 100 万、200 万、300 万。欠国家税款 250 万，欠职工工资、劳动保险费用 50 万，破产费用 20 万。甲企业破产财产如何清偿？

分析：甲企业破产财产为 100 万（现金、实物）+220 万（房地产 500 万−150 万−130 万）+70 万+30 万=420 万；甲企业破产债权：30 万（欠 B 银行的 130 万−100 万）+100 万（乙企业）+200 万（丙企业）+300 万（丁企业）=630 万。破产清偿程序：①优先拨付破产费用 20 万；②清偿所欠职工工资及劳动保险费用 50 万；③清偿所欠国家税款 250 万，余额为 420 万−20 万−50 万−250 万=100 万；④偿还 B 银行 100 万×（30÷630）=4.8 万元，偿还乙企业 100 万×（100÷630）=15.9 万元，偿还丙企业 100 万×（200÷630）=31.7 万元，偿还丁企业 100 万×（300÷630）=47.6 万元。

8. 破产程序的终结

破产宣告前，有下列情形之一的，人民法院应当裁定终结破产程序，并予以公告：①第三人为债务人提供足额担保或者为债务人清偿全部到期债务的；②债务人已清偿全部到期债务的。

在下列情形下，人民法院应当自收到管理人终结破产程序的请求之日起 15 日内作出是否终结破产程序的裁定，裁定终结的，应当予以公告：①债务人财产不足以清偿破产费用的，管理人应当提请人民法院终结破产程序；②人民法院受理破产申请后，债务人与全体债权人就债权债务的处理自行达成协议的，可以请求人民法院裁定认可，并终结破产程序；③破产人无财产可供分配的，管理人应当请求人民法院裁定终结破产程序；④破产财产分配完毕，管理人应当提请人民法院裁定终结破产程序。

2.4 外商投资企业法

2.4.1 “三资”企业概述

1. 外商投资企业

外商投资企业，也称“三资企业”，是指依照中华人民共和国法律的规定，在中国境内设立的，由中国投资者与外国投资者共同投资，或者仅由外国投资者投资的企业。在我国，外商投资企业一般包括以下 3 种类型：中外合资经营企业、中外合作经营企业和外资企业。

外商投资企业有以下法律特征。

① 外商投资企业是由外国投资者参与或单独投资设立的企业。外国投资者包括具有外国国籍的自然人、法人和其他经济组织。外国投资者参与设立的企业是指中外合资经营企业、中外合作经营企业、外商投资股份有限公司。外国投资者单独投资设立的企业是指外商独资企业。

② 外商投资企业是依据中国法律在中国境内设立的企业。依据我国法律，在我国境内设立的外商投资企业具有中国国籍，依法取得我国法人资格或者其他民事主体资格，其合法权益受我国法律保护。同时，外商投资企业的一切活动都必须遵守我国法律、法规，其行为不得损害我国国家利益和社会公共利益。

③ 外商投资企业是外国投资者以直接投资方式设立的企业。直接投资是指投资者将资金投入企业，并不同程度地参与企业的经营决策，通过企业盈利分配获得投资收益的投资方法。

2. 外商投资企业法

外商投资企业法是指调整外商投资企业在设立、管理、运营、收益分配和终止过程中形成的社会关系的法律规范的总称。

外商投资企业法主要有：1979 年 7 月 1 日第五届全国人大二次会议通过，并于 1990 年 4 月 4 日和 2001 年 3 月 15 日进行两次修改的《中华人民共和国中外合资经营企业法》；1988 年 4 月 13 日第七届全国人大一次会议通过，并于 2000 年 10 月 31 日由全国人大常委会进行修订的《中华人民共和国中外合作经营企业法》；1986 年 4 月 12 日第六届全国人大第四次会议通过，并于 2000 年由全国人大常委会进行了修订的《中华人民共和国外资企业法》。

2.4.2 中外合资经营企业法

1. 中外合资经营企业

中外合资经营企业（以下简称合营企业）是指外国合营者按照平等互利原则，依照中国法律，经过中国政府批准，在中国境内与中国合营者共同投资举办的股权式经营企业。

2. 合营企业的设立

（1）设立条件

申请设立合营企业，必须符合下列一项或数项要求：采用先进技术设备和科学管理方法，能增加产品品种，提高产品质量和产量，节约能源和原材料；有利于企业技术改造，能做到投资少，见效快，收益大；能扩大产品出口，增加外汇收入；能培训技术人员和经营管理人员。

申请设立合营企业有下列情况之一的，不予批准：有损中国主权的；违反中国法律的；不符合中国国民经济发展要求的；造成环境污染的；签订的协议、合同、章程明显不公平，损害合营一方利益的。

在中国境内设立合营企业，必须经中华人民共和国对外贸易经济合作部审查批准。批准后，由对外贸易经济合作部发给批准证书。凡具备下列条件的，国务院授权省、自治区、直辖市人民政府或者国务院有关部门审批：投资总额在国务院规定的投资审批权限以内，中国合营者的资金来源已经落实的；不需要国家增拨原材料，不影响燃料、动力、交通运输、外贸出口配额等方面的全国平衡的。

（2）设立程序

设立合营企业一般要经过以下 4 个步骤。

① 由中方合营者向企业主管部门呈报拟与外国合营者设立合营企业的项目建议书和初步可行性研究报告。经企业主管部门审查同意并转审批机关批准后，合营各方才能进行以可行性研究为中心的各项工作。

② 由中方合营者呈报项目可行性研究报告，经审批机关批准后，合营各方可商签设立企业的合同、章程等法律文件草本。

③ 由中方合营者向审批机关呈报设立合营企业的有关文件。

④ 合营企业应当自收到批准书后 1 个月内按《中华人民共和国企业法人登记管理条例》的规定，向合营企业所在地的省、自治区、直辖市工商行政管理部门办理企业法人登记手续，领取营业执照，营业执照签发之日为合营企业成立之日。

3. 合营企业的注册资本和投资总额

（1）合营企业的注册资本

合营企业的注册资本，是指为设立合营企业在登记管理机构登记的资本总额，是合营各方认缴的出资额之和。在合资企业的注册资本中，外国合资者的投资比例一般不低于 25%，特殊情况需要低于该比例的，需报国务院审批。合营企业的注册资本应符合《公司法》规定的有限责任公司注册资本的最低限额。

（2）合营企业的投资总额

合营企业的投资总额，是指按照合营企业的合同、章程规定的生产规模需要投入的基本建设资金和生产流动资金的总和。合营企业的投资总额由注册资本和借款构成，合营企业的注册资本和投资总额之间应当保持正确、合理的比例关系。

【知识链接 2.6】

《关于中外合资经营企业注册资本与投资总额比例的暂行规定》明确了合营企业注册资本与投资总额的比例：

① 投资总额在 300 万美元以下的（含 300 万），注册资本至少应占投资总额的 7/10；

② 投资总额在 300 万美元以上至 1000 万（含 1000 万）美元的，注册资本至少应占投资总额的 1/2，其中投资总额在 420 万美元以下的，注册资本不得低于 210 万美元；

③ 投资总额在 1000 万美元以上至 3000 万（含 3000 万）美元，注册资本至少应占投资总额 2/5，其中投资总额在 1250 万美元以下的，出册资本不得低于 500 万美元；

④ 投资总额在 3000 万美元以上的，注册资本至少应占投资总额的 1/3，其中投资总额在 3600 万美元以下的，注册资本不得低于 1200 万美元，合营企业如遇特殊情况不能执行此规定的，由对外经济合作部会同国家工商行政管理局批准。

4. 合营企业各方的出资方式和出资期限

（1）出资方式

合营企业各方可以现金、实物、工业产权等进行投资。中国合营者的投资可包括为合营企业经营期间提供的场地使用权，如果场地使用权未作为中国合营者投资的一部分，合营企业应向中国政府缴纳使用费。各项投资应在合营企业的合同和章程中加以规定，其价格（场地除外）由合营各方评议商定。

作为外国合营者出资的机器设备或者其他物料，应当是合营企业生产所必需的，且作价不得高于同类机器设备或者其他物料当时的国际市场价格。作为外国合营者出资的工业产权或者专有技术，必须符合下列条件之一：能显著改进现有产品的性能、质量，提高生产效率的；能显著节约原材料、燃料、动力的。

合营企业任何一方不得用以合营企业名义取得的贷款、租赁的设备或者其他财产以及合营者以外的他人财产作为自己的出资，也不得以合营企业的财产和权益或者合营各方的财产和权益为其出资担保。

（2）出资期限

合营各方应当在合营企业合同中订明出资期限，并且应当按照合营合同规定的期限缴清各自的出资。合营合同规定一次缴清出资的，合营各方应当从营业执照签发之日起 6 个月内缴清；合营合同规定分期缴付出资的，合营各方第一期出资不得低于各自认缴出资额的 15%，并且应当在营业执照签发之日起 3 个月内缴清。

5. 合营企业的组织形式和组织机构

（1）合营企业的组织形式

合营企业为有限责任公司，合营各方对合营企业的责任以各自认缴的出资额为限。

（2）合营企业的组织机构

① 董事会。合营企业设立董事会，董事会是合营企业的最高权力机构，决定合营企业的一切重大问题。董事会的人数组成由合营各方协商，在合同、章程中确定，

并由合营各方委派和撤换，董事会成员不得少于3人，董事的任期为4年，经合营各方继续委派可以连任。董事长和副董事长由合营各方协商确定或由董事会选举产生，中外合营者的一方担任董事长的，由他方担任副董事长。董事长是合营企业的法定代表人。董事长不能履行职责时，应当授权副董事长或者其他董事代表合营企业。

董事会会议每年至少召开1次，由董事长负责召集并主持。董事长不能召集时，由董事长委托副董事长或者其他董事负责召集并主持董事会会议。经1/3以上董事提议，可以由董事长召开董事会临时会议。董事会会议应当有2/3以上董事出席方能举行，董事不能出席的，可以出具委托书委托他人代表其出席和表决，根据合营企业章程载明的议事规则作出决议，但涉及合营企业章程的修改，合营企业的中止、解散，注册资本增加或减少，合营企业的合并、分立等事项，必须经全体出席董事会会议的董事一致通过。

② 经营管理机构。经营管理机构负责合营企业的日常经营管理工作。经营管理机构设总经理1人，副总经理若干人。副总经理协助总经理工作。正副总经理由合营各方分别担任。总经理执行董事会会议的各项决议，组织领导合营企业的日常经营管理工作。在董事会授权范围内，总经理对外代表合营企业，对内任免下属人员，行使董事会授予的其他职权。总经理、副总经理及其他高级管理人员有营私舞弊或严重失职行为的，经董事会会议决定可以随时解聘。

6. 合营企业的税收和利润分配

合营企业获得的毛利润，按中华人民共和国税法规定缴纳合营企业所得税后，扣除合营企业章程规定的储备基金、职工奖励及福利基金、企业发展基金，所得净利润根据合营各方的出资比例进行分配。外国合营者将分得的净利润用于在中国境内再投资时，可申请退还已缴纳的部分所得税。

7. 合营企业的合营期限、解散与清算

（1）合营企业的合营期限

合营企业的期限，是指合营各方根据中国的法律、行政法规的规定和合营企业的经营目标的期望，在合同中对合营企业存续期间的规定。

合营企业的期限，一般项目原则上为10～30年；投资大、建设周期长、资金利润率低的项目以及由外国合营者提供先进技术或者关键技术生产尖端产品的项目，或者在国际上有竞争能力的产品或项目，其合营期限可以延长到50年；经国务院特别批准的，可以在50年以上。

约定合营期限的合营企业，合营各方同意延长合营期限的，应当在距合营期限届满6个月前向审批机关提出申请。审批机关应当在收到申请之日起1个月内决定批准或者不批准。合营企业合营各方如一致同意将合营合同中约定合营期限条款修改为不约定合营期限的条款，应提出申请，报原审批机关审查，原审批机关应当自收到上述申请文件之日起90日内决定批准或不批准。

（2）合营企业的解散

合营企业有下列情形之一的，应予解散：

① 合营期限届满；

② 企业发生严重亏损，无力继续经营；

③ 合营一方不履行合营企业协议、合同、章程规定的义务，致使企业无法继续经营；

④ 因自然灾害、战争等不可抗力遭受严重损失，无法继续经营；

⑤ 合营企业未达到其经营目的，同时又无发展前途；

⑥ 合营企业合同、章程所规定的其他解散原因已经出现。

除合营期限届满无须申请，和第③种情形由履行合同的一方提出申请外，其他情形下均由董事会提出解散申请，并报审批机关批准。

（3）合营企业的清算

合营企业宣告解散后，应当进行清算。合营企业成立清算委员会，由清算委员会负责清算事宜。清算委员会的成员一般应当在合营企业的董事中选任。董事不能担任或者不适合担任清算委员会成员时，合营企业可以聘请中国的注册会计师、律师担任。审批机构认为必要时，可以派人进行监督。

合营企业的清算工作结束后，由清算委员会提出清算结束报告，提请董事会会议通过后，报告审批机构，并向登记管理机构办理注销登记手续，缴销营业执照。

2.4.3 中外合作经营企业法

1. 中外合作经营企业

中外合作经营企业（以下简称合作企业）是指中国合作者与外国合作者依照中华人民共和国法律的规定，在中国境内举办的，按合作企业合同的约定分配收益或者产品、分担风险和亏损的企业。合作企业基本的法律特征，就在于其是契约式合营，合营的基础是合作企业合同。

2. 合作企业的设立

申请设立合作企业，应当将中外合作者签订的协议、合同、章程等文件报国务院对外经济贸易主管部门或者国务院授权的部门和地方政府（以下简称审查批准机关）审查批准。审查批准机关应当自接到申请之日起 45 天内决定批准或者不批准。设立合作企业的申请经批准后，应当自接到批准证书之日起 30 天内向工商行政管理机关申请登记，领取营业执照。合作企业的营业执照签发日期，为该企业的成立日期。

在中国境内举办合作企业，应当符合国家的发展政策和产业政策，遵守国家关于指导外商投资方向的规定。申请设立合作企业，有下列情形之一的，不予批准：①损害国家主权或者社会公共利益的；②危害国家安全的；③对环境造成污染损害的；④有违反法律、行政法规或者国家产业政策的其他情形的。

设立合作企业由对外贸易经济合作部或者国务院授权的部门和地方人民政府审查批准。有以下情形的，由国务院授权的部门或者地方人民政府审查批准：投资总额在国务院规定由国务院授权的部门或者地方人民政府审批的投资限额以内的；自筹资金，并且不需要国家平衡建设、生产条件的；产品出口不需要领取国家有关主管部门发放的出口配额、许可证，或者虽需要领取，但在报送项目建议书前已征得国家有关主管部门同意的；有法律、行政法规规定由国务院授权的部门或者地方人民政府审查批准的其他情形的。

3. 合作企业的注册资本与投资、合作条件

① 合作企业的注册资本，是指为设立合作企业，在工商行政管理机关登记的合作各方认缴的出资额之和。

② 合作各方向合作企业的投资或者提供的合作条件可以是货币，也可以是实物或者工业产权、专有技术、土地使用权等财产权利。中国合作者的投资或者提供的合作条件属于国有资产的，应当依照有关法律、行政法规的规定进行资产评估。在依法取得的中国法人资格的合作企业中，外国合作者的投资一般不低于合作企业注册资本的 25%。在不具有法人资格的合作企业中，对合作各方向合作企业投资或提供合作条件的具体要求，由对外贸易经济合作部规定。

合作各方缴纳投资或者提供合作条件后，应当由中国注册会计师验证并出具验资报告，由合作企业据以发给合作各方出资证明书。出资证明书应当抄送审查批准机关及工商行政管理机关。

4. 合作企业的组织形式和组织机构

合作企业的组织形式有两种：一是依法取得中国法人资格的合作企业；二是不具有法人资格的合作企业。具有法人资格的合作企业，其组织形式为有限责任公司。不具有法人资格的企业，合作各方的关系是一种合伙关系。

合作企业设董事会或者联合管理委员会。董事会或者联合管理委员会是合作企业的权力机构，按照合作企业章程的规定，决定合作企业的重大问题。

董事会或者联合管理委员会的成员不得少于 3 人，其名额的分配由中外合作者参照其投资或者提供的合作条件协商确定。董事会董事或者联合管理委员会委员由合作各方自行委派或者撤换。董事会董事长、副董事长或者联合管理委员会主任、副主任的产生办法由合作企业章程规定；中外合作者的一方担任董事长、主任的，副董事长、副主任由他方担任。董事或者委员的任期由合作企业章程规定；但是，每届任期不得超过 3 年。董事或者委员任期届满，委派方继续委派的，可以连任。

董事会或者联合管理机构可以决定任命或者聘请总经理负责合作企业的日常经营管理工作。总经理对董事会或者联合管理机构负责。合作企业成立后改为委托中外合作者以外的他人经营管理的，必须经董事会或者联合管理机构一致同意，报审查批准机关批准，并向工商行政管理机关办理变更登记手续。

5. 中外合作经营企业的收益分配和风险承担

中外合作者可以采用分配利润、分配产品或者合作各方共同商定的其他方式分配收益。采用分配产品或者其他方式分配收益的，应当按照税法的有关规定，计算应纳税额。

中外合作者依合作合同的约定，承担风险和亏损。法人型合作企业以企业的所有财产对外承担有限责任，中外合作者以各自的投资或者提供的合作条件对外承担责任。非法人型合作企业，以中外合作者各自所有额或者经营管理的财产对外承担责任，合作各方承担连带责任。

6. 外国合作者的投资回收

根据法律规定，中外合作者在合作企业合同中约定合作期限届满时合作企业的

全部固定资产归中国合作者的，外国合作者在合作期限内可以申请以下方式先行收回投资：①按照投资或者提供合作进行分配的基础上，合作企业合同中约定扩大外国合作者的收益分配比例；②经财政税务机关审查批准，外国合作者在合作企业缴纳所得税前回收投资；③经财政税务机关和审查批准机关批准的其他回收投资方式。

【案例分析 2.2】

美国某电子公司与北京某高科技公司签订了合作合同。合同约定：美方和京方合作成立某电子科技有限公司；公司的注册资本为 1000 万人民币；合作企业的主营业务是计算机零配件；合作期限为 10 年；在合作期满后，合作企业的全部固定资产归京方合作者，美方从利润分成中先行回收投资。京方和美方按照 4:6 的比例分配利润和承担风险。1998 年，公司董事会决定将该合作企业改为合营企业，将各方的合作条件折算成投资比例。合作合同中约定的其他条件不变。此后，由于市场上生产同类产品的厂家增多，合作企业的产品出现了滞销情况，合作企业经营管理日渐松散，以致严重亏损。美方认为，其应当按照合同的约定先行收回投资，并拒绝承担企业的债务。为此，双方发生争执。

分析：合作企业董事会擅自决定将合作企业改为合营企业的决定无效。不论是合营企业还是合作企业，其设立都必须经过审批机构的批准。此外，按照《中外合作经营企业法》第 22 条规定，只有中外合作经营企业的外方合作者才享有先行收回投资的权利。

本案件主要涉及合作企业改变企业形式必须经过原审批机关审批，合作一方未经合作他方同意不得擅自转让出资，以及合作企业与合营企业的区别等法律问题。

2.4.4 外资企业法

1. 外资企业

外资企业是指依照中华人民共和国法律的规定，在中国境内设立的，全部资本由外国投资者投资的企业，不包括外国的企业和其他经济组织在中国设立的分支机构。

2. 外资企业的设立

设立外资企业必须有利于中国国民经济的发展，能够取得显著的经济效益，并应当至少符合一项下列条件：

① 采用先进技术和设备，从事新产品的开发，节约能源和原材料，实现产品升级换代，可以替代进口的；

② 年出口产品的产值达到当年全部产品产值 50%以上，实现外汇收支平衡或者节余的。

设立外资企业的申请，由对外经济贸易部审查批准后，发给批准证书。设立外资企业的申请属于下列情形的，国务院授权省、自治区、直辖市和计划单列市、经济特区人民政府审查批准后，发给批准证书：

① 投资总额在国务院规定的投资审批权限以内的；

② 不需要国家调拨原材料，不影响能源、交通运输、外贸出口配额等全国综合平衡的。

3. 注册资本及投资总额

外资企业的注册资本是指设立外资企业在工商行政管理机关登记的资本总额，即外国投资者认缴的全部出资额。外资企业的投资总额，是指开办外资企业所需要资金的总额，即按其生产规模需要投入的基本建设资金和生产流动资金的总和。外资企业的注册资本要与其经营规模相适应，注册资本与投资总额的比例应当符合中国有关法律、法规的规定。

外资企业在经营期内不得减少其注册资本。但是，因投资总额和生产经营规模等发生变化，确需减少的，须经审批机关批准。外资企业注册资本的增加和转让，须经审批机关批准，并向工商行政管理部门办理变更登记手续。

4. 出资方式

外国投资者可以用可自由兑换的外币出资，也可以用机器设备、工业产权、专有技术等作价出资。经审批机关批准，外国投资者也可以用其从中国境内举办的其他外商投资企业获得的人民币利润出资。

外国投资者以机器设备作价出资的，该机器设备应当是外资企业生产所必需的设备。该机器设备的作价不得高于同类机器设备当时的国际市场正常价格。外国投资者以工业产权、专有技术作价出资的，该工业产权、专有技术的作价应当与国际上通常的作价原则相一致，其作价金额不得超过外资企业注册资本的 20%。

5. 组织形式及组织机构

外资企业的组织形式为有限责任公司，经批准也可以为其他责任形式。外资企业的组织机构可以由外国投资者根据企业不同的情况，本着精简、高效、科学合理的原则自行设置，中国政府不加干预。外资企业根据其组织形式设立董事会并推行董事长，同时向审批机构申报备案。董事长是企业的法定代表人，代表外资企业行使职权，无法履行其职权的，应当以书面形式委托代理人，代其行使职权。

6. 经营期限、终止和清算

（1）外资企业的期限

根据《外资企业法》及其实施细则的规定，外资企业的经营期限根据不同行业和企业的具体情况，由外国投资者在设立外资企业的申请书中拟定，经审批机关批准。外资企业的经营期限，从其营业执照签发之日起计算。

（2）外资企业的终止

外资企业有下列情形之一的，应予终止：经营期限届满；经营不善，严重亏损，外国投资者决定解散；因自然灾害、战争等不可抗力而遭受严重损失，无法继续经营；破产；违反中国法律、法规、危害社会公共利益依法解散；外资企业章程规定的其他解散的事由已经出现。

（3）外企企业的清算

外资企业宣告终止时，应当进行清算。除企业破产或者撤销清算应当按照中国有关法律规定进行清算外，外资企业的清算应由外资企业提出清算程序、原则和清算委员会人选，报审批机关审核后进行清算。清算委员会应当由外资企业的法定代表人、债权人以及有关主管机关的代表组成，并聘请中国的注册会计师、律师等参加。

外资企业清算结束，其资产净额和剩余财产超过注册资本的部分视同利润，应当按照中国税法缴纳所得税。同时，应当向工商行政管理机关办理注销登记手续，吊销营业执照。

2.5 个人独资企业法

2.5.1 个资企业法简述

1. 个人独资企业

个人独资企业是指依法在中国境内设立、由一个自然人投资、财产为投资人个人所有，投资人以其个人财产对企业债务承担无限责任的经营实体。个人独资企业有以下特征。

① 个人独资企业是由一个自然人投资的企业。

② 个人独资企业的投资人对企业的债务承担无限责任。个人独资企业财产的所有权属于投资人所有，与投资人的其他财产相互混合，不具有独立性。因此，为了保护债权人的利益，当企业的资产不足以清偿到期债务时，投资人应以自己个人的全部财产用于清偿。

③ 个人独资企业的内部机构设置简单，经营管理灵活。

④ 个人独资企业是非法人企业。个人独资企业不具有法人资格，无独立承担民事责任的能力。

2. 个人独资企业法

个人独资企业法是指调整关于个人独资企业在设立、变更、终止等方面所产生的社会关系的法律规范的总称。《中华人民共和国个人独资企业法》(以下简称《个人独资企业法》)已于1999年8月30日在第九届全国人民代表大会常委会第十一次会议上通过，自2000年1月1日起施行。

2.5.2 个资企业的设立

1. 个人独资企业的设立条件

设立个人独资企业应当具备下列条件：①投资人为一个自然人；②有合法的企业名称；③有投资人申报的出资；④有固定的生产经营场所和必要的生产经营条件；⑤有必要的从业人员。

个人独资企业投资人对本企业的财产依法享有所有权，其有关权利可以依法进行转让或继承。法律、行政法规禁止从事营利性活动的人，不得作为投资人。个人独资企业投资人在申请企业设立登记时明确以其家庭共有财产作为个人出资的，应当依法以家庭共有财产对企业债务承担无限责任。

2. 个人独资企业的设立程序

申请设立个人独资企业，应当由投资人或者其委托的代理人向个人独资企业所在地的登记机关提交申请书、投资人身份证、生产经营场所使用证明等文件。个人独资企业设立分支机构，应由投资人或委托代理人向分支机构所在地的登记机关申请登记，分支机构的民事责任由设立该分支机构的个人独资企业承担。个人独资企业从事法律、行政法规规定须报经有关部门审批的业务，应当在申请设立登记时提交有关部门的批准文件。

登记机关应当在收到申请文件之日起 15 日内，对符合本法规定条件的，予以登记，发给营业执照。个人独资企业的营业执照签发日期为个人独资企业成立日期。

2.5.3　个人独资企业的事务管理及权利与义务

1. 个人独资企业的事务管理

个人独资企业投资人可以自行管理企业事务，也可以委托或者聘用其他具有民事行为能力的人负责企业的事务管理。投资人委托或者聘用他人管理个人独资企业事务，应当与受托人或者被聘用的人签订书面合同，明确委托的具体内容和授予的权利范围。受托人或者被聘用的人员应当履行诚信、勤勉义务，按照与投资人签订的合同负责个人独资企业的事务管理。投资人对受托人或者被聘用的人员职权的限制，不得对抗善意第三人。

2. 个人独资企业的权利

个人独资企业可以依法申请贷款、取得土地使用权，并享有法律、行政法规规定的其他权利；任何单位和个人不得违反法律、行政法规的规定，以任何方式强制个人独资企业提供财力、物力、人力，对于违法强制提供财力、物力、人力的行为，个人独资企业有权拒绝。

3. 个人独资企业的义务

个人独资企业从事经营活动必须遵守法律、行政法规，遵守诚实信用原则，不得损害社会公共利益；个人独资企业应当依法履行纳税义务；个人独资企业应当依法设置会计账簿，进行会计核算；个人独资企业招用职工的，应当依法与职工签订劳动合同，保障职工的劳动安全，按时、足额发放职工工资，应当按照国家规定参加社会保险，为职工缴纳社会保险费。

2.5.4　个人独资企业的解散和清算

1. 个人独资企业的解散

个人独资企业有下列情形之一时，应当解散：①投资人决定解散；②投资人死亡或者被宣告死亡，无继承人或者继承人决定放弃继承；③被依法吊销营业执照；④法律、行政法规规定的其他情形。

2. 个人独资企业的清算

个人独资企业解散，由投资人自行清算或者由债权人申请人民法院指定清算人进行清算。投资人自行清算的，应当在清算前 15 日内书面通知债权人，无法通知的，应当予以公告。债权人应当在接到通知之日起 30 日内，未接到通知的应当在公告之日起 60 日内，向投资人申报其债权。

个人独资企业解散后，原投资人对个人独资企业存续期间的债务仍应承担偿还责任，但债权人在 5 年内未向债务人提出偿债请求的，该责任消灭。

个人独资企业解散的，财产应当按照下列顺序清偿：所欠职工工资和社会保险费用，所欠税款，其他债务。清算期间，个人独资企业不得开展与清算目的无关的经营活动。在按前条规定清偿债务前，投资人不得转移、隐匿财产。个人独资企业财产不足以清偿债务的，投资人应当以其个人的其他财产予以清偿。

个人独资企业清算结束后，投资人或者人民法院指定的清算人应当编制清算报告，并于15日内到登记机关办理注销登记。

【案例分析 2.3】

某市西河区华晶商行是一家以计算机销售和维修服务为主营范围的个人独资企业。出资人崔某住在西河区，有私房2套。由于经营管理不善，2003年3月12日，崔某决定解散华晶商行。3月18日，崔某转让华晶商行现有资产获现金52万元，此时，华晶商行到期债务达61万元。华晶商行的债权人刘某、王某、谢某（分别有25万元、19万元、17万元债权，且均为无担保债权）得到崔某通知后向崔某主张债权。崔某向刘、王清偿44万元，5月22日，崔某将剩余的8万元无偿还给谢某后，以债务人是华晶商行且华晶商行全部资产已用来抵债为由，拒绝向谢某清偿剩余的9万元债务。6月2日，谢某向河西区法院提起诉讼，要求变卖崔某的2处房产，并将变卖所得清偿其债权。

分析：本案是一起个人独资企业解散清偿案。案件的关键是明确个人独资企业的责任形式。个人独资企业只由一人投资且企业财产为投资人单独所有，这就决定了个人独资企业不具有独立的法人人格，不能完全独立地享有权利、承担义务。这样，即使在个人独资企业存续期间以企业名义形成的债权债务关系，也不能以此为由排除投资人对企业债务所承担的无限责任。案件中崔某以债务人是华晶商行且华晶商行全部资产已经用来抵偿债务为由拒绝向谢某清偿剩余的9万元债务，没有法律依据。崔某应以其个人财产向谢某偿还债务。

2.5.5 法律责任

1. 投资人的违法行为应承担的法律责任

投资人违反《个人独资企业法》规定，提交虚假文件或采取其他欺骗手段，取得企业登记的，责令改正，处以5000元以下的罚款；情节严重的，并处吊销营业执照。

投资人违反《个人独资企业法》规定，个人独资企业使用的名称与其在登记机关登记的名称不相符合的，责令限期改正，处以2000元以下的罚款。

投资人涂改、出租、转让营业执照的，责令改正，没收违法所得，处以3000元以下的罚款；情节严重的，吊销营业执照。伪造营业执照的，责令停业，没收违法所得，处以5000元以下的罚款。构成犯罪的，依法追究刑事责任。

个人独资企业成立后无正当理由超过6个月未开业的，或者开业后自行停业连续6个月以上的，吊销营业执照。

个人独资企业违反《个人独资企业法》规定，侵犯职工合法权益，未保障职工劳动安全，不缴纳社会保险费用的，按照有关法律、行政法规予以处罚，并追究有关责任人员的责任。

个人独资企业及其投资人在清算前或清算期间隐匿或转移财产，逃避债务的，依法追回其财产，并按照有关规定予以处罚；构成犯罪的，依法追究刑事责任。

投资人违反《个人独资企业法》规定，应当承担民事赔偿责任和缴纳罚款、罚金，其财产不足以支付的，或者被判处没收财产的，应当先承担民事赔偿责任。

2. 管理人员的违法行为应承担的法律责任

投资人委托或者聘用的人员管理个人独资企业事务时违反双方订立的合同，给投资人造成损害的，承担民事赔偿责任。

投资人委托或者聘用的人员违反《个人独资企业法》规定，侵犯个人独资企业财产权益的，责令退还侵占的财产；给企业造成损失的，依法承担赔偿责任；有违法所得的，没收违法所得；构成犯罪的，依法追究刑事责任。

3. 企业登记机关及上级部门有关人员违法行为的法律责任

违反法律、行政法规的规定强制个人独资企业提供财力、物力、人力的，按照有关法律、行政法规予以处罚，并追究有关责任人员的责任。

登记机关对不符合本法规定条件的个人独资企业予以登记，或者对符合本法规定条件的企业不予登记的，对直接责任人员依法给予行政处分；构成犯罪的，依法追究刑事责任。

登记机关的上级部门的有关主管人员强令登记机关对不符合本法规定条件的企业予以登记，或者对符合本法规定条件的企业不予登记的，或者对登记机关的违法登记行为进行包庇的，对直接责任人员依法给予行政处分；构成犯罪的，依法追究刑事责任。

登记机关对符合法定条件的申请不予登记或者超过法定时限不予答复的，当事人可依法申请行政复议或提起行政诉讼。

【思考】

个人独资企业与一人有限责任公司有何区别？

2.6 合伙企业法

2.6.1 合伙企业概述

1. 合伙企业

合伙企业是指自然人、法人和其他组织依法在中国境内设立的普通合伙企业和有限合伙企业。合伙企业有如下特征。

① 合伙企业由各合伙人组成，合伙人的人数不得少于两人，可以是自然人、法人和其他组织。但国有独资公司、国有企业、上市公司以及公益性的事业单位、社会团体不得成为普通合伙人。

② 合伙人分为有限合伙人和普通合伙人。普通合伙人对合伙企业债务承担无限连带责任，有限合伙人以其认缴的出资额为限对合伙企业债务承担责任。

③ 合伙企业的成立以合伙人订立的合伙协议为基础，没有合伙协议，合伙企业不能成立。

2. 合伙企业法

合伙企业法是指调整有关合伙企业的设立、经营、变更、终止过程及合伙企业内部、外部关系的法律规范的总称。《中华人民共和国合伙企业法》(以下简称《合伙企业法》)于1997年2月23日第八届全国人民代表大会常务委员会第二十四次会议通过，并于2006年8月27日第十届全国人民代表大会常务委员会第二十三次会议修订，自2007年6月1日起施行。

2.6.2 普通合伙企业

普通合伙企业是指由普通合伙人组成，合伙人对合伙企业债务承担无限连带责任，但《合伙企业法》对普通合伙人承担责任的形式有特别规定的，从其规定。

1. 普通合伙企业的设立

设立普通合伙企业应当具备下列条件。

① 有2个以上合伙人。合伙人为自然人的，应当具有完全民事行为能力。

② 有书面合伙协议。合伙协议应当载明下列事项：合伙企业的名称和主要经营场所的地点；合伙目的和合伙经营范围；合伙人的姓名或者名称、住所；合伙人的出资方式、数额和缴付期限；利润分配、亏损分担方式；合伙事务的执行；入伙与退伙；争议解决办法；合伙企业的解散与清算；违约责任。合伙协议经全体合伙人签名、盖章后生效。合伙人按照合伙协议享有权利，履行义务。

③ 有合伙人认缴或者实际缴付的出资。合伙人可以用货币、实物、知识产权、土地使用权或者其他财产权利出资，也可以用劳务出资。合伙人以实物、知识产权、土地使用权或者其他财产权利出资，需要评估作价的，可以由全体合伙人协商确定，也可以由全体合伙人委托法定评估机构评估。合伙人以劳务出资的，其评估办法由全体合伙人协商确定，并在合伙协议中载明。合伙人应当按照合伙协议约定的出资方式、数额和缴付期限，履行出资义务。以非货币财产出资的，依照法律、行政法规的规定，需要办理财产权转移手续的，应当依法办理。

④ 有合伙企业的名称和生产经营场所；合伙企业名称中应当标明“普通合伙”字样。

⑤ 法律、行政法规规定的其他条件。

设立普通合伙企业，必须依法向工商管理部门申请设立登记，工商管理部门应当自收到申请登记文件之日起30日内，决定是否登记。合伙企业营业执照签发日期为合伙企业成立日期。

2. 合伙企业的财产

合伙人的出资、以合伙企业名义取得的收益和依法取得的其他财产，均为合伙企业的财产。合伙人在合伙企业清算前，不得请求分割合伙企业的财产，但《合伙企业法》另有规定的除外。合伙人在合伙企业清算前私自转移或者处分合伙企业财产的，合伙企业不得以此对抗善意第三人。

合伙企业存续期间，合伙人向合伙人以外的人转让其在合伙企业中的全部或者部分财产份额时，须经其他合伙人一致同意，但合伙协议另有约定的除外。合伙人之间转让在合伙企业中的全部或者部分财产份额时，应当通知其他合伙人。合伙人向合伙人以外的人转让其在合伙企业中的财产份额的，在同等条件下，其他合伙人有优先购买权；但是，合伙协议另有约定的除外。合伙人以外的人依法受让合伙人在合伙企业中的财产份额的，经修改合伙协议即成为合伙企业的合伙人，并依照本法和修改后的合伙协议享有权利，履行义务。

合伙人以其在合伙企业中的财产份额出质的，须经其他合伙人一致同意；未经其他合伙人一致同意，其行为无效，由此给善意第三人造成损失的，由行为人依法承担赔偿责任。

3. 合伙企业的事务执行

（1）合伙企业事务执行的方式

① 全体合伙人共同执行合伙企业事务。即按照合伙协议的约定，各个合伙人都直接参与经营，处理合伙企业的事务，对外代表合伙企业。

② 委托一个或者数个合伙人执行合伙事务。按照合伙协议的约定或者经全体合伙人决定，可以委托一个或者数个合伙人对外代表合伙企业，执行合伙事务。

无论是采取哪种事务执行方式，各合伙人均有权随时了解合伙企业的经营状况和财务状况，包括有权查阅合伙企业会计账簿等财务资料。不执行合伙企业事务的合伙人有权监督执行事务合伙人执行合伙事务的情况，而执行合伙事务的合伙人应当定期向其他合伙人报告事务执行情况以及合伙企业的经营和财务状况，其执行合伙事务所产生的收益归合伙企业，所产生的费用和亏损由合伙企业承担。受委托执行合伙事务的合伙人不按照合伙协议或者全体合伙人的决定执行事务的，其他合伙人可以决定撤销该委托。

（2）决议

合伙人对合伙企业有关事项作出决议，按照合伙协议约定的表决办法办理。合伙协议未约定或者约定不明确的，实行合伙人一人一票并经全体合伙人过半数通过的表决办法。但下列事务必须经全体合伙人一致同意：改变合伙企业的名称；改变合伙企业的经营范围、主要经营场所的地点；处分合伙企业的不动产；转让或者处分合伙企业的知识产权和其他财产权利；以合伙企业名义为他人提供担保；聘任合伙人以外的人担任合伙企业的经营管理人员。需要注意的是对于合伙事务执行人权利的限制不得对抗善意的第三人。

（3）利润分配、亏损分担

合伙企业的利润分配、亏损分担，按照合伙协议的约定办理；合伙协议未约定或者约定不明确的，由合伙人协商决定；协商不成的，由合伙人按照实缴出资比例分配、分担；无法确定出资比例的，由合伙人平均分配、分担。合伙协议不得约定将全部利润分配给部分合伙人或者由部分合伙人承担全部亏损。

4. 合伙企业与第三人的关系

（1）关系

合伙企业对合伙人执行合伙事务以及对外代表合伙企业权利的限制，不得对抗善意第三人。

（2）合伙企业和合伙人的债务清偿

① 合伙企业的债务清偿与合伙人的关系。合伙企业对其债务，应先以其全部

财产进行清偿。合伙企业不能清偿到期债务的，合伙人承担无限连带责任。合伙人由于承担无限连带责任，清偿数额超过规定的其亏损分担比例的，有权向其他合伙人追偿。合伙人之间的分担比例对债权人没有约束力。

② 合伙人的债务清偿与合伙企业的关系。合伙人发生与合伙企业无关的债务，相关债权人不得以其债权抵消其对合伙企业的债务，也不得代位行使合伙人在合伙企业中的权利。

合伙人的自有财产不足清偿其与合伙企业无关的债务的，该合伙人可以以其从合伙企业中分取的收益用于清偿；债权人也可以依法请求人民法院强制执行该合伙人在合伙企业中的财产份额用于清偿。人民法院强制执行合伙人的财产份额时，应当通知全体合伙人，其他合伙人有优先购买权；其他合伙人未购买，又不同意将该财产份额转让给他人的，依照《合伙企业法》的规定为该合伙人办理退伙结算，或者办理削减该合伙人相应财产份额的结算。

5. 入伙与退伙

（1）入伙

入伙是指合伙企业存续期间，合伙人以外的第三人加入合伙企业，取得合伙人资格的行为。新合伙人入伙，除合伙协议另有约定外，应当经全体合伙人一致同意，并依法订立书面入伙协议。订立入伙协议时，原合伙人应当向新合伙人如实告知原合伙企业的经营状况和财务状况。入伙的新合伙人与原合伙人享有同等权利，承担同等责任。新合伙人对入伙前合伙企业的债务承担无限连带责任。

（2）退伙

退伙是指合伙人退出合伙企业，从而丧失合伙人资格的行为。退伙分为两种：一是自愿退伙，二是法定退伙。

① 自愿退伙是指合伙人自愿退出合伙企业。自愿退伙可分为约定退伙和通知退伙。

A. 约定退伙。合伙协议约定合伙期限的，在合伙企业存续期间，有下列情形之一的，合伙人可以退伙：合伙协议约定的退伙事由出现；经全体合伙人一致同意；发生合伙人难以继续参加合伙的事由；其他合伙人严重违反合伙协议约定的义务。

B. 通知退伙。合伙协议未约定合伙期限的，合伙人在不给合伙企业事务执行造成不利影响的情况下，可以退伙，但应当提前30日通知其他合伙人。

合伙人违反上述规定擅自退伙的，应当赔偿由此给合伙企业造成的损失。

② 法定退伙是指合伙人基于法定的事由而退伙。法定退伙分为当然退伙和除名退伙。

A. 当然退伙。合伙人有下列情形之一的，当然退伙：作为合伙人的自然人死亡或者被依法宣告死亡；个人丧失偿债能力；作为合伙人的法人或者其他组织依法被吊销营业执照、责令关闭、撤销，或者被宣告破产；法律规定或者合伙协议约定合伙人必须具有相关资格而丧失该资格；合伙人在合伙企业中的全部财产份额被人民法院强制执行。

B. 除名退伙。合伙人有下列情形之一的，经其他合伙人一致同意，可以决议将其除名：未履行出资义务；因故意或者重大过失给合伙企业造成损失；执行合伙事务时有不正当行为；发生合伙协议约定的事由。对合伙人的除名决议应当书面通知被除名人。被除名人接到除名通知之日，除名生效，被除名人退伙。被除名人对除名决议有异议的，可以自接到除名通知之日起 30 日内，向人民法院起诉。

③ 退伙财产的处理。合伙人退伙，其他合伙人应当与该退伙人按照退伙时的合伙企业财产状况进行结算，退还退伙人的财产份额。退伙人对给合伙企业造成的损失负有赔偿责任的，相应扣减其应当赔偿的数额。退伙时有未了结的合伙企业事务的，待该事务了结后进行结算。退伙人在合伙企业中财产份额的退还办法，由合伙协议约定或者由全体合伙人决定，可以退还货币，也可以退还实物。退伙人对基于其退伙前的原因发生的合伙企业债务，承担无限连带责任。

【案例讨论 2.2】

张三、李四、赵五想合伙从事建筑材料销售业务，经商量达成一致意见，并在合伙协议中签名盖章后，寻找场地，置办设施，并将该合伙商店取名为“宏远建材城”。后来，张三因该合伙企业经营不佳，决定退出，并按规定通知了李四和赵五。这期间，李四以该合伙企业名义与某铝管厂签订了代销铝管的合同。孙某自以为有经营之道，要求加入该合伙企业，提出只负责销售，并须给其一定的利润提成，其他合伙人口头同意，从此孙某以该合伙企业的名义到处活动。张三在办理退伙事宜时，因合伙企业与某铝管厂代销铝管的合同刚签订不久，故未将此合同有关事宜进行结算。张三退伙后，即去外地经商。该合伙企业在后来的经营过程中，因违法经营问题严重，被工商部门吊销营业执照，导致该合伙企业解散，铝管厂得知解散的消息后，即向法院起诉，请求该合伙企业偿还代销铝管的货款。

问：1. 张三对合伙企业的债务是否还应承担责任？

2. 在该案中，新合伙人孙某入伙是否有效？

6. 特殊的普通合伙企业

以专门知识和技能为客户提供有偿服务的专业服务机构可以设立为特殊的普通合伙企业，如律师事务所、会计师事务所、医师事务所、设计师事务所等。特殊的普通合伙企业必须在其企业名称中标明“特殊普通合伙”字样，以区别于普通合伙企业。

在特殊的普通合伙企业中，一个合伙人或数个合伙人在执业活动中因故意或者重大过失造成合伙企业债务的，应当承担无限责任或者无限连带责任，其他合伙人则仅以其在合伙企业中的财产份额为限承担责任；合伙人在执业活动中非因故意或者重大过失造成的合伙企业债务以及合伙企业的其他债务，由全体合伙人承担无限连带责任。

【案例分析 2.4】

注册会计师甲、乙、丙投资设立 A 会计师事务所，该会计师事务所的形式为特殊的普通合伙企业，提供审计鉴证业务和验资业务。在 2008 年的审计业务中，发生了下列事项：（1）甲在对 B 上市公司的年度会计报告进行审计过程中，因重大过失遗漏了一笔销售收入，经人民法院判决由该事务所向 B 上市公司的相关股东承担赔偿责任，甲认为自己并非故意造成损失，该赔偿责任应该由全体合伙人共同承担连带责任。（2）乙在对 C 公司设立过程的验资服务中，因疏忽大意而出具了证明不实的验资报告，该报告直接给 C 公司的债权人造成了一定的经济损失，经人民法院认定，乙的疏忽大意并不属于重大过失。根据以上资料，回答下列问题。（1）甲的说法是否正确？并说明理由。（2）对于乙造成的损失，合伙企业的合伙人应该按照何种方式来承担责任？说明理由。

分析：（1）甲的说法不正确。根据规定，一个合伙人或者数个合伙人在执业活动中因故意或者重大过失造成合伙企业债务的，应当承担无限责任或者无限连带责任，其他合伙人以其在合伙企业中的财产份额为限承担责任。本题中，由于甲是因为重大过失造成了损失，因此应该由其承担无限责任，其他合伙人承担有限责任。（2）对于乙造成的损失，应该由全体合伙人承担无限连带责任。根据规定，合伙人在执业活动中非因故意或者重大过失造成的合伙企业债务以及合伙企业的其他债务，由全体合伙人承担无限连带责任。本题中，乙的行为被认定为非重大过失，因此该造成的损失应该由全体合伙人承担无限连带责任。

2.6.3 有限合伙企业

有限合伙企业是指由一个以上的普通合伙人和一个以上的有限合伙人共同设立的合伙企业。普通合伙人对合伙企业债务承担无限连带责任，有限合伙人以其认缴的出资额为限对合伙企业债务承担责任。

1. 有限合伙企业的设立

根据《合伙企业法》的规定，有限合伙企业由两个以上 50 个以下合伙人设立，有限合伙企业至少应当有一个普通合伙人。有限合伙企业的名称中应当标明“有限合伙”字样。

有限合伙企业的合伙协议除需要记载普通合伙企业协议应当载明的事项，还需要载明以下特殊事项：①执行事务合伙人应具备的条件和选择程序；②执行事务合伙人的权限与违约处理办法；③执行事务合伙人的除名条件和更换程序；④有限合伙人入伙、退伙的条件、程序以及相关责任；⑤有限合伙人和普通合伙人相互转变的程序。

有限合伙人可以货币、实物、知识产权、土地使用权或者其他财产权利作价出资，但不得以“劳务”出资。

2. 有限合伙企业的事务执行

有限合伙企业的事务由普通合伙人执行。有限合伙人不执行合伙事务，也不得对外代表有限合伙企业。有限合伙人的下列行为不视为执行合伙事务：①参与决定普通合伙人入伙、退伙；②对企业的经营管理提出建议；③参与选择承办有限合伙企业审计业务的会计事务所；④获取经审计的有限合伙企业财务会计报告；⑤对涉及自身利益的情况，查阅有限合伙企业财务会计账簿等财务资料；⑥在有限合伙企业的利益受损时，向有责任的合伙人主张权利或者提起诉讼；⑦执行事务合伙人怠于行使权利时，督促其行使权利或者为了本企业的利益以自己的名义提起诉讼；⑧依法为本企业提供担保。

3. 有限合伙人的特殊权利

① 除非合伙协议另有约定，有限合伙人可以同合伙企业进行交易，而普通合伙人通常是不可以的，除非合伙协议另有约定或者经过全体合伙人同意。

② 除非合伙协议另有约定，有限合伙人可以自营或者同他人合作经营与本合伙企业相竞争的业务，而普通合伙人是不可以的。

③ 除非合伙协议另有约定，有限合伙人可以将其在合伙企业中的财产份额出质，

而普通合伙人须经其他合伙人一致同意方可以其在合伙企业中的财产份额出质。

④ 有限合伙人可以按照合伙协议的约定向合伙人以外的人转让其在合伙企业中的财产份额，只须提前 30 天通知其他合伙人即可。而普通合伙人对外转让财产份额时须经其他合伙人一致同意，除非合伙协议另有约定。

⑤ 作为有限合伙人的自然人在合伙企业存续期间丧失民事行为能力的，其他合伙人不得因此要求其退伙。而普通合伙人若丧失民事行为能力，除非经得全体合伙人一致同意，否则只能作退伙处理。

4. 表见普通合伙

有限合伙人仅以其认缴的出资额为限对合伙企业债务承担责任。但如果有限合伙人的行为足以使得第三人合理信赖其为普通合伙人时，则有限合伙人得承担普通合伙人的责任，即承担无限连带责任

5. 有限合伙与普通合伙的转换

① 当有限合伙企业仅剩普通合伙人时，有限合伙企业转为普通合伙企业，并应当进行相应的变更登记。

② 当有限合伙企业仅剩有限合伙人时，则该企业不再是合伙企业，故应解散。

③ 经全体合伙人一致同意，普通合伙人可以转变为有限合伙人，有限合伙人可以转变为普通合伙人。有限合伙人转变为普通合伙人的，对其作为有限合伙人期间合伙企业发生的债务承担无限连带责任；普通合伙人转变为有限合伙人的，对其作为普通合伙人期间合伙企业发生的债务承担无限连带责任。

【案例分析 2.5】

甲、乙、丙、丁 4 人出资设立 A 有限合伙企业，其中甲、乙为普通合伙人，丙、丁为有限合伙人。合伙企业存续期间，发生以下事项：(1) 7 月，A 合伙企业向 B 银行贷款 100 万元；(2) 8 月，经全体合伙人一致同意，普通合伙人乙转变为有限合伙人，有限合伙人丙转变为普通合伙人；(3) 9 月，甲、丁提出退伙，经结算，甲从合伙企业分回 10 万元，丁从合伙企业分回 20 万元；(4) 10 月，戊、庚新入伙，戊为有限合伙人，庚为普通合伙人，其中，戊、庚的出资均为 30 万元；(5) 12 月，B 银行 100 万元的贷款到期，A 合伙企业的全部财产只有 40 万元。问：对于不足的 60 万元，债权人 B 银行能要求谁来清偿?

分析：债权人 B 银行可以要求甲清偿全部的 60 万元，因为普通退伙人对基于其退伙前的原因发生的合伙企业债务，承担无限连带责任。债权人 B 银行可以要求乙清偿全部的 60 万元，因为普通合伙人转变为有限合伙人的，对其作为普通合伙人期间合伙企业发生的债务承担无限连带责任，本案中乙应当对其作为普通合伙人期间合伙企业发生的债务承担无限连带责任。债权人 B 银行可以要求丙清偿全部的 60 万元，因为有限合伙人转变为普通合伙人的，对其作为有限合伙人期间有限合伙企业发生的债务承担无限连带责任。债权人 B 银行可要求丁清偿 20 万元，因为有限合伙人退伙后，对基于其退伙前的原因发生的有限合伙企业债务，以其退伙时从有限合伙企业中取回的财产承担责任，而有限合伙人丁在退伙时，从合伙企业分回 20 万元。债权人 B 银行可以要求庚清偿全部的 60 万元，因为新入伙的“普通合伙人”对入伙前合伙企业的债务承担无限连带责任。

2.6.4 合伙企业解散、清算

1. 合伙的解散

合伙企业的解散是指合伙企业因某些法律事实的发生而使合伙企业归于消灭的行为。根据《合伙企业法》的规定，合伙解散的事由包括以下一些。

① 合伙协议约定的经营期限届满，合伙人不愿继续经营的。

② 合伙协议约定的解散事由出现。合伙协议如约定当某一事由出现时合伙便解散，则设立合伙的行为是附解除条件的法律行为，条件成就时协议解除，合伙解散。

③ 全体合伙人决定解散。

④ 合伙人已不具备法定人数满 30 天。根据民法通则和合伙企业法的规定，合伙组织的合伙人必须是两人以上，若合伙企业成立后不断发生退伙而致只剩下 1 人时，便出现了合伙人不足法定人数的现象。当这种情形持续满 30 天时，合伙企业应当解散。

⑤ 合伙协议约定的合伙目的已经实现或者无法实现。

⑥ 被依法吊销营业执照、责令关闭或者被撤销。

⑦ 出现法律、行政法规规定的合伙企业解散的其他原因。

2. 合伙企业的清算

合伙企业宣布解散后要对合伙企业的债权、债务进行清算，解决合伙企业与债权人、债务人的关系及合伙人内部的关系。合伙清算结束后，应依法办理合伙企业的注销登记。

① 清算人的确定。合伙解散，应确定清算人，由清算人依法进行清算工作。清算人应由全体合伙人担任；如果未能由全体合伙人担任清算人的，经全体合伙人过半数同意，可以自合伙企业解散后 15 日内指定 1 名或者数名合伙人，或者委托第三人担任清算人。

② 清算人的职责。清算人在清算期间执行的事务包括：清算合伙企业财产，分别编制资产负债表和财产清单；处理与清算有关的合伙企业未了结的事务；清缴所欠税款；清理债权、债务；处理合伙企业清偿债务后的剩余财产；代表合伙企业参与民事诉讼活动。

③ 清算程序。清算人确定后，应当自确定日起 10 日内将合伙企业解散事项通知合伙企业的债权人，并且应当于 60 日内在报纸上予以公告。债权人自接到通知书之日起 30 日内，未接到通知书的自公告之日起 45 日内，向清算人申报债权。债权人申报债权时应当说明债权的有关事项，并提供证明材料。清算人应当对债权进行登记。

合伙企业清算期间，其企业主体资格仍然存续，但不得开展与清算无关的经营活动。清算结束后，清算人应当编制清算报告，经全体合伙人签名、盖章后，在 15 日内向企业登记机关报送清算报告，申请办理合伙企业注销登记。

④ 清偿的顺序。合伙企业财产在支付清算费用和职工工资、社会保险费用、法定补偿金以及缴纳所欠税款、清偿债务后的剩余财产，依照《合伙企业法》关于利润分配和亏损分担的规定进行分配。

⑤ 合伙企业注销后的债务承担。合伙企业注销后，原普通合伙人对合伙企业存

续期间的债务仍应承担无限连带责任。

⑥ 合伙企业的破产与债务清偿。合伙企业不能清偿到期债务的，债权人可以依法向人民法院提出破产清算申请，也可以要求普通合伙人清偿。合伙企业依法被宣告破产的，普通合伙人对合伙企业债务仍应承担无限连带责任。

学习回顾

企业是指依法成立并具备一定的组织形式，以营利为目的的独立从事商业生产经营活动和商业服务活动的经济组织。企业法是关于企业这一法律主体设立、变更、解散、组织机构与管理、成员权利与义务等对内对外关系的法律规范的总称。

全民所有制工业企业是指企业资产属国家所有，实行自主经营的企业法人。经营权是全民所有制企业最重要的权利，全民所有制企业的义务体现在企业对国家、对社会和对职工的义务。其内部领导体制的内容可表述为“厂长全面负责，管理委员会协助决策，职工民主管理，党委保证监督”。

破产是指在债务人不能清偿到期债务时，由法院强制执行其全部财产，公平清偿全部债权人的法律制度。2007 年 6 月 1 日起施行的新《破产法》是我国专门规定企业破产的重要法律。该法对破产的条件，破产的程序作出了详尽的规定。

外商投资企业是指依法在中国境内设立的，由中国投资者与外国投资者共同投资或由外国投资者独资而设立的企业。外商投资企业法可分为中外合资经营企业法、中外合作经营企业法和外资企业法。设立外商投资企业必须符合我国法律规定的条件和程序，投资者可用现金、实物、工业产权、非专利技术、土地使用权等出资，并做好作价，投资者的出资比例、企业的组织机构、期限、终止和清算、收益分配等必须严格遵守法律规定。

个人独资企业是指依法在中国境内设立，由一个自然人投资、财产为投资人个人所有，投资人以其个人财产对企业债务承担无限责任的经营实体。现行的《个人独资企业法》从个人独资企业的设立、变更、权利与义务、企业的解散与清算及法律责任等诸多方面作出了较为详细的规定。

合伙企业是指自然人、法人和其他组织依法在中国境内设立的普通合伙企业和有限合伙企业。其中，普通合伙企业由普通合伙人组成，合伙人对合伙企业债务承担无限连带责任。有限合伙企业由普通合伙人和有限合伙人组成，普通合伙人对合伙企业债务承担无限连带责任，有限合伙人以其认缴的出资额为限对合伙企业债务承担责任。设立合伙企业必须符合法定条件，我国现行《合伙企业法》对合伙中的入伙、退伙、合伙企业的财产构成、有限合伙、合伙企业的解散与清算等都作出了明确的法律规定。

知识巩固

1. 破产财产怎样分配？
2. 试述中外合资经营企业与中外合作经营企业的不同。

3. 合伙企业怎样进行利润分配、亏损分担?

案例分析

2008年3月，甲、乙、丙、丁按照《中华人民共和国合伙企业法》的规定，共同投资设立一从事商品流通的有限合伙企业。合伙协议约定了以下事项：(1)甲以现金5万元出资，乙以房屋作价8万元出资，丙以劳务作价4万元出资，另外以商标权作价5万元出资，丁以现金10万元出资；(2)丁为普通合伙人，甲、乙、丙均为有限合伙人；(3)各合伙人按相同比例分配盈利、分担亏损；(4)合伙企业的事务由丙和丁执行，甲和乙不执行合伙企业事务，也不对外代表合伙企业；(5)普通合伙人向合伙人以外的人转让财产份额的，不需要经过其他合伙人同意；(6)合伙企业名称为“稳信物流合伙企业”。问：

(1)合伙人丙以劳务作价出资的做法是否符合规定，为什么?

(2)合伙企业事务执行方式是否符合规定，为什么?

(3)关于合伙人转让出资的约定是否符合法律规定，为什么?

(4)合伙企业名称是否符合规定，为什么?

(5)各合伙人按照相同比例分配盈利、分担亏损的约定是否符合规定，为什么?

技能训练

将学生分组，模拟设立合伙企业，起草一份合伙企业协议。

第3讲

公司法律制度

内容提要

本讲主要介绍有关公司的历史，公司的基本概念和特征，公司的一般法律规定，以及有限责任公司、股份有限公司的设立、组织结构等内容，还对一人有限公司、国有独资公司，公司股份和公司债券进行介绍。

知识目标

1. 理解和掌握公司、公司法的概念及其特征、公司法关于有限责任公司及股份有限公司的主要法律规定。

2. 了解股票发行、债券发行的主要内容，了解公司财务、会计，以及公司合并、分立的法律规定。

实务目标

1. 学会运用公司法的相关法律规定设立有限责任公司和股份有限公司。

2. 能够运用相关法律规定独立办理股票、债券发行和公司的合并与分立等法律事宜。

学时建议

8～10 课时

引导案例

2007年8月8日，甲、乙、丙、丁共同出资设立了一家有限责任公司（下称公司）。公司未设董事会，仅设丙为执行董事。2008年6月8日，甲与戊订立合同，约定将甲所持有的全部股权以20万元的价格转让给戊。甲于同日分别向乙、丙、丁发出拟转让股权给戊的通知书。乙、丙分别于同年6月20日和24日回复，均要求在同等条件下优先购买甲所持公司全部股权。丁于同年6月9日收到甲的通知后，至7月15日未就此项股权转让事项作出任何答复。戊在对公司进行调查的过程中，发现乙在公司设立时以机器设备折合30万元用于出资，而该机器设备当时的实际价值仅为10万元。公司股东会于2008年2月就2007年度利润分配作出决议，决定将公司在该年度获得的可分配利润68万元全部用于分红，并在4月底之前实施完毕。至7月底丁尚未收到上述分红利润，在没有告知公司任何机构和人员的情况下，直接向人民法院提起诉讼，要求实施分红决议。问：（1）丁未作答复将产生何种法律效果？（2）乙、丙均要求在同等条件下，优先受让甲所持公司全部股权，应当如何处理？（3）如果乙出资不实的行为属实，应当如何处理？（4）丁直接向人民法院提起诉讼的行为是否符合法律程序？

分析：（1）丁未做答复视为同意转让。根据规定，股东应就其股权转让事项书面通知其他股东征求同意，其他股东自接到书面通知之日起满30日未答复的，视为同意转让。（2）乙、丙均主张优先权时，协商确定各自的购买比例；协商不成的，按照转让时各自的出资比例行使优先购买权。（3）对乙出资不实的行为，应当由乙补足其差额，公司设立时的其他股东甲、丙、丁承担连带责任。（4）丁直接向人民法院提起诉讼的行为符合法律程序。根据规定，公司董事、高级管理人员违反法律、行政法规或者公司章程的规定，损害股东利益的，股东可以依法向人民法院提起诉讼。

3.1 公司法简述

3.1.1 关于公司的历史

公司从产生到发展，从一种形式到多种形式，从简单到复杂，经历了一个漫长的发展过程。

1. 西方国家公司的产生和发展

（1）无限公司的产生、发展及其立法

在公司出现以前，从事商业活动的除单个的个人以外，主要是独资企业和各种合伙组织。

最早出现的公司形式是无限公司，它来源于意大利的家族经营团体——合伙。这种无限公司只不过是赋予合伙团体以法人地位而成的，但实质上它与合伙没有本质的区别，主要在于无限公司的出资人是股东，合伙的出资人是合伙人。无限公司中股东的权利、义务及其组织形式比合伙的更加明确和稳定，因为无限公司是由法律确定和调整的具有法人资格的经营团体。

【知识链接3.1】

无限公司最早的立法是1673年法国路易十四颁布的《商事条例》，其中无限公司被称为“普通公司”；此后，1807年的法国商法典把这种公司改名为合名公司，作了更完备的规定，许多欧洲国家效法使用；1957年《日本商法典》把无限公司称为“合名会社”，所谓的“合名”，是指这种公司的名称必须包含所有股东的名字，以便他人能够从公司的名称中确知该公司由哪些股东组成。随着无限公司股东人数的增多，如果把所有股东的姓名都“合”进公司名称中不太可能，于是德国公司法允许使用“开名公司”，即表明该公司股东姓名公开，但可以不把股东姓名都写进公司名称中。我国1904年公布的公司律中，使用合资公司一词，把无限公司作为合资公司的一种。1914年公布的公司条例中，将其改称为无限公司，一直沿续使用至今。

无限公司产生以后，曾有过相当的发展，但后来随着股份有限公司、有限公司的出现，特别是某些国家不承认无限公司是法人，它便退居到次要的地位。到目前，各国的无限公司已经比较少。在立法上，各国除了在原来的商法典或其他法律中保留无限公司的规定外，一般没有再进行专门的立法。

（2）两合公司的产生、发展及其立法

无限公司出现以后，源于康孟达组织的两合公司也产生了。康孟达本是一种商事契约，是航海者与资本家合作的一种商业合伙形式。按此种契约形成的企业组织即为康孟达组织。按康孟达契约，由资本家出资，由航海家到海外进行贸易活动，其盈利由双方按比例分配。亏损时，航海家承担无限责任，而资本家只以其出资额负责。这种形式后来又从海上贸易发展到陆上贸易，最终导致了两合公司的产生。两合公司在日本被称为“合资会社”，在英美被称为“有限合伙”。

在两合公司中，部分股东负有限责任，部分股东负无限责任。有限责任股东虽然责任较轻，但他无权参与公司管理，其出资的转让也受到很大的限制，而且许多国家的公司立法中对两合公司中的有限责任股东又规定了各种各样的限制。如美国规定，如果合伙人未遵守法律对有限合伙即两合公司的特别要求，未把章程提交公共机构备案或有限合伙人参与了管理活动，那么有限合伙人与普通合伙人一样，需承担无限责任。因此，尽管美、法、德、日等国家的法律中规定了两合公司制度，但由于种种原因，两合公司作为历史久远的公司形式，现在越来越少了。

至于股份两合公司，则是在股份有限公司出现以后，于18世纪末产生的一种公司形式。它的出现本是为了吸收两合公司和股份有限公司的优点，以便使其处于更有利的竞争地位，但后来它与两合公司都没有得到发展，目前已基本消失。

（3）股份有限公司的产生、发展及其立法

在公司的产生和发展进程中，具有划时代意义的是股份有限公司的产生。

股份有限公司的产生，是集资经营、共担风险的法律形式逐渐完善的表现，是欧洲殖民地国家商业活动特别是进出口贸易不断发展的结果。16 世纪的英国已经出现了专门对某个国家进行贸易的商业冒险公司。1555 年，英国女王特许成立的俄国公司，被授权专门与俄国进行贸易，它是历史上第一个股份有限公司。但在股份有限公司产生之初，最具代表性的是 1600 年成立的英国东印度公司和 1602 年成立的荷兰东印度公司。当时成立的这两个股份有限公司的特点有以下几个方面。

① 它的成立需要得到国王的特许状。国王通过颁发特许状，对公司实行管理和控制并从中获得巨大利益。公司凭特许状在殖民地进行贸易垄断，其他人则不许从事贸易活动。

② 公司具有法人资格，独立自主地进行经营活动，不受任何股东的控制和干预。

③ 公司资本股份化，每个人都可以按自己的意愿认购股份，股份转让的方法和范围也比较任意和方便。

④ 公司实行有限责任制。18 世纪，股份有限公司已发展到法国和德国，并从 19 世纪起推行到世界各地。同时也从对外贸易业发展到银行业、保险业和制造业等其他行业。1694 年，英国成立了股份有限公司性质的英格兰银行。在美国，股份有限公司首先在银行业中产生，1791 年成立了合众国银行，其后又有北美银行和纽约银行等股份有限公司性质的银行产生。随后保险业中的股份有限公司也发展起来。到现代，股份有限公司已经成为西方资本主义世界占统治地位的公司形式。虽然就绝对数目来说，在某些国家股份有限公司并不占首位，但它的资本雄厚、实力强大，从而居于主导地位。

【知识链接 3.2】

股份有限公司的立法也随股份有限公司的发展而不断完善。到 18、19 世纪之后，各国相继开始了股份有限公司的立法。1807 年法国商法典首次对股份有限公司作了完备、系统的规定。在德国，最初也是在商法典中对股份有限公司作了规定，但后来根据需要，将股份有限公司单独立法，这就是德国 1937 年颁布的《股份及股份两合公司法》，简称《股份法》。在英国，其公司法只调整开放式公司（类似于股份有限公司）和封闭式公司（类似于有限公司）。美国公司法的调整对象与英国基本相同，但其特点是立法权在各州。为了统一各州的公司法规则，消除各州分别制定公司法造成的混乱，美国的学术机构开始主持起草和推荐统一公司法的范本，如 1950 年的《标准商事公司法》（或译为《标准公司法》）。但这些法只是供各州议会采纳适用，并不具有在各州直接适用的法律效力。

（4）有限公司的产生、发展及其立法

最晚出现的公司形式是有限公司。一般认为，最早的有限公司在 19 世纪末产生于德国，也有的认为英国的封闭式公司是有限公司的最初形式。有限公司吸收了无限公司和股份有限公司的优点，特别适宜于中小企业。所以，这种公司一产生，便在欧美国家普遍推行起来，进而扩展到世界各国。有限公司已成为当代各国公司中最主要的公司形式。

【知识链接 3.3】

有限公司的立法，最早的应推德国1892年的《有限责任公司法》。仿效德国，法国于1919年制定了《有限公司法》，后将其并入1966年的统一公司法之中。日本于1938年也制订了《有限公司法》。总的来看，各国的有限公司法大都在商法典之外单独立法，这是由于有限公司出现较晚的缘故。

2. 中国公司的产生和发展

中国的公司制度在其所有法律制度中是较为复杂的一种，这主要表现为它的多样性和不稳定性。清末帝国主义入侵后，清政府仿效英美通过招商集股方式兴办轮船、电报等企业，著名的招商局就是当时以现代集股方式成立的最早的公司之一，而最早的成文公司立法则是清政府于1904年颁布的公司法。1929年12月，国民党当局颁布了《公司法》，这是一部比较完整的现代中国公司立法，这部公司法也基本上效仿了法、德、日等大陆法国家的公司立法及其精神。

中华人民共和国成立以后，废除了国民党当局的一切法律，其中包括公司法。为维护当时的私营公司的合法利益，1950年通过了《私营企业暂行条例》，规定了5种公司形式：无限公司、有限公司、两合公司、股份有限公司及股份两合公司。为了鼓励公司合营，1954年9月通过了《公私合营工业企业暂行条例》，这种公私合营企业实际上就是有限公司。此后，直到20世纪70年代末改革开放，传统的公司基本绝迹，代之而起的是在商业、钢铁、纺织、建筑等行业建立的各种专业公司和由若干企业联合组成的联合公司。但由于这一时期所实行的高度集中的计划经济和落后的管理体制，公司的发展处于低潮，不仅取消了传统的公司形式，而且联合公司的设立也只限于某些行业，数量也不多。

20世纪70年代末之后，中国的公司发展进入新的时期，在公司形式上也有了新的变化，出现了3种类型公司并存的局面。首先，联合公司的设立在全国范围内展开。全国各地区、各部门几乎都按照行业性质和专业化协作的原则，对现有企业进行改组、合并，组成了各种联合公司。1986年4月颁布的《民法通则》又在法人一章中专门规定了联营，其中既包括有限公司性质的法人型联营，也包括联合公司性质的协作型联营。其次，在对外开放政策指导下，为了吸引外国投资，国家于1979年7月颁布了《中华人民共和国中外合资经营企业法》，1986年4月颁布了《中华人民共和国外资企业法》，1988年4月颁布了《中华人民共和国中外合作经营企业法》。这期间，各种外商投资公司迅速发展，它们是我国20世纪80年代改革开放之后最早出现的有限责任公司。第三，传统的出资联合形式的股份制公司组织也开始复兴。在经济比较发达的东部沿海城市和其他中心城市，一批股份有限公司、有限公司纷纷成立。

公司组织的迅速发展需要法律的规范。1992年，当时的国家经济体制改革委员会制定并发布了《有限责任公司规范意见》和《股份有限公司规范意见》。1993年12月29日，《中华人民共和国公司法》正式颁布，并于1994年7月1日正式施行，中国公司法的发展从此进入了一个新的阶段。之后《中华人民共和国公司法》在1999年12月25日进行了第一次修订，2004年8月28进行了第二次修订，2005年10月27日又做了第三次修订，并于2006年1月1日起施行。

3.1.2 现代公司的法律特征

1. 公司的概念

公司是指依照公司法设立，以营利为目的的企业法人。《中华人民共和国公司法》(以下简称《公司法》)所称公司是指依照《公司法》在中国境内设立的有限责任公司和股份有限公司。

2. 公司的种类

依据不同的标准，可将公司作不同的分类，各种分类标准都有一定的相对性而不是绝对的。

(1) 以公司股东的责任范围为标准

以公司股东的责任范围为标准，即以公司股东是否对公司债务承担责任为标准，可将公司分为无限责任公司、两合公司、股份两合公司、股份有限公司和有限责任公司。这是最主要的公司分类。

无限责任公司是指由两个以上股东组成、全体股东对公司债务负连带无限责任的公司。两合公司是指部分无限责任股东和部分有限责任股东共同组成，前者对公司债务负连带无限责任，后者仅以出资额为限承担责任的公司。股份两合公司是指由部分对公司债务负连带无限责任的股东和部分仅以所持股份对公司债务承担有限责任的股东共同组建。因这 3 种公司的固有缺陷，其数量已经很少，特别是股份两合公司。我国公司法未对此 3 种公司作出规定。但在不少西方国家的公司法上，仍然存在此 3 种类型的公司，尽管其数量只占少数。

股份有限公司是指由一定以上人数组成，公司全部资本分为等额股份，股东以其所持股份对公司承担责任，公司以其全部资产对公司债务承担责任的公司。在公司发展历史上，股份有限公司是在两合公司之后产生的较早的公司形式。股份有限公司具有可以在社会上广泛筹资，股份可以自由转让，公司可以实行所有权与经营权分离的经营方式和分权制衡机制以及股东有限责任等特点，特别适合大型企业的经营，现今已成为十分重要的公司形式。我国公司法将股份有限公司作为最基本的公司形式之一予以调整。

有限责任公司是指股东仅以其出资额为限对公司承担责任，公司以其全部资产对公司债务承担责任的公司。在公司的发展史上，有限责任公司出现得较晚，由于它较好地吸收了其他公司形式的优点并克服其不足，所以这种公司形式在世界各国得到了迅速发展。我国公司法也将有限责任公司作为一种主要公司形式予以确认。

(2) 以公司股份转让方式为标准

以公司股份转让方式为标准，即以公司股份是否可以自由转让和流通为标准，可将公司分为封闭式公司与开放式公司。封闭式公司又称不公开公司、不上市公司、私公司等，是指公司股本全部由设立公司的股东拥有，且其股份不能在证券市场上自由转让的公司。有限责任公司属于封闭式公司。开放式公司又称公开公司、上市公司等，是指可以按法定程序公开招股，股东人数通常无法定限制，公司的股份可以在证券市场公开自由转让的公司。这种公司事实上就是指股份有限公司中的上市公司。并非所有的股份有限公司都是上市公司，但是股份有限公司都具有开放性，都可以申请向社会公开发行股份和募集资金，而有限责任公司是不能向社会公开发行股份的，也就无法通过此方式募集资金。

（3）以公司的信用基础为标准

以公司的信用基础为标准，即以公司的交易信用来源和责任承担依据为标准，可将公司分为人合公司、资合公司以及人合兼资合公司。人合公司是指公司的经营活动以股东个人信用而非公司资本的多寡为基础的公司。人合公司的对外信用主要取决于股东个人的信用状况，故人合公司的股东之间通常存在特殊的人身信任或人身依附关系。无限责任公司是典型的人合公司。资合公司是指公司的经营活动以公司的资本规模而非股东个人信用为基础的公司。由于资合公司的对外信用和债务清偿保障主要取决于公司的资本总额及其现有财产状况，因此，为防止公司由于资本不足而损害公司债权人利益，各国法律都对资合公司的设立和运行做了较严的规定，如强调最低注册资本额、法定公示制度等。股份有限公司是典型的资合公司。人合兼资合公司是指公司的设立和经营同时依赖于股东个人信用和公司资本规模，从而兼有两种公司的特点。两合公司、股份两合公司和有限责任公司均属此类公司。

（4）以公司之间的关系为标准

以公司相互之间的法律关系为标准，即以公司之间在财产上、人事上、责任承担上的相互关系为标准，可将公司分为总公司与分公司、母公司与子公司。

总公司又称本公司，是指依法设立共管辖公司全部组织的具有企业法人资格的总机构。总公司通常先于分公司而设立，在公司内部管辖系统中，处于领导、支配地位。分公司是指在业务、资金、人事等方面受本公司管辖而不具有法人资格的分支机构。分公司不具有法律上和经济上的独立地位，但其设立程序简单。《公司法》第 14 条规定，公司可以设立分公司。设立分公司需要向公司登记机关申请登记，领取营业执照。分公司不具有企业法人资格，其民事责任由本公司承担。但是，需要注意的是，分公司尽管不具有法人资格，不享有独立的财产权利，不能独立承担民事责任，但分公司能够以自己的名义从事法律行为，有相应的权利能力和行为能力。

母公司是指拥有其他公司一定数额的股份或根据协议，能够控制、支配其他公司的人事、财务、业务等事项的公司。母公司最基本的特征，不在于是否持有子公司的股份，而在于是否参与子公司业务经营。子公司是指一定数额的股份被另一公司控制或依照协议被另一公司实际控制、支配的公司。子公司具有独立法人资格，拥有自己所有的财产，自己的公司名称、章程和董事会，对外独立开展业务和承担责任。但涉及公司利益的重大决策或重大人事安排，仍要由母公司决定。《公司法》第 14 条第 2 款规定：“公司可以设立子公司，子公司具有法人资格，依法独立承担民事责任。”

【案例分析 3.1】

兴盛集团是一家大型棉毛制品公司，有两个下属公司：一是星海制衣有限自然公司，该公司为兴盛集团的全资子公司；二是宏利制衣公司，为兴盛集团的分公司。1993 年 7 月，在某市经贸洽谈会上，兴盛集团董事长王某遇到万利棉纺厂厂长李某，李某称其厂有一批质地良好的棉布待销，王某想到下属两个公司正需棉布，遂向李某牵线介绍。1993 年 8 月，万利棉纺厂与星海公司、宏利公司签订了一份购销合同，万利棉纺厂提供各种棉布共计 240 包，价款 120 万元，星海公司、宏利公司为共同需方，各提货 120 包，价款各为 60 万元，货到 1 个月后付款。发货后 3 个月过去了，两公司以种种借口搪塞，不付万利棉纺厂的货款，万利棉纺厂遂以兴盛集团为被告向法院起诉，要求其承担下属公司的经济责任。

兴盛集团辩：星海公司为独立法人，应独立承担民事责任，万利棉纺厂应以星海公司为被告；而宏利公司已被张某承包，在承包协议中明确规定，承包期间，债权债务关系由张某负责。因此兴盛集团不承担责任，请求法院驳回万利棉纺厂的诉请。

万利棉纺厂又以星海公司和兴盛集团为共同被告，要求其承担违约责任并支付货款。

法院判决：星海公司和兴盛集团各付原告万利棉纺厂货款和利息 63.7 万元。

分析提示：公司可以设立分公司。分公司不具有法人资格，其民事责任由公司承担。公司可以设立子公司，子公司具有法人资格，依法独立承担民事责任。

（5）以公司的国籍为标准

以公司的国籍为标准，即以公司在哪一国登记注册并取得主体资格、受该国法律管辖为标准，可将公司分为本国公司、外国公司和跨国公司。依照我国公司法的规定，允许外国公司在中国境内设立分支机构，从事生产经营活动，但外国公司属于外国法人，其在中国境内设立的分支机构不具有中国法人资格，该分支机构在中国境内进行经营活动而产生的民事责任，由其所属外国公司承担。

3. 公司的特征

（1）公司是以营利为目的的企业

营利是一切企业组织存在和活动的基本动机和目的，是经营活动的出发点和归属点。公司作为现代社会中的一种重要企业形态，其营利性是公司区别于其他一切非营利性社团和组织的首要特征。公司的营利性是其与生俱来的本性，公司由投资者出资组成，投资者的投资目的是为了获得投资的收益和回报，而要实现这一目的，必然要求公司最大限度的追求经营利润。而其他一些法人团体，如医院、学校，它们在其活动中也要获取利润，但却不是以营利为目的，这类法人团体就不能成为公司。

（2）公司是具有法人资格的企业

公司是企业的一种组织形式，是法人的典型形态，具有其他企业法人所共有的属性。公司要取得法人资格，除依法成立外，还必须具备《民法通则》中规定的其他条件。

《公司法》第 3 条规定，“公司是企业法人，有独立的法人财产，享有法人财产权。公司以其全部财产对公司的债务承担责任。有限责任公司的股东以其认缴的出资额为限对公司承担责任；股份有限公司的股东以其认购的股份为限对公司承担责任。”

（3）公司是以股东投资为基础组成的股权式企业

作为现代企业的主要形态，公司有其特定的产权结构形式。基于所有权主体追求其财产更有效运用的意志，以所有权主体向公司进行永久性投资的行为为基础，所有权人成为公司的股东，传统的所有权在公司中转换为股权和公司法人权利，股东享有股权而公司享有法人权利。《公司法》第 4 条规定“公司股东依法享有资产收益、参与重大决策和选择管理者等权利。”

（4）公司是依照《公司法》设立的企业

公司必须是依照《公司法》的规定设立的企业，《公司法》中不仅规定了公司的设立条件，同时也规定了公司的设立程序，其中包括发起人或发起人组织、设立活动的基本要求、股东认股与缴纳出资、公司的组织机构、公司的设立登记等。

《公司法》第 6 条规定：“设立公司，应当依法向公司登记机关申请设立登记。符合本法规定的设立条件的，由公司登记机关分别登记为有限责任公司或者股份有限公司；不符合本法规定的设立条件的，不得登记为有限责任公司或者股份有限公司。法律、行政法规规定设立公司必须报经批准的，应当在公司登记前依法办理批准手续。”只有按规定设立才能取得公司的资格，否则就算其企业名称中冠有公司的字样，也不能认定为公司，这反映了《公司法》具有的强行法性质。

3.1.3　公司的一般法律规定

1. 公司资本制度

（1）公司资本及相关概念

① 公司资本。公司资本是指在公司成立时公司章程规定的由股东出资构成的公司财产总额。公司资本不同于公司运营过程中的实有资产，公司资本是一个定数，实有资产是一个变数。公司资本来源于股东的出资，是公司全体股东的永久性投资，只能由股东出资构成，股东出资总额即为公司资本总额。但要注意并非所有的股东出资都构成公司资本，如溢价发行股份时溢价部分就不计入股本，而归属于公司公积金。经营积累或接受赠与等形成的财产，非属股东出资而不能直接计入公司资本。公司资本不会因为公司经营状况的好坏或公司实有资产的增减而变动，即不能自然或随意改变。如果需要改变，则必须依照法定的增加资本或减少资本的程序进行变更。

② 公司资产。公司资产是指可供公司支配的公司全部财产，包括有形财产和无形财产。公司资产主要来源于 3 个方面：股东的出资即公司资本、公司对外负债（对外发行债券、向银行贷款等）、公司的资产收益和经营收益。一般来说，公司资产总是大于公司资本，但是在公司经营管理不善、亏损严重时，就有可能出现公司资产小于公司资本的情况。

③ 注册资本。依照《公司法》的规定，有限责任公司的注册资本为在公司登记机关登记的全体股东认缴的出资额。采取发起设立方式设立的股份有限公司，注册资本为在公司登记机关登记的全体发起人认购的股本总额；采取募集方式设立的股份有限公司，注册资本为在公司登记机关登记的实收股本总额。

（2）公司资本制度

公司资本是通过股份或资本的发行而形成的，它可以在公司设立时一次性形成，也可以在公司成立后分次形成。目前，世界上较有影响的有以下 3 种相对公司资本制度。

① 法定资本制。法定资本制是指在公司设立时，必须在公司章程中明确规定公司的资本总额，并一次性发行、全部认足或募足，否则公司不得成立的资本制度。我

国的《公司法》采取了这种资本制度。

② 授权资本制。授权资本制是指在公司设立时，虽然应在公司章程中载明公司资本总额，但公司不必发行资本的全部，只要认足或缴足资本总额中一定比例的资本，公司即可成立，其余部分授权董事会在公司成立后根据其经营需要随时发行募集的资本制度。

③ 折衷资本制。折衷资本制是指公司设立时，在公司章程中确立公司资本总额，公司设立时资本总额不必一次发行完，只需发行和认足部分资本或股份，但必须达到法定比例，公司才可成立，未发行部分授权董事会在公司成立后根据需要发行的资本制度。

（3）公司资本原则

① 资本确定原则。资本确定原则是指公司在设立时，必须在公司章程中对公司的资本总额作出明确规定，并须全部认足或募足，否则公司不能成立。其包含两层含义：一是公司章程中必须明确记载公司资本总额；二是公司章程所确定的资本总额在公司设立时必须分解落实到人，由全体股东认足。

② 资本维持原则。资本维持原则是指公司在其存续过程中，应经常保持与其资本额相当的财产。公司经营一段时间后，其实有财产会由于公司的盈利、亏损或财产的无形贬损而高于或低于公司的资本，从而使公司的实际财产能力与其明示的资本数额和信用脱节。资本维持原则一方面是为了保证公司有足够的偿债能力，保护债权人利益和维护公司的信用基础；另一方面也为了防止股东对盈利分配的要求过高而导致资本的实质减少，确保公司本身业务活动的正常开展。

③ 资本不变原则。资本不变原则是指公司的资本一经确定，不得随意改变，如需增加或减少资本，必须严格按法定程序进行。因此，资本不变原则并非资本绝对的不可改变，而是指不得随意增减，也不能随构成资本的具体资产价值的实际变化而增减。资本不变原则的本意是为了防止公司随意减少公司资本而损害债权人的利益，避免因资本过剩而降低投资回报率。实质上，资本不变原则是资本维持原则的进一步要求，如果没有资本不变原则的限制，公司实有财产一旦减少，公司即可相应减少其资本额，那么资本维持原则也就失去了实际的意义。因此资本维持原则维持的是公司资本的实质，而资本不变原则维持的则是资本的形式。

2. 公司的设立

（1）设立登记

设立公司应当申请名称预先核准。预先核准的公司名称保留期为 6 个月。预先核准的公司名称在保留期内，不得用于从事经营活动，不得转让。

设立公司，应当依法向公司登记机关申请设立登记。

股东的全部出资经法定的验资机构验资后，由全体股东指定的代表或者共同委托的代理人向公司登记机关申请设立登记，申请时提交下列文件：公司登记申请书、公司章程、验资证明等。法律、行政法规规定设立公司必须报经批准的，应当在公司登记前依法办理批准手续，例如，由外商投资的有限公司需经对外经济贸易主管部门批准。

（2）公司成立

公司登记机关对符合《公司法》规定条件的，予以登记并发给公司营业执照。公司营业执照应当载明公司的名称、住所、注册资本、实收资本、经营范围、法定代表人姓名等事项。

公司营业执照签发日期为公司成立日期。

公司营业执照记载的事项发生变更的，公司应当依法办理变更登记，由公司登记机关换发营业执照。

（3）分公司、外国公司分支机构的设立

设立分公司，应当向公司登记机关申请登记，领取营业执照。分公司的登记事项包括名称、营业场所、负责人、经营范围。

外国公司在中国境内设立分支机构，必须向中国主管机关提出申请，并提交其公司章程、所属国的公司登记证书等有关文件，经批准后，向公司登记机关依法办理登记，领取营业执照。

3. 公司财务会计制度

（1）公司财务会计制度

公司财务会计是指在会计法规、会计原则或者会计制度的指导下，以货币为主要计量形式，对公司的整个财务活动和经营状况进行记账、算账、报账，为公司管理者和其他利害关系人定期提供公司财务信息的活动。

财务会计报告的目标是向财务会计报告使用者提供与企业财务状况、经营成果和现金流量等有关的会计信息，反映企业管理层受托责任履行情况，有助于财务会计报告使用者做出经济决策。财务会计报告包括会计报表及其附注和其他应当在财务会计报告中披露的相关信息和资料。会计报表至少应当包括资产负债表、利润表、现金流量表等报表。

《公司法》规定，公司应当依照法律、行政法规和国务院财政部门的规定建立本公司的财务、会计制度。公司应当在每一会计年度终了时编制财务会计报告，并依法经会计师事务所审计。其中，有限责任公司应当依照公司章程规定的期限将财务会计报告送交各股东；而股份有限公司的财务会计报告应当在召开股东大会年会的20日前置备于本公司，供股东查阅；公开发行股票的股份有限公司必须公告其财务会计报告。

（2）公司利润分配

依照《企业会计准则》的规定，利润是指企业在一定会计期间的经营成果。利润包括收入减去费用后的净额、直接计入当期利润的利得和损失等。直接计入当期利润的利得和损失，是指应当计入当期损益、会导致所有者权益发生增减变动的、与所有者投入资本或者向所有者分配利润无关的利得或者损失。

公司利润的分配顺序是：①在不超过税法规定的弥补期限内，弥补以前年度亏损；②缴纳所得税；③弥补在税前利润弥补亏损之后仍存在的亏损；④提取法定公积金；⑤提取任意公积金；⑥分配股利，有限责任公司股东按照实缴的出资比例分取红利，股份有限公司按照股东持有的股份比例分配，但股份有限公司章程规定不按持股比例分配的除外。公司持有的本公司股份不得分配利润。

公司分配当年税后利润时，应当提取利润的10%列入公司法定公积金。公司法定公积金累计额为公司注册资本的50%以上的，可以不再提取。公司从税后利润中提取法定公积金后，经股东会或者股东大会决议，还可以从税后利润中提取任意公积金。

公司的公积金用于弥补公司的亏损、扩大公司生产经营或者转为增加公司资本。但是，资本公积金不得用于弥补公司的亏损。股份有限公司以超过股票票面金额的发行价格发行股份所得的溢价款以及国务院财政部门规定列入资本公积金的其他收入，应当列为公司资本公积金。法定公积金转为资本时，所留存的该项公积金不得少于转增前公司注册资本的25%。

4. 公司的合并、分立和解散

（1）公司的合并、分立

① 合并。公司的合并是指两个以上的公司依照法定程序变更为一个公司的法律行为。

公司合并有吸收合并和新设合并两种形式。一个公司吸收其他公司为吸收合并，被吸收的公司解散；两个以上公司合并设立一个新的公司为新设合并，合并各方解散。

公司合并，应当由合并各方签订合并协议，并编制资产负债表及财产清单。公司应当自作出合并决议之日起10日内通知债权人，并于30日内在报纸上公告。债权人自接到通知书之日起30日内，未接到通知书的自公告之日起45日内，可以要求公司清偿债务或者提供相应的担保。

公司合并时，合并各方的债权、债务，应当由合并后存续的公司或者新设的公司承继。

【案例分析3.2】

××年3月，×市一家具公司与×市一木材加工有限公司决定合并，双方股东会做出合并决议后于3月15日签订了合并协议。合并协议规定，合并后公司名称为××家具股份有限公司，各公司应在合并协议签订后一个月内了结现有债权债务关系，合并后公司对原公司债务概不负责，原公司股东随着公司的合并自然转为新公司股东。4月15日，合并后的新设公司召开创立大会，宣布新公司成立，同时向工商行政管理机关申请设立登记，对原公司申请注销登记。5月30日，原家具公司债权人甲因债的清偿期届满，要求公司清偿。原家具公司经理（公司合并后已调离该公司）答复：公司合并时该债务未至清偿期，故未偿还；现公司已合并，该债应由新公司负责清偿。甲找到新公司，新公司称：按合并协议规定，各被合并公司应在合并协议签订后一个月内了结各自债权债务，合并后公司对原公司债务概不负责，因此拒不清偿。

分析：公司合并协议若与公司法规定相悖，仍依公司法规定处理。因此，合并后的新公司应承担清偿责任。

② 分立。公司分立是指一个公司分为两个或两个以上公司的法律行为。

公司分立，应当编制资产负债表及财产清单。公司应当自作出分立决议之日起10日内通知债权人，并于30日内在报纸上公告。

公司分立前的债务由分立后的公司承担连带责任。但是，公司在分立前与债权人就债务清偿达成的书面协议另有约定的除外。

③ 合并、分立相关手续。公司合并或者分立，登记事项发生变更的，应当依法向公司登记机关办理变更登记；公司解散的，应当依法办理公司注销登记；设立新公司的，应当依法办理公司设立登记。

（2）公司的解散和清算

公司的解散又称公司终止，是指公司根据法定程序彻底结束经营活动并使公司的法人资格归于消灭的事实状态和法律结果。

① 公司解散的原因。公司因下列原因解散：公司章程规定的营业期限届满或者公司章程规定的其他解散事由出现；股东会或者股东大会决议解散；因公司合并或者分立需要解散；依法被吊销营业执照、责令关闭或者被撤销；人民法院依照《公司法》第 183 条的规定予以解散。

② 清算。除因合并、分立引起的解散外，公司解散应当在解散事由出现之日起 15 日内成立清算组，开始清算。有限责任公司的清算组由股东组成，股份有限公司的清算组由董事或者股东大会确定的人员组成。

清算组在清理公司财产、编制资产负债表和财产清单后，应当制定清算方案，并报股东会、股东大会或者人民法院确认。公司财产在分别支付清算费用、职工的工资、社会保险费用和法定补偿金，缴纳所欠税款，清偿公司债务后的剩余财产，有限责任公司按照股东的出资比例分配，股份有限公司按照股东持有的股份比例分配。

公司清算结束后，清算组应当制作清算报告，报股东会、股东大会或者人民法院确认，并报送公司登记机关，申请注销公司登记，公告公司终止。

3.2　有限责任公司

3.2.1　认识有限责任公司

有限责任公司，又称有限公司，是指依照《公司法》设立的，股东以其出资额为限对公司承担有限责任，公司以其全部财产对公司的债务承担责任的公司。

有限责任公司具有以下特征。

① 责任有限。有限责任公司最基本的特征就是责任的有限性，其表现在两个方面：一是股东责任有限，无论公司对外所负债务状况如何，股东只以其认缴的出资额为限对公司承担有限责任，对超过其出资额范围的公司债务不承担责任，对公司的债权人不负直接债务，公司的债权人不得直接向股东主张债权或请求清偿，公司亏损不会影响股东的个人财产；二是公司责任有限，公司对外仅以以其全部财产承担责任，股东个人不受牵连，即股东对公司的债务不承担个人责任。

② 筹集资本的封闭性。有限责任公司不得公开募股，不得公开发行股票。有限责任公司的设立和资本筹集，是在投资人内部确定出资的比例和方式，不能向社会公开招股，也无须向社会公开其财务状况。

③ 股东人数有法定限制。在各国公司法中，对有限责任公司大多规定了最高人数的限制。我国《公司法》规定，有限责任公司由 50 个以下股东出资设立。

④ 设立程序简便，组织机构简单。有限责任公司只有发起设立方式，因此设立程序相对简单。有限责任公司的组织机构设置也比股份有限公司简单、灵活，当其股东人数较

少、规模较小时，可以不设董事会和监事会，只设一名执行董事和一至两名监事即可。

⑤ 人合兼资合性。有限责任公司既具有人合公司的特点，又具有资合公司的特点。

3.2.2 有限责任公司的设立

1. 有限责任公司的设立条件

设立有限责任公司，应当具备下列条件。

① 股东符合法定人数。我国《公司法》规定，有限责任公司由 50 个以下股东出资设立。

② 股东出资达到法定资本最低限额。我国《公司法》规定，有限责任公司注册资本的最低限额为人民币 3 万元。法律、行政法规对有限责任公司注册资本的最低限额有较高规定的，从其规定。

③ 股东共同制定公司章程。有限责任公司章程应当载明下列事项：公司名称和住所；公司经营范围；公司注册资本；股东的姓名或者名称；股东的出资方式、出资额和出资时间；公司的机构及其产生办法、职权、议事规则；公司法定代表人；股东会会议认为需要规定的其他事项。

④ 有公司名称，建立符合有限责任公司要求的组织机构。有限责任公司的名称中必须标明“有限责任公司”或者“有限公司”字样。有限责任公司的组织机构包括股东会、董事会、经理、监事会等。

⑤ 有公司住所。公司以其主要办事机构所在地为住所。

2. 有限责任公司的设立程序

① 发起人发起。有限责任公司的股东也就是发起人。发起人首先要对设立有限责任公司进行可行性分析和预测，确定设立公司的意向。当发起人的人数在两个以上，应签订发起人协议或形成发起人会议决议，明确发起人在公司设立过程中的权利和义务。

② 订立公司章程。公司章程由全体股东共同制定，股东应当在公司章程上签名、盖章。公司章程对公司、股东、董事、监事、高级管理人员具有约束力。高级管理人员，是指公司的经理、副经理、财务负责人、上市公司董事会秘书和公司章程规定的其他人员。

③ 股东缴纳出资。公司股东在公司设立登记前必须履行出资义务。公司全体股东的首次出资额不得低于注册资本的 20%，也不得低于法定的注册资本最低限额，其余部分由股东自公司成立之日起两年内缴足；其中，投资公司可以在 5 年内缴足。

④ 设立登记。

⑤ 签发出资证明书。有限责任公司成立后，应向股东签发出资证明书并有公司盖章。出资证明书应载明以下事项：公司名称；公司登记日期；公司注册资本；股东的姓名或名称、缴纳的出资额和出资日期；出资证明书的编号和核发日期。

3.2.3 有限责任公司的资本制度

1. 有限责任公司股东的出资

公司资本来源于股东的出资，全体股东的出资总和就是公司的资本总额。

① 股东的出资方式。股东可以用货币出资，也可以用实物、知识产权、土地使用权等可以用货币估价并可以依法转让的非货币财产作价出资；但是，法律、行政法规规定不得作为出资的财产除外。

② 股东的出资要求。股东应当按期足额缴纳公司章程中规定的各自所认缴的出资额。全体股东的货币出资金额不得低于有限责任公司注册资本的30%。

股东以货币出资的，应当将货币出资足额存入有限责任公司在银行开设的账户；以非货币财产出资的，应当依法办理其财产权的转移手续。

③ 股东的出资价值。除货币出资外，其他形式的出资都需要进行价值的评估。我国《公司法》规定，对作为出资的非货币财产应当评估作价，核实财产，不得高估或者低估作价。法律、行政法规对评估作价有规定的，从其规定。

④ 股东的出资责任。有限责任公司成立后，发现作为设立公司出资的非货币财产的实际价额显著低于公司章程所定价额的，应当由交付该出资的股东补足其差额；公司设立时的其他股东承担连带责任。

【案例分析3.3】

A、B、C共同出资设立一有限责任公司。其中，B以房产出资30万元。公司成立后又吸收D入股。后查明，B作为出资的房产仅值20万元，B现有可供执行的个人财产为3万元。这种情况下该如何处理？

分析：B以现有可供执行的个人财产补交差额，不足部分由A、C补足。因A、C是设立时的股东，需承担连带责任。D是公司成立后入股的，不承担连带责任。

2. 有限责任公司的股权转让

股权的转让是指公司的股东依照一定的程序把自己的股权让与受让人、由受让人取得股权而成为公司的股东。

① 股东内部转让。有限责任公司的股东之间可以相互转让其全部或者部分股权。

② 股东对外转让。股东向股东以外的人转让股权，应当经其他股东过半数同意。股东应就其股权转让事项书面通知其他股东征求同意，其他股东自接到书面通知之日起满30日未答复的，视为同意转让。其他股东半数以上不同意转让的，不同意的股东应当购买该转让的股权；不购买的，视为同意转让。

③ 股东要求公司收购。有下列情形之一的，对股东会该项决议投反对票的股东可以请求公司按照合理的价格收购其股权：公司连续5年不向股东分配利润，而公司该5年连续盈利，并且符合本法规定的分配利润条件的；公司合并、分立、转让主要财产的；公司章程规定的营业期限届满或者章程规定的其他解散事由出现，股东会会议通过决议修改章程使公司存续的。

④ 股东的优先购买权。经股东同意转让的股权，在同等条件下，其他股东有优先购买权。两个以上股东主张行使优先购买权的，协商确定各自的购买比例；协商不成的，按照转让时各自的出资比例行使优先购买权。

公司章程对股权转让另有规定的，从其规定。

【案例分析 3.4】

A 有限责任公司由甲、乙、丙、丁 4 人共同出资申请设立并获登记。该公司注册资本为 100 万元，其中甲、乙、丙均以现金出资，各为 25 万元，丁以有关的机器设备出资，作价 25 万元。公司在经营过程中，发现丁出资的机器设备的实际价值只有 16 万元，于是责令丁补交其出资，丁无力补交。丙据此要求抽回其出资，丙的要求未获公司准许。后来，丙与戊商定由丙将其出资转让给戊，但甲、乙、丁三人均不同意。丙要求甲、乙、丁三人购买其出资，但甲、乙、丁表示无力购买。最后，诉至法院。

问：丁的出资问题该怎么解决？丙能不能把出资转让给戊呢？

3.2.4 有限责任公司的组织机构

有限责任公司的组织机构主要包括权力机构、决策机构、执行机构、监督机构。我国有限责任公司的组织机构为股东会、董事会或者执行董事、经理、监事会或者监事。

1. 股东会

有限责任公司股东会由全体股东组成。股东会是公司的权力机构。

【知识链接 3.4】 股东的权利和义务

股东基于缴纳出资享有的权利称为股东权。在公司中，股东享有下列权利：①参加股东会并按照出资比例行使表决权；②选举和被选举董事会成员、监事会成员；③查阅股东会会议记录和公司财务会计报告，以便监督公司的运营；④按照出资比例分取红利，即股东享有受益权；⑤依法转让出资；⑥优先购买其他股东转让的出资；⑦优先认购公司新增的资本；⑧公司终止后，依法分得公司剩余财产；⑨公司章程规定的其他权利。

股东的义务主要为：①缴纳所认缴的出资；②以其出资额为限对公司承担责任；③公司设立登记后，不得抽回出资；④公司章程规定的其他义务。

（1）股东会职权

股东会行使下列职权：决定公司的经营方针和投资计划；选举和更换非由职工代表担任的董事、监事，决定有关董事、监事的报酬事项；审议批准董事会的报告；审议批准监事会或者监事的报告；审议批准公司的年度财务预算方案、决算方案；审议批准公司的利润分配方案和弥补亏损方案；对公司增加或者减少注册资本作出决议；对发行公司债券作出决议；对公司合并、分立、解散、清算或者变更公司形式作出决议；修改公司章程；公司章程规定的其他职权。对前述事项股东以书面形式一致表示同意的，可以不召开股东会会议，直接作出决定，并由全体股东在决定文件上签名、盖章。

（2）股东会会议

股东会会议分为定期会议和临时会议。定期会议应当依照公司章程的规定按时召开。当代表 1/10 以上表决权的股东，1/3 以上的董事，监事会或者不设监事会公司的监事提议召开临时会议的，应当召开临时会议。

首次股东会会议由出资最多的股东召集和主持，以后由董事会召集，董事长主持，不设董事会的，由执行董事召集和主持。董事长不能履行职务或者不履行职务的，由副董事长主持；副董事长不能履行职务或者不履行职务的，由半数以上董事共同推举一名董事主持。

董事会或者执行董事不能履行或者不履行召集股东会会议职责的，由监事会或者不设监事会公司的监事召集和主持；监事会或者监事不召集和主持的，代表 1/10 以上表决权的股东可以自行召集和主持。

召开股东会会议，应当于会议召开 15 日前通知全体股东。但是，公司章程另有规定或者全体股东另有约定的除外。

股东会应当对所议事项的决定作成会议记录，出席会议的股东应当在会议记录上签名。

（3）股东会决议

股东会会议由股东按照出资比例行使表决权，公司章程另有规定的除外。股东会的议事方式和表决程序，由公司章程规定。股东会会议作出修改公司章程、增加或者减少注册资本的决议，以及公司合并、分立、解散或者变更公司形式的决议，必须经代表 2/3 以上表决权的股东通过。其余事项经代表半数以上表决权的股东通过。

2. 董事会

（1）董事会的组成

董事会由董事组成，其成员为 3～13 人。股东人数较少或者规模较小的有限责任公司，可以设一名执行董事，不设董事会。两个以上的国有企业或者两个以上的其他国有投资主体投资设立的有限责任公司，其董事会成员中应当有公司职工代表。

董事任期由公司章程规定，但每届任期不得超过 3 年。董事任期届满，连选可以连任。董事任期届满未及时改选，或者董事在任期内辞职导致董事会成员低于法定人数的，在改选出的董事就任前，原董事仍应当依照法律、行政法规和公司章程的规定，履行董事职务。

董事会设董事长一人，可以设副董事长。董事长为公司的法定代表人，不设董事会的执行董事为公司的法定代表人。

（2）董事会的职权

董事会对股东会负责，行使下列职权：召集股东会会议，并向股东会报告工作；执行股东会的决议；决定公司的经营计划和投资方案；制订公司的年度财务预算方案、决算方案；制订公司的利润分配方案和弥补亏损方案；制订公司增加或者减少注册资本以及发行公司债券的方案；制订公司合并、分立、解散或者变更公司形式的方案；决定公司内部管理机构的设置；决定聘任或者解聘公司经理及其报酬事项，并根据经理的提名决定聘任或者解聘公司副经理、财务负责人及其报酬事项；制定公司的基本管理制度；公司章程规定的其他职权。

（3）董事会会议及决议

董事会会议由董事长召集和主持；董事长不能履行职务或者不履行职务的，由副董事长召集和主持；副董事长不能履行职务或者不履行职务的，由半数以上董事共同推举一名董事召集和主持。经理列席董事会会议。监事可以列席董事会会议，并对董事会决议事项提出质询或者建议。

董事会决议的表决，实行一人一票。

董事会应当对所议事项的决定作成会议记录，出席会议的董事应当在会议记录上签名。

【知识链接 3.5】 CEO

CEO（Chief Executive Officer），即首席执行官，是美国人在 20 世纪 60 年代进行公司治理结构改革创新时的产物。CEO 与总经理，形式上都是企业的“一把手”，CEO 既是行政一把手，又是股东权益代言人——大多数情况下，CEO 是作为董事会成员出现的，总经理则不一定是董事会成员。从这个意义上讲，CEO 代表着企业，并对企业经营负责。由于国外没有类似的上级主管和来自四面八方的牵制，CEO 的权威比国内的总经理们更绝对，但他们绝不会像总经理那样过多介入公司的具体事务。CEO 作出总体决策后，具体执行权力就会下放。所以有人说，CEO 就像我国 50%的董事长加上 50%的总经理。

3. 经理

有限责任公司可以设经理，由董事会决定聘任或者解聘。不设董事会的，执行董事可以兼任公司经理。

经理对董事会负责，行使下列职权：主持公司的生产经营管理工作，组织实施董事会决议；组织实施公司年度经营计划和投资方案；拟订公司内部管理机构设置方案；拟订公司的基本管理制度；制定公司的具体规章；提请聘任或者解聘公司副经理、财务负责人；决定聘任或者解聘除应由董事会决定聘任或者解聘以外的负责管理人员；董事会授予的其他职权。

4. 监事会

（1）监事会的组成

有限责任公司设监事会，其成员不得少于 3 人。股东人数较少或者规模较小的有限责任公司，可以设 1～2 名监事，不设监事会。监事会应当包括股东代表和适当比例的公司职工代表，其中职工代表的比例不得低于 1/3，具体比例由公司章程规定。监事会中的职工代表由公司职工通过职工代表大会、职工大会或者其他形式民主选举产生。

监事的任期每届为 3 年。监事任期届满，连选可以连任。董事、高级管理人员不得兼任监事。

监事会设主席 1 人，由全体监事过半数选举产生。

（2）监事会职权

监事会、不设监事会公司的监事行使下列职权：检查公司财务；对董事、高级管理人员执行公司职务的行为进行监督，对违反法律、行政法规、公司章程或者股东会决议的董事、高级管理人员提出罢免的建议；当董事、高级管理人员的行为损害公司的利益时，要求董事、高级管理人员予以纠正；提议召开临时股东会会议，在董事会不履行本法规定的召集和主持股东会会议职责时召集和主持股东会会议；向股东会会议提出提案；依照《公司法》第 152 条的规定，对董事、高级管理人员提起诉讼；公司章程规定的其他职权。

（3）监事会会议及决议

监事会每年度至少召开 1 次会议，监事可以提议召开临时监事会会议。监事会主席召集和主持监事会会议；监事会主席不能履行职务或者不履行职务的，由半数以上监事共同推举 1 名监事召集和主持监事会会议。

监事会决议应当经半数以上监事通过。

监事会应当对所议事项的决定作成会议记录，出席会议的监事应当在会议记录上签名。

5. 董事、监事、经理的资格和职责

（1）董事、监事、经理的任职资格

有下列情形之一的，不得担任公司的董事、监事、高级管理人员：无民事行为能力或者限制民事行为能力；因贪污、贿赂、侵占财产、挪用财产或者破坏社会主义市场经济秩序，被判处刑罚，执行期满未逾 5 年，或者因犯罪被剥夺政治权利，执行期满未逾 5 年；担任破产清算的公司、企业的董事或者厂长、经理，对该公司、企业的破产负有个人责任的，自该公司、企业破产清算完结之日起未逾 3 年；担任因违法被吊销营业执照、责令关闭的公司、企业的法定代表人，并负有个人责任的，自该公司、企业被吊销营业执照之日起未逾 3 年；个人所负数额较大的债务到期未清偿。违反上述规定选举、委派董事、监事或者聘任高级管理人员的，该选举、委派或者聘任无效。

【案例讨论 3.1】

某有限责任公司董事会由包括张某、陈某、刘某在内的若干人员组成。其中，张某 5 年前因对一起重大工程事故负有责任，被判处有期徒刑 1 年；陈某曾独资开办一家工厂，1 年前该厂因无力偿还大额债务而倒闭，债权人至今仍在追讨；刘某 66 岁，曾任市政府副秘书长，现退休在家。公司股东会在审议董事会成员时，对以上 3 人的董事任职资格提出了质疑，认为依照《公司法》，他们不得担任公司董事。

问：股东会的看法是否正确？张某、陈某、刘某是否具备公司董事的任职资格？

（2）董事、监事、经理的职责

董事、监事、高级管理人员应当遵守法律、行政法规和公司章程，对公司负有忠实义务和勤勉义务，不得利用职权收受贿赂或者其他非法收入，不得侵占公司的财产。

董事、高级管理人员不得有下列行为：挪用公司资金；将公司资金以其个人名义或者以其他个人名义开立账户存储；违反公司章程的规定，未经股东会、股东大会或者董事会同意，将公司资金借贷给他人或者以公司财产为他人提供担保；违反公司章程的规定或者未经股东会、股东大会同意，与本公司订立合同或者进行交易；未经股东会或者股东大会同意，利用职务便利为自己或者他人谋取属于公司的商业机会，自营或者为他人经营与所任职公司同类的业务；接受他人与公司交易的佣金归为己有；擅自披露公司秘密；违反对公司忠实义务的其他行为。

董事、高级管理人员违反上述规定所得的收入应当归公司所有；给公司造成损失的，应当承担赔偿责任。

3.2.5 一人有限公司与国有独资公司

1. 一人有限责任公司

一人有限责任公司是指只有一个自然人股东或者一个法人股东的有限责任公司。

一人有限责任公司的注册资本最低限额为人民币 10 万元。股东应当一次足额缴纳公司章程规定的出资额。一人有限责任公司的股东不能证明公司财产独立于股东自己的财产的，应当对公司债务承担连带责任。

一人有限责任公司应当在公司登记中注明自然人独资或者法人独资，并在公司营业执照中载明。一个自然人只能投资设立一个一人有限责任公司。该一人有限责任公司不能投资设立新的一人有限责任公司。

一人有限责任公司不设股东会。一人有限责任公司章程由股东制定。

一人有限责任公司应当在每一会计年度终了时编制财务会计报告，并经会计师事务所审计。

2. 国有独资公司

国有独资公司，是指国家单独出资、由国务院或者地方人民政府授权本级人民政府国有资产监督管理机构履行出资人职责的有限责任公司。

国有独资公司章程由国有资产监督管理机构制定，或者由董事会制订报国有资产监督管理机构批准。

国有独资公司不设股东会，由国有资产监督管理机构行使股东会职权。国有资产监督管理机构可以授权公司董事会行使股东会的部分职权，决定公司的重大事项。但公司的合并、分立、解散、增加或者减少注册资本和发行公司债券，必须由国有资产监督管理机构决定；其中，重要的国有独资公司合并、分立、解散、申请破产的，应当由国有资产监督管理机构审核后，报本级人民政府批准。

国有独资公司设董事会，董事每届任期不得超过 3 年。董事会成员中应当有公司职工代表。董事会成员由国有资产监督管理机构委派；但是，董事会成员中的职工代表由公司职工代表大会选举产生。董事会设董事长一人，可以设副董事长。董事长、副董事长由国有资产监督管理机构从董事会成员中指定。

国有独资公司设经理，由董事会聘任或者解聘。经国有资产监督管理机构同意，董事会成员可以兼任经理。

国有独资公司的董事长、副董事长、董事、高级管理人员，未经国有资产监督管理机构同意，不得在其他有限责任公司、股份有限公司或者其他经济组织兼职。

国有独资公司监事会成员不得少于 5 人，其中职工代表的比例不得低于 1/3，具体比例由公司章程规定。监事会成员由国有资产监督管理机构委派；但是，监事会成员中的职工代表由公司职工代表大会选举产生。监事会主席由国有资产监督管理机构从监事会成员中指定。

3.3 股份有限公司

3.3.1 认识股份有限公司

股份有限公司，又称股份公司，是指依照《公司法》设立的，全部资本划分为等额股份，股东以其所持有的股份为限对公司承担责任，公司以其全部资产对公司的债务承担责任的公司。

股份有限公司具有以下特征。

① 责任有限。股份有限公司的股东以其所持有的股份为限对公司承担责任，这种责任实质是一种出资责任。只要股东在公司设立时缴足股本，原则上就不再对公司债务承担任何责任，公司的债权人不能直接向股东提出清偿的要求，更不能要求用股东的其他个人财产来清偿公司债务。

② 筹资与经营的公开性。股份有限公司可以通过向社会公众发行股票的形式向社会募集资本，任何人只要愿意支付股金，购买股票，就可以成为股份有限公司的股东。因为筹资的公开性，股份有限公司不仅须依法制定其财务会计制度，而且还须按照法律规定的内容和方式公开公司的财务会计账目，以便公司的股东和社会公众了解公司的经营情况。

③ 股份的等额性。股份是构成股份有限公司资本的最小单位，也是计算股东权利义务的基本单位。为了便于股份的筹集和转让，股份有限公司的全部资本划分为等额股份，每个股东持有的股份数总额可以不同，但每股的金额必须相等，并通过公开发行股票的形式向社会募集资本，股份可以自由转让。

④ 公司的资合性。股份有限公司的信用基础在于其公司资本和资产，公司资本和资产不仅是公司进行经营的基本条件，也是公司承担债务的基本担保。股东只能以货币、实物等出资，而不能以信用或劳务出资。公司的盈余分配更是严格实行无盈不分的法律原则。这些都与人合性的无限公司截然相反，股份有限公司是最典型的资合公司。

⑤ 股东具有广泛性。股份有限公司是应社会化大生产对巨额资本的需求而产生的一种典型公司组织形式。股份有限公司通过向社会公众广泛地发行股票来筹集资本，任何投资者只要认购股票和支付股款，都可成为股份公司的股东，这使得股份有限公司的股东人数具有广泛性的特点。

3.3.2 股份有限公司的设立

1. 股份有限公司的设立条件

设立股份有限公司，应当具备下列条件。

① 发起人符合法定人数。设立股份有限公司，应当有 2 人以上 200 人以下为发起人，其中须有半数以上的发起人在中国境内有住所。

② 发起人认购和募集的股本达到法定资本最低限额。股份有限公司注册资本的最低限额为人民币 500 万元。法律、行政法规对股份有限公司注册资本的最低限额

有较高规定的，从其规定。

股份有限公司采取发起设立方式设立的，注册资本为在公司登记机关登记的全体发起人认购的股本总额。公司全体发起人的首次出资额不得低于注册资本的 20%，其余部分由发起人自公司成立之日起两年内缴足；其中，投资公司可以在 5 年内缴足。在缴足前，不得向他人募集股份。

股份有限公司采取募集方式设立的，注册资本为在公司登记机关登记的实收股本总额。

③ 股份发行、筹办事项符合法律规定。

④ 发起人制定公司章程，采用募集方式设立的经创立大会通过。

股份有限公司章程应当载明下列事项：公司名称和住所；公司经营范围；公司设立方式；公司股份总数、每股金额和注册资本；发起人的姓名或者名称、认购的股份数、出资方式和出资时间；董事会的组成、职权和议事规则；公司法定代表人；监事会的组成、职权和议事规则；公司利润分配办法；公司的解散事由与清算办法；公司的通知和公告办法；股东大会会议认为需要规定的其他事项。

⑤ 有公司名称，建立符合股份有限公司要求的组织机构。

⑥ 有公司住所。

2. 股份有限公司的设立程序

① 确立公司设立方式。股份有限公司的设立，可以采取发起设立或者募集设立的方式。发起设立，是指由发起人认购公司应发行的全部股份而设立公司的方式。募集设立，是指由发起人认购公司应发行股份的一部分，其余股份向社会公开募集或者向特定对象募集而设立公司的方式。

② 确立公司发起人。股份有限公司发起人承担公司筹办事务。发起人应当签订发起人协议，明确各自在公司设立过程中的权利和义务。

③ 订立公司章程。股份有限公司的公司章程由全体发起人制定。

④ 股份的认缴与募集。

A. 以发起设立方式设立股份有限公司的，发起人应当书面认足公司章程规定其认购的股份。一次缴纳的，应即缴纳全部出资；分期缴纳的，应即缴纳首期出资。以非货币财产出资的，应当依法办理其财产权的转移手续。

B. 以募集设立方式设立股份有限公司的，发起人认购一部分股份，其余的向社会公众募集。

公开发行股票，必须向国务院证券监督管理机构报送募股申请和有关文件。

发起人向社会公开募集股份，必须公告招股说明书，并制作认股书。招股说明书应当附有发起人制订的公司章程，招股说明书、认股书应当载明以下事项：发起人认购的股份数；每股的票面金额和发行价格；无记名股票的发行总数；募集资金的用途；认股人的权利、义务；本次募股的起止期限及逾期未募足时认股人可以撤回所认股份的说明。认股人在认股书上填写认购股数、金额、住所，并签名、盖章。认股人按照所认购股数缴纳股款。

发起人向社会公开募集股份，应当由依法设立的证券公司承销，签订承销协议；应当同银行签订代收股款协议。

⑤ 建立公司机构。发起设立方式设立公司的，发起人首次缴纳出资后，应当选举董事会和监事会。

募集设立方式设立公司的，在创立大会上选举董事会成员、选举董事会成员。有关创立大会，《公司法》有以下规定。

发起人应当自股款缴足之日起 30 日内主持召开公司创立大会。创立大会由发起人、认股人组成。发起人应当在创立大会召开 15 日前将会议日期通知各认股人或者予以公告。创立大会应有代表股份总数过半数的发起人、认股人出席，方可举行。

创立大会行使下列职权：审议发起人关于公司筹办情况的报告；通过公司章程；选举董事会成员；选举选举董事会成员；对公司的设立费用进行审核；对发起人用于抵作股款的财产的作价进行审核；发生不可抗力或者经营条件发生重大变化直接影响公司设立的，可以作出不设立公司的决议。创立大会对以上事项作出决议，必须经出席会议的认股人所持表决权过半数通过。

⑥ 公司设立登记。发起设立方式的由董事会向公司登记机关报送公司章程、由依法设立的验资机构出具的验资证明以及法律、行政法规规定的其他文件，申请设立登记。

募集设立方式的董事会应于创立大会结束后 30 日内，向公司登记机关报送下列文件和国务院证券监督管理机构的核准文件，申请设立登记：公司登记申请书；创立大会的会议记录；公司章程；验资证明；法定代表人、董事、监事的任职文件及其身份证明；发起人的法人资格证明或者自然人身份证明；公司住所证明。

3.3.3 股份有限公司的发起人

股份有限公司发起人是承担公司筹办事务的人，既可以是自然人，也可以是法人。

1. 出资

发起人的出资方式，适用《公司法》对有限责任公司股东出资方式的规定。

① 发起设立。公司全体发起人的首次出资额不得低于注册资本的 20%，其余部分由发起人自公司成立之日起 2 年内缴足；其中，投资公司可以在 5 年内缴足。在缴足前，不得向他人募集股份。

② 募集设立。发起人认购的股份不得少于公司股份总数的 35%；但是，法律、行政法规另有规定的，从其规定。

发起人、认股人缴纳股款或者交付抵作股款的出资后，除未按期募足股份、发起人未按期召开创立大会或者创立大会决议不设立公司的情形外，不得抽回其股本。

2. 发起人的责任

股份有限公司的发起人应当承担下列责任。

① 公司不能成立时，对设立行为所产生的债务和费用负连带责任；对认股人已缴纳的股款，负返还股款并加算银行同期存款利息的连带责任。

② 在公司设立过程中，由于发起人的过失致使公司利益受到损害的，应当对公司承担赔偿责任。

③ 股份有限公司成立后，发起人未按照公司章程的规定缴足出资的，应当补缴；

其他发起人承担连带责任。股份有限公司成立后，发现作为设立公司出资的非货币财产的实际价额显著低于公司章程所定价额的，应当由交付该出资的发起人补足其差额，其他发起人承担连带责任。

【案例讨论 3.2】

S 市甲、乙、丙 3 家饮料厂共同发起设立华爽饮料股份有限公司。3 家公司共同制定了发起人协议和公司章程，并且约定发起人分别承购一部分股份，其余股份向社会公开募集。经批准之后，华爽饮料股份有限公司向社会公开募股。S 市共有 500 余人按照招股章程应募并缴纳了第一次的股金。但缴款之后，迟迟未见华爽饮料股份有限公司成立。该拟设的公司因发起人内部矛盾及违反有关规定不欢而散。S 市股民推举王某等 5 人为代表与甲、乙、丙 3 家饮料厂联系退款，3 个发起人互相推诿。无奈，王某等 5 人代表 500 余名股民向 S 市法院起诉，要求退还已缴纳的股款。

法院经审理认为，作为公司的发起人，当公司不能成立时，应当承担由此而产生的民事责任，各发起人应承担连带责任。故法院判决甲、乙、丙 3 家饮料厂连带清偿股民已缴纳的股款和利息。

3.3.4 股份有限公司的组织机构

1. 股东大会

股份有限公司股东大会由全体股东组成。股东大会是公司的权力机构。

（1）股东大会的职权

《公司法》关于有限责任公司股东会职权的规定，适用于股份有限公司股东大会。

（2）股东大会会议

股东大会应当每年召开一次年会。

有下列情形之一的，应当在两个月内召开临时股东大会：董事人数不足本法规定人数或者公司章程所定人数的 2/3 时；公司未弥补的亏损达实收股本总额 1/3 时；单独或者合计持有公司 10%以上股份的股东请求时；董事会认为必要时；监事会提议召开时；公司章程规定的其他情形。

股东大会会议由董事会召集，董事长主持；董事长不能履行职务或者不履行职务的，由副董事长主持；副董事长不能履行职务或者不履行职务的，由半数以上董事共同推举一名董事主持。

股东可以委托代理人出席股东大会会议，代理人应当向公司提交股东授权委托书，并在授权范围内行使表决权。

（3）股东大会决议

股东大会不得对通知中未列明的事项作出决议。

股东出席股东大会会议，所持每一股份有一表决权。但是，公司持有的本公司股份没有表决权。

股东大会作出决议，必须经出席会议的股东所持表决权过半数通过。但是，股东大会作出修改公司章程、增加或者减少注册资本的决议，以及公司合并、分立、解散或者变更公司形式的决议，必须经出席会议的股东所持表决权的 2/3 以上通过。

股东大会应当对所议事项的决定作成会议记录，主持人、出席会议的董事应当在会议记录上签名。会议记录应当与出席股东的签名册及代理出席的委托书一并保存。

2. 董事会

（1）董事会的组成

股份有限公司设董事会，其成员为5～19人。董事会成员中可以有公司职工代表。董事会中的职工代表由公司职工通过职工代表大会、职工大会或者其他形式民主选举产生。

董事任期由公司章程规定，但每届任期不得超过3年。董事任期届满，连选可以连任。

董事会设董事长一人，可以设副董事长。董事长和副董事长由董事会以全体董事的过半数选举产生。董事长为公司的法定代表人。

（2）董事会职权

《公司法》关于有限责任公司董事会职权的规定，适用于股份有限公司董事会。

（3）董事会会议及决议

董事会每年度至少召开两次会议，每次会议应当于会议召开10日前通知全体董事和监事。

代表1/10以上表决权的股东、1/3以上董事或者监事会，可以提议召开董事会临时会议。董事长应当自接到提议后10日内，召集和主持董事会会议。董事会召开临时会议，可以另定召集董事会的通知方式和通知时限。

董事会会议应有过半数的董事出席方可举行。董事会会议，应由董事本人出席；董事因故不能出席，可以书面委托其他董事代为出席，委托书中应载明授权范围。董事会决议的表决，实行一人一票。董事会作出决议，必须经全体董事的过半数通过。

董事会应当对会议所议事项的决定作成会议记录，出席会议的董事应当在会议记录上签名。

3. 经理

股份有限公司设经理，由董事会决定聘任或者解聘。《公司法》关于有限责任公司经理职权的规定，适用于股份有限公司经理。

公司董事会可以决定由董事会成员兼任经理。

4. 监事会

（1）监事会的组成

股份有限公司设监事会，其成员不得少于3人。董事、高级管理人员不得兼任监事。《公司法》关于有限责任公司监事任期的规定，适用于股份有限公司监事。

监事会应当包括股东代表和适当比例的公司职工代表，其中职工代表的比例不得低于1/3，具体比例由公司章程规定。监事会中的职工代表由公司职工通过职工代表大会、职工大会或者其他形式民主选举产生。

监事会设主席一人，可以设副主席。监事会主席和副主席由全体监事过半数选举产生。

（2）监事会职权

《公司法》关于有限责任公司监事会职权的规定，适用于股份有限公司监事会。

监事会行使职权所必需的费用，由公司承担。

（3）监事会会议及决议

监事会每6个月至少召开一次会议。监事可以提议召开临时监事会会议。监事会决议应当经半数以上监事通过。监事会应当对所议事项的决定作成会议记录，出席会议的监事应当在会议记录上签名。

3.3.5 股份发行与转让的法律规定

1. 股份

股份有限公司的资本划分为股份，每一股的金额相等。公司的股份采取股票的形式。股票是公司签发的证明股东所持股份的凭证。股份是股票的实质内容，股票是股份的证券形式。

股票应当载明下列主要事项：公司名称，公司成立日期，股票种类、票面金额及代表的股份数，股票的编号。股票由法定代表人签名，公司盖章。发起人的股票，应当标明发起人股票字样。

股份按照不同的标准，有不同的种类。下面介绍两种常见的分类。

① 按照股票是否记名，可分为记名股票和无记名股票。记名股票是指股票票面上记载有股东姓名或名称的股份。公司向发起人、法人发行的股票，应当为记名股票，并应当记载该发起人、法人的名称或者姓名，不得另立户名或者以代表人姓名记名。公司发行记名股票的，应当置备股东名册，并记载相关事项。发行无记名股票的，公司应当记载其股票数量、编号及发行日期。

② 按照股份代表股东权利的不同，可分为普通股和优先股。普通股是股份有限公司设立的基础性股份，为任何股份公司发行股票时必须发行的股份。普通股股东在股份公司事务上具有平等的权利和相同的法律地位。优先股是优于普通股获得特定权利的股份。公司对优先股的股利须按约定的利率支付，不受公司盈利大小的影响，其分配股利和公司剩余财产的顺序在普通股之前。

2. 股份发行

股份发行是指股份有限公司通过法定方式向社会发行公司股份的行为。因为股份必须采取股票的形式，所以股份发行实际上是股份有限公司股票的发行。股份发行分为设立发行和新股发行。股份有限公司申请公开发行股票，应符合法律规定的条件。

股份的发行实行公平、公正的原则，同种类的每一股份应当具有同等权利。同次发行的同种类股票，每股的发行条件和价格应当相同；任何单位或者个人所认购的股份，每股应当支付相同价额。股票发行价格可以按票面金额，也可以超过票面金额，但不得低于票面金额。

3. 股份的转让

股份转让是指股份所有人（股东）依一定的程序将股份出让给受让人，受让人因此取得股份并成为公司股东的行为。股东持有的股份可以依法转让。

股份转让的限制性规定有下列一些。

① 股东转让其股份，应当在依法设立的证券交易场所进行或者按照国务院规定

的其他方式进行。

② 记名股票，由股东以背书方式或者法律、行政法规规定的其他方式转让；转让后由公司将受让人的姓名或者名称及住所记载于股东名册。股东大会召开前20日内或者公司决定分配股利的基准日前5日内，不得进行前述的股东名册的变更登记。

③ 无记名股票的转让，由股东将该股票交付给受让人后即发生转让的效力。

④ 发起人持有的本公司股份，自公司成立之日起一年内不得转让。公司公开发行股份前已发行的股份，自公司股票在证券交易所上市交易之日起一年内不得转让。

⑤ 公司董事、监事、高级管理人员应当向公司申报所持有的本公司的股份及其变动情况，在任职期间每年转让的股份不得超过其所持有本公司股份总数的25%；所持本公司股份自公司股票上市交易之日起一年内不得转让。上述人员离职后半年内，不得转让其所持有的本公司股份。

⑥ 公司不得收购本公司股份。但是，有下列情形之一的除外：减少公司注册资本；与持有本公司股份的其他公司合并；将股份奖励给本公司职工；股东因对股东大会作出的公司合并、分立决议持异议，要求公司收购其股份的。

⑦ 公司不得接受本公司的股票作为质押权的标的。

3.3.6　上市公司

1. 上市公司的概念

上市公司，是指其股票在证券交易所上市交易的股份有限公司。股份有限公司申请股票上市，应当符合《证券法》规定的条件。

2. 股东大会决议

上市公司在一年内购买、出售重大资产或者担保金额超过公司资产总额30%的，应当由股东大会作出决议，并经出席会议的股东所持表决权的2/3以上通过。

根据《上市公司章程指引》，下列事项由股东大会以特别决议通过：公司增加或者减少注册资本；发行公司债券；公司的分立、合并、解散和清算；公司章程的修改；回购本公司股票；公司章程规定和股东大会以普通决议认定会对公司产生重大影响的、需要以特别决议通过的其他事项。

3. 董事会

上市公司设独立董事，具体办法由国务院规定。独立董事，是指不在公司担任除董事外的其他职务，并与其受聘的上市公司及其主要股东不存在可能妨碍其进行独立客观判断的关系的董事。

上市公司设董事会秘书，负责公司股东大会和董事会会议的筹备、文件保管以及公司股东资料的管理，办理信息披露事务等事宜。

上市公司董事与董事会会议决议事项所涉及的企业有关联关系的，不得对该项决议行使表决权，也不得代理其他董事行使表决权。该董事会会议由过半数的无关联关系董事出席即可举行，董事会会议所作决议须经无关联关系董事过半数通过。出席董事会的无关联关系董事人数不足3人的，应将该事项提交上市公司股东大会审议。

3.3.7 公司债券

1. 概念和种类

(1) 公司债券概念

公司债券，是指公司依照法定程序发行、约定在一定期限还本付息的有价证券。

公司债券与公司股票有以下区别。

① 性质不同。公司债券是债权凭证，表示公司与投资者之间的债权债务；公司股票是股权凭证，表示投资者对公司拥有的股东权利。

② 收益和偿还期不同。债券持有人不论公司是否盈利，都有权按照事先约定的利率计取固定利息，到期还本；股票持有人只能从税后利润分股息、红利，而且在公司解散之前不能要求公司偿还股本。

③ 承担风险不同。股票的收益可能较高或较低，风险较大；债券持有人承担的风险要比股票持有人小。

④ 对公司的经营管理权不同。股票持有人可通过在股东会议上行使表决权参与公司管理，债券持有人则无权参与。

(2) 公司债券种类

按照是否记名，公司债券可分为记名债券和无记名债券。记名债券应当载明债券持有人的姓名或者名称及住所。

按照可否转换为股票，公司债券可分为可转换公司债券和不可转换公司债券。发行可转换为股票的公司债券的，公司应当按照其转换办法向债券持有人换发股票，但债券持有人对转换股票或者不转换股票有选择权。

2. 公司债券的发行

公司发行公司债券应当符合《中华人民共和国证券法》规定的发行条件。发行公司债券的申请经国务院授权的部门核准后，应当公告公司债券募集办法。公司债券募集办法中应当载明下列主要事项：公司名称；债券募集资金的用途；债券总额和债券的票面金额；债券利率的确定方式；还本付息的期限和方式；债券担保情况；债券的发行价格、发行的起止日期；公司净资产额；已发行的尚未到期的公司债券总额；公司债券的承销机构。

公司以实物券方式发行公司债券的，必须在债券上载明公司名称、债券票面金额、利率、偿还期限等事项，并由法定代表人签名，公司盖章。

公司发行公司债券应当置备公司债券存根簿。发行记名公司债券的，应当在公司债券存根簿上载明下列事项：债券持有人的姓名或者名称及住所；债券持有人取得债券的日期及债券的编号；债券总额，债券的票面金额、利率、还本付息的期限和方式；债券的发行日期。

公司债券，可以为记名债券，也可以为无记名债券。发行无记名公司债券的，应当在公司债券存根簿上载明债券总额、利率、偿还期限和方式、发行日期及债券的编号。记名公司债券的登记结算机构应当建立债券登记、存管、付息、兑付等相关制度。

3. 公司债券的转让

公司债券可以转让，转让价格由转让人与受让人约定。公司债券在证券交易所上市交易的，按照证券交易所的交易规则转让。

记名公司债券，由债券持有人以背书方式或者法律、行政法规规定的其他方式转让；转让后由公司将受让人的姓名或者名称及住所记载于公司债券存根簿。无记名公司债券的转让，由债券持有人将该债券交付给受让人后即发生转让的效力。

4. 可转换公司债券

上市公司经股东大会决议可以发行可转换为股票的公司债券，并在公司债券募集办法中规定具体的转换办法。上市公司发行可转换为股票的公司债券，应当报国务院证券监督管理机构核准。发行可转换为股票的公司债券，应当在债券上标明可转换公司债券字样，并在公司债券存根簿上载明可转换公司债券的数额。

学习回顾

公司是指依照公司法设立，以营利为目的的企业法人。依据不同的标准，可将公司作不同的分类，各种分类标准都有一定的相对性而不是绝对的。我国公司法所称的公司是指依照《公司法》在中国境内设立的有限责任公司和股份有限公司。

设立公司应当申请名称预先核准。设立公司，应当依法向公司登记机关申请设立登记。公司营业执照签发日期为公司成立日期。

公司利润的分配顺序是：①在不超过税法规定的弥补期限内，弥补以前年度亏损；②缴纳所得税；③弥补在税前利润弥补亏损之后仍存在的亏损；④提取法定公积金；⑤提取任意公积金；⑥分配股利。

公司的合并是指两个以上的公司依照法定程序变更为一个公司的法律行为。公司合并时，合并各方的债权、债务，应当由合并后存续的公司或者新设的公司承继。公司分立是指一个公司分为两个或两个以上的公司的法律行为。公司分立前的债务由分立后的公司承担连带责任。但是，公司在分立前与债权人就债务清偿达成的书面协议另有约定的除外。公司的解散又称公司终止，是指公司根据法定程序彻底结束经营活动并使公司的法人资格归于消灭的事实状态和法律结果。

有限责任公司，又称有限公司，是指依照《公司法》设立的，股东以其出资额为限对公司承担有限责任，公司以其全部财产对公司的债务承担责任的公司。有限责任公司的组织机构主要包括权力机构、决策机构、执行机构、监督机构，我国有限责任公司的组织机构为股东会、董事会或者执行董事、经理、监事会或者监事。

一人有限责任公司是指只有一个自然人股东或者一个法人股东的有限责任公司。国有独资公司，是指国家单独出资、由国务院或者地方人民政府授权本级人民政府国有资产监督管理机构履行出资人职责的有限责任公司。

股份有限公司，又称股份公司，是指依照《公司法》设立的，全部资本划分为等额股份，股东以其所持有的股份为限对公司承担责任，公司以其全部资产对公司的债务承担责任的公司。股份有限公司的设立，可以采取发起设立或者募集设立的方式。

上市公司，是指其股票在证券交易所上市交易的股份有限公司。股份有限公司申请股票上市，应当符合《证券法》规定的条件。

知识巩固

1. 公司有哪些种类?
2. 简述有限责任公司的设立条件。
3. 简述股份有限公司的设立条件。
4. 简述公司债券与股票的区别。
5. 简述公司债券的发行条件。
6. 简述发起人应承担的法律责任。

案例分析

1. 齐某、唐某是厨美灶具股份有限公司的董事。公司发展前景良好，有广阔的销售空间。齐某、唐某分别负责产品的生产工艺和销售，掌握了该产品的核心环节。于是，齐某、唐某又与付某共同出资设立了华伦灶具公司，生产的灶具与厨美灶具公司基本相同，但品牌不同。齐某、唐某未担任任何职务。后来，齐某、唐某入股华伦灶具公司一事被厨美公司发现，厨美公司董事会决议罢免了齐某和唐某的董事职务，并要求齐某、唐某将在华伦公司经营期间所得的收入共计35万元交给厨美公司。齐某、唐某不服。

问：厨美公司董事会的决议是否有效？为什么？

2. 2004年，××机械股份有限公司为进一步筹集生产经营资金，准备发行公司债券。董事会制定方案，直接指示总经理负责此事，并成立了发行小组。发行小组向国务院证券管理部门申请公司债券（用于厂房扩建）的发行，得到批准。于是准备发行可转换为股票的公司债券，债券上载明：债券总额是3000万元，债券面额是100元，债券的利息率是头年13%，以后每年逐加0.5个百分点，还本付息的期限是4年。公司的净资产额是6000万元。董事长签名后，于2005年1月20日发行截止。恰在此时，公司因卷入产品质量纠纷而需支付巨额赔偿费用。因资金周转不开，公司准备将刚筹来的用于扩建公司厂房的公司债券资金用于此项开支，另外考虑到公司债券即将要到期还本付息，于是要求所有债券持有人将所持债券转换为公司的股票，让其于公司共担风险，不必像公司债券那样保证还本付息。

问：上述做法是否符合规定？

技能训练

建立模拟公司。学生分成若干小组，每组成员进行市场调查与可行性分析，设置一个模拟公司，草拟公司章程。要求：从实际出发设置有发展前景的公司，并制定规范的公司章程。

第 4 讲

市场规制法律制度

内容提要

本讲主要介绍我国主要的市场规制法，包括工业产权法的商标法和专利法、市场竞争法的反不正当竞争法和反垄断法，以及产品质量法、消费者权益保护法和广告法的相关法律规定。

知识目标

1. 了解商标注册的一般法律规定，理解和掌握商标权的转让及使用许可，商标侵权行为及其处理，商标权保护的法律规定；了解专利制度及其作用，理解和掌握专利权及其特征，授予专利的条件，专利权的保护。

2. 理解和掌握法不正当竞争行为的概念、特征及其种类；了解反不正当竞争立法的必要性和对不正当竞争行为的监督检查及执法程序。理解和掌握垄断的概念和类型，垄断行为的具体表现形式，了解垄断行为的法律责任。

3. 了解产品、产品质量法的含义；理解和掌握产品质量义务及产品质量责任及其承担。

4. 理解和掌握消费者的权利和经营者义务，了解国家对消费者合法权益的保护、消费者组织，消费者权益争议的解决及法律责任。

5. 了解广告的概念和种类，广告一般准则和特殊商品的广告准则，广告活动的管理规定、广告审查的规定，违反广告法的法律责任。

实务目标

1. 能够判断商标侵权行为，独立处理商标侵权案件。
2. 学会辨别产品质量责任，能够处理产品质量纠纷案件。
3. 能够运用消费者权益保护法的法律规定处理消费者权益纠纷案件。
4. 学会判别不正当竞争行为。
5. 独立运用广告法律规定处理广告违法案件。

学时建议

4~6 课时

引导案例

A县商业总公司和供销社联手举办商品展销会，甲在展销会上以2150元的价格购买了B厂展销的电冰箱一台，将冰箱拉回家后，甲按照说明书的要求安放、接通电源。但是过了很长时间仍然没有动静，打开冰箱发现里面很热。第二天，甲到展销会，请B厂的技术人员到家里维修，经过两个多小时检修，冰箱恢复正常。但是，用了一周之后，冰箱再也不制冷了，此时展销会已经结束。甲写信到B厂要求修理更换，但被告知B厂已被合并到C厂，B厂已被撤销。试分析：甲应向谁提出修理、更换、退货等要求？甲可以通过何种途径解决纠纷？

分析：根据《中华人民共和国产品质量法》的规定，当销售者售出的产品有下列情形之一的，销售者应当负责修理、更换、退货；给购买产品的消费者造成损失的，销售者应当赔偿损失：不具备产品应当具备的使用性能而事先未作说明的；不符合在产品或者其包装上注明采用的产品标准的；不符合以产品说明、实物样品等方式表明的质量状况的。依据这一规定，本案中，甲既可以向B厂提出，也可以向商业总公司和供销社提出修理、更换、退货等要求。一旦发生纠纷，甲可以通过协商和解，也可以请第三者调解，调解不成，还可以按照法律规定提起仲裁，直至诉讼。

4.1 市场规制法简述

4.1.1 市场规制简述

1. 市场规制法的定义

市场规制法是调整在国家权力直接干预市场、调节市场结构、规范市场行为、维护市场秩序、保护和促进公平竞争的过程中产生的各种经济关系的法律规范的总称。简言之，市场规制法就是调整市场规制关系的法律规范的总称。

市场规制法的宗旨是通过规制垄断行为和不正当竞争行为，调整市场规制关系，恢复和维护公平竞争机制，提高市场配置资源的效率，保护经营者和消费者的权利和利益，不断解决个体营利性和社会公益性的矛盾，克服市场失灵，保障社会公益和基本人权，促进经济的稳定增长，实现经济和社会的良性互动和协调发展。

2. 市场规制法的基本原则

① 规制法定原则。规制市场主体竞争行为的主体、权力和程序等均依照法律规定。非依法律规定，任何组织或个人不得规制市场主体的竞争行为。

② 规制公平原则。在制定、实施市场规制法规范时应以实现公平、增进公平和彰显公平为基本准则，通过对合同法、商法公平价值的矫正和恢复，均衡实现形式公平与实质公平、机会公平与结果公平。

③ 规制绩效原则。在规定规制主体、规制权力、规制行为方式和行为程序的市场规制法规范，在制定前进行制度设计时的预期、在制定后运行时的绩效都应当是最大化的。

④ 规制适度原则。市场规制法的制定和实施，均须在法定的范围内，以实现绩效的最大化和公平的均衡化作为制约规制手段的选择、节制规制权力运行上的力度的基准。规制所适之度主要有：适市场规制法的“法度”、追求经济和社会协调发展的“绩效之度”、均衡达成形式与实质公平和机会与结果公平的“公平之度”。

4.1.2　我国主要的市场规制法律

我国有关市场规制的法律体系如下。

① 市场规制一般法，主要有：市场准入法，如企业登记法等；市场竞争法，如反不正当竞争法、反垄断法等；消费者权益保护法；质量规制法，如产品质量法、标准化法等；价格规制法，如价格法、反暴利法等；中介服务规制法，如广告法、拍卖法等。

② 市场规制特别法，主要有金融市场监管法、劳动力市场监管法、房地产市场监管法、电信市场监管法等。

③ 市场规制相关法，主要有企业法、侵权行为法、合同法、知识产权法等。由于市场规制法与相关法律部门交叉，在设计市场规制法体系的结构时，学界存在不同看法。

4.2 工业产权法

4.2.1　工业产权简述

1. 工业产权

（1）工业产权概念

工业产权，是人们依照法律对应用于商品生产和流通中的发明创造和显著标记等智力成果，在一定期限和地域内享有的专有权利。在我国工业产权主要是指专利权和商标权。

（2）工业产权的特征

① 依法确认。工业产权的取得需要依法确认。在我国，取得专利权和商标专用权，需要根据《中华人民共和国专利法》（以下简称《专利法》）和《中华人民共和国

商标法》(以下简称《商标法》)向国家专门机关提出申请,经依法审查批准后,以法定形式正式确认,并受法律保护。

② 专有性。工业产权是国家赋予专利权人和商标专用权人在有效期限内,对发明创造和注册商标享有独占、使用、收益和处分的权利。他人未经专利权人、商标专用权人的许可,不得使用,否则即构成侵权,要依法承担法律责任。

③ 地域性。一个国家的工业产权,除按保护工业产权的国家公约或有关的双边条约而使其他国家承认有效以外,只在该国范围内有效,对其他国家不发生法律效力。如果想在其他国家得到法律保护,则需依他国法律规定履行必要的程序,依法取得他国的工业产权。

④ 时间性。工业产权的保护有一定期限,其法定期限届满后,工业产权的财产权利即自行终止,成为全社会的共有财富。

2. 工业产权法

工业产权法是调整因确认、保护和使用工业产权而发生的各种社会关系的法律规范的总称。我国已相继颁布和实施了《商标法》、《专利法》、《商标法实施细则》、《专利法实施细则》等法律、法规,它们构成了我国调整工业产权的法律制度。

为了促进各国之间的经济技术交流与合作,克服工业产权的地域性局限,使其在世界范围内得到保护,各国政府通过谈判,在工业产权的保护方面订立了一系列国际条约,如 1883 年在巴黎签订的《保护工业产权巴黎公约》,1891 年在西班牙马德里签订的《商标国际注册马德里协定》和 1970 年在华盛顿签订的《专利合作条约》等。此外,国际社会还通过建立国际组织来加强工业产权、知识产权的国际交流与合作。1970 年成立了世界知识产权组织,该组织在 1974 年成为联合国的专门机构之一。我国在 1980 年加入了联合国世界知识产权组织,此后又加入了《保护工业产权巴黎公约》、《商标国际注册马德里协定》和《专利合作条约》。

4.2.2 专利法

1. 专利与专利法

(1)专利

专利一词,通常有 3 种含义:①专利是专利权的简称,是指按照专利法的规定,由国家专利机关授予发明人、设计人或其所属单位对某项发明创造在法定期限内享有的专有权;②专利是指取得专利权的发明创造,一般包括发明、实用新型和外观设计 3 种专利技术;③专利是指专利文献,其重要部分为记载发明创造内容的专利说明书。专利通常是指专利权。

(2)专利法

专利法是指调整因专利权的确认、使用和保护而发生的社会关系的法律规范的总称。

【知识链接 4.1】

1474 年 3 月 19 日威尼斯颁布了世界上第一部专利法,该法被认为是现代意义上专利法的雏型。1623 年英国国会通过并颁布了《垄断法规》,该法被认为是具有现代意义的世界上第一部专利法,此后其他国家相继制定和颁布了专利法。

1883 年 3 月 20 日，英国、法国、比利时、意大利、荷兰、葡萄牙和西班牙等 14 国在法国巴黎外交会议上签订了《保护工业产权巴黎公约》，成立了国际保护工业产权巴黎联盟。第二次世界大战后，《成立世界知识产权组织公约》、《专利合作条约》、《欧洲专利公约》等公约的签订，使得专利制度的国际化速度进一步加快，也促使专利制度更趋于完善。

1984 年 3 月 12 日第六届全国人民代表大会常务委员会第四次会议通过《中华人民共和国专利法》，1992 年 9 月 4 日第七届全国人民代表大会常务委员会第二十七次会议对其做了第一次修正，2000 年 8 月 25 日第九届全国人民代表大会常务委员会第十七次会议对其做了第二次修正。2008 年 12 月 27 日第十一届全国人民代表大会常务委员会第六次会议对其进行了第三次修正，自 2009 年 10 月 1 日起施行。

2. 专利权的主体、客体和内容

（1）专利权的主体

专利权的主体指专利权的享有者，也就是根据《专利法》的规定，可以申请享有专利权并承担法律所规定的相关义务的单位或个人。享有专利权的单位和个人通称为专利权人。根据《专利法》的规定，专利权人可以是自然人，也可以是法人；可以是本国人，也可以是外国人；可以是实际发明人或设计人，也可以是其合法继承人或权利受让人。

① 职务发明创造。执行本单位的任务或者主要是利用本单位的物质技术条件所完成的发明创造为职务发明创造。职务发明创造申请专利的权利属于该单位；申请被批准后，该单位为专利权人。

执行本单位的任务是指：在从事本职工作中所作出的发明创造；履行本单位交办本职工作之外的任务所作出的发明创造；退职、退休或调动工作一年以内作出的，与其原单位承担的本职工作或者分配的任务有关的发明创造。

本单位，包括临时工作单位；利用本单位的物质条件是指利用本单位的资金、设备、零部件、原材料或不向外公开的技术资料等。

利用本单位的物质技术条件所完成的发明创造，单位与发明人或者设计人订有合同，对申请专利的权利和专利权的归属作出约定的，从其约定。

【小案例 4.1】

甲是乙公司的研发人员，经长期研究，完成单位交付的研发任务，开发出了一种抗癌新药，现欲申请专利。专利申请权及专利权均归乙公司，而乙公司转让专利权时，甲在同等条件下有优先受让权。

② 发明人或设计人。《专利法》规定，非职务发明创造，申请专利的权利属于发明人或者设计人。申请被批准后，该发明人或者设计人为专利权人。非职务发明创造是指发明人或者设计人完成的是职务发明创造以外的发明创造。

发明人或者设计人，是指对发明创造的实质性特点作出创造性贡献的人。在完成发明创造的过程中，只负责组织工作的人、为物质技术条件的利用提供方便的人或者从事其他辅助工作的人，不是发明人或者设计人。

③ 共同发明创造人。由两个以上单位或者个人合作完成的发明创造，除另有协

议外，申请专利的权利属于共同完成的单位或者个人。申请被批准后，申请的单位或者个人为专利权人。

④ 受托发明创造人。一个单位或者个人接受其他单位或者个人委托所完成的发明创造，除另有协议的以外，申请专利的权利属于完成的单位或者个人。申请被批准后，申请的单位或者个人为专利权人。

⑤ 外国人、外国企业或者外国其他组织的发明创造在中国申请专利，在中国有经常居所或营业场所的，可以享受国民待遇；在中国没有经常居所或者营业所的，依照其所属国同中国签订的协议或者共同参加的国际条约，或者依照互惠原则，根据《专利法》规定办理，但应当委托依法设立的专利代理机构办理。

（2）专利权的客体

专利权的客体是指《专利法》所保护的对象，即依法可以取得专利权的发明创造。《专利法》所称的发明创造是指发明、实用新型和外观设计。

① 发明是指对产品、方法或者其改进所提出的新的技术方案。包括产品发明和方法发明。产品发明是指人工制造各种制成品或产品的发明，包括制造品、材料物品、具有特定用途物品的发明；方法发明是指把一种物品或者物质改变成另一种状态或另一种物品或物质所利用的手段和步骤的发明，包括制造产品方法、使用产品方法、测量方法、通信方法的发明等。

② 实用新型是指对产品的形状、构造或者其结合所提出的适于实用的新的技术方案。实用新型仅指具有一定形状的物品发明，方法发明以及没有固定形状和构造的产品如液体、粉末等方面的产品发明不属于实用新型的范畴。跟发明相比，实用新型对产品的创造性要求较低，所以实用新型也称为小发明。

③ 外观设计是指对产品的形状、图案或者其结合以及色彩与形状、图案的结合所作出的富有美感并适于工业应用的新设计。外观设计专利保护的是产品外表的设计，不涉及产品本身的技术性能，外观设计产品既可以是立体的，也可以是平面的。

《专利法》对专利权客体的范围作了一些限制性的规定：对违反法律、社会公德或者妨害公共利益的发明创造，不授予专利权；对科学发现，智力活动的规则和方法，疾病的诊断和治疗方法，动物和植物品种，用原子核变换方法获得的物质，对平面印刷品的图案、色彩或者二者的结合作出的主要起标识作用的设计等，不授予专利权。但对动物和植物品种的生产方法，可以授予专利权。

（3）专利权的内容

① 专利权人的权利。专利权包括人身权和财产权。人身权是指与人的身份不可分割地联系在一起的权利，例如，发明创造人的署名权、享受荣誉等权利。同时，作为一种无形的财产权利，它具有经济内容，既可以转让，也可以继承。

独占权。专利权人有自己制造、使用和销售专利产品或者使用专利方法的权利。

转让权。专利权人有将自己的专利权转让给他人的权利。转让专利申请权或者专利权的，当事人应当订立书面合同，并向国务院专利行政部门登记，由国务院专利行政部门予以公告。专利申请权或者专利权的转让自登记之日起生效。

许可权。专利权人有许可他人实施其专利并收取使用费的权利。

标记权。专利权人有在其专利产品或者该产品的包装上标明专利标识的权利。发明人或者设计人有权在专利文件中写明自己是发明人或者设计人。

请求权。专利人有在其专利权受到侵犯时请求专利管理机关进行处理，或者直接向法院提起诉讼的权利。

② 专利权人的义务有如下一些。

实施专利的义务。专利权人负有制造其专利产品、使用其专利方法，或者许可他人实施专利的义务。

缴纳专利年费的义务。专利年费是指专利权人付给国务院专利行政部门的管理费用。权利权人应从授予专利权的当年开始缴纳专利年费，没有按照规定缴纳年费的，专利权终止。

职务发明创造取得专利权后，被授予专利权的单位应当对职务发明创造的发明人或者设计人给予奖励，发明创造专利实施后，根据其推广应用的范围和取得的经济效益，对发明人或者设计人给予合理的报酬。

3. 授予专利权的条件

（1）授予发明和实用新型专利权的条件

① 新颖性，是指该发明或者实用新型不属于现有技术，也没有任何单位或者个人就同样的发明或者实用新型在申请日以前向国务院专利行政部门提出过申请，并记载在申请日以后公布的专利申请文件或者公告的专利文件中。现有技术，是指申请日以前在国内外为公众所知的技术。

但是，申请专利的发明创造在申请日以前6个月内，有下列情形之一的，不丧失新颖性：在中国政府主办或者承认的国际展览会上首次展出的；在规定的学术会议或者技术会议上首次发表的；他人未经申请人同意而泄露其内容的。

② 创造性，是指与现有技术相比，该发明具有突出的实质性特点和显著的进步，该实用新型具有实质性特点和进步。“实质性特点”是指申请专利保护的发明或实用新型与已有技术相比有本质性的突破，不是已有技术的类似或推导的东西，而是创造性构思的结果。

③ 实用性，是指该发明或者实用新型能够制造或者使用，并且能够产生积极效果。

【案例分析 4.1】

某人研制出一种“自动加温保温瓶”，其特点是采用酒精作为恒温器的感温介质，用陶瓷为瓶胆，自动将瓶里的水维持在一定的温度范围之内，从而为使用者提供方便。某人将此申请专利被获批准。后某单位提出宣告该专利无效的请求，理由是该专利与日本某专利文献相比，只是将原感温介质改为酒精，将原瓶胆材料改为陶瓷，其余基本相似，而酒精作为感温介质，陶瓷胆的盛水容器也早已出现，这种简单的材料替换并没有产生突破性的技术效果，没有实质性特点，不具有创造性。此理由经查证属实，该专利最后被宣告无效。

（2）授予外观设计专利的条件

授予专利权的外观设计，应当不属于现有设计；也没有任何单位或者个人就同样的外观设计在申请日以前向国务院专利行政部门提出过申请，并记载在申请日以后公告的专利文件中。现有设计，是指申请日以前在国内外为公众所知的设计。

授予专利权的外观设计与现有设计或者现有设计特征的组合相比，应当具有明显区别。授予专利权的外观设计不得与他人在申请日以前已经取得的合法权利相冲突。

4. 专利权的申请与审批

（1）专利的申请

① 专利申请的原则。

申请在先原则。两个以上的申请人分别就同样的发明创造申请专利的，专利权授予最先申请的人。国务院专利行政部门收到专利申请文件之日为申请日。如果申请文件是邮寄的，以寄出的邮戳日为申请日。

优先权原则。国际优先权：申请人自发明或者实用新型在外国第一次提出专利申请之日起 12 个月内，或者自外观设计在外国第一次提出专利申请之日起 6 个月内，又在中国就相同主题提出专利申请的，依照该外国同中国签订的协议或者共同参加的国际条约，或者依照相互承认优先权的原则，可以享有优先权。本国优先权：申请人自发明或者实用新型在中国第一次提出专利申请之日起 12 个月内，又向国务院专利行政部门就相同主题提出专利申请的，可以享有优先权。

② 专利申请文件。

申请发明或者实用新型专利。应当提交请求书、说明书及其摘要和权利要求书等文件。请求书应当写明发明或者实用新型的名称，发明人的姓名，申请人姓名或者名称、地址，以及其他事项。说明书应当对发明或者实用新型作出清楚、完整的说明，以所属技术领域的技术人员能够实现为准；必要的时候，应当有附图。摘要应当简要说明发明或者实用新型的技术要点。权利要求书应当以说明书为依据，清楚、简要地限定要求专利保护的范围。

申请外观设计专利。应当提交请求书、该外观设计的图片或者照片以及对该外观设计的简要说明等文件。

申请人要求优先权。应当在申请的时候提出书面声明，并且在 3 个月内提交第一次提出的专利申请文件的副本；未提出书面声明或者逾期未提交专利申请文件副本的，视为未要求优先权。

（2）专利申请的审查和批准

专利局受理专利申请后，要按照法律规定的程序进行审查，对符合专利法规定条件的申请即予以批准，同时授予专利权。

① 对发明专利申请的审查批准。

初步审查。初步审查也叫形式审查，它主要是对专利申请手续和申请文件是否齐全进行审查。

早期公开。国务院专利行政部门收到发明专利申请后，经初步审查认为符合《专利法》要求的，自申请日起满 18 个月，即行公布。国务院专利行政部门可以根据申请人的请求早日公布其申请。

实质审查。实质审查就是审查发明创造是否符合专利法所要求的新颖性、创造性和实用性。《专利法》规定，发明专利申请自申请日起 3 年内，国务院专利行政部门可以根据申请人随时提出的请求，对其申请进行实质审查；申请人无正当理由逾期不请求实质审查的，该申请即被视为撤回。国务院专利行政部门认为必要的时候，可以自行对发明专利申请进行实质审查。

授予专利权。发明专利申请经实质审查没有发现驳回理由的，由国务院专利行政部门作出授予发明专利权的决定，发给发明专利证书，同时予以登记和公告。发明专利权自公告之日起生效。

② 对实用新型、外观设计专利申请的审查批准。实用新型和外观设计专利申请经初步审查没有发现驳回理由的，由国务院专利行政部门作出授予实用新型专利权或者外观设计专利权的决定，发给相应的专利证书，同时予以登记和公告。实用新型专利权和外观设计专利权自公告之日起生效。

5. 专利权的期限、终止和无效

（1）专利权的期限

专利权人对其发明创造享有的独占权，仅在法律规定的期限内受到法律的保护。超过法律规定的有效期限，专利权就会自行终止，该发明创造就成为全社会的共同财富，任何人都可以无偿地加以利用。发明专利权的期限为 20 年，实用新型专利权和外观设计专利权的期限为 10 年，均自申请日起计算。

（2）专利权的终止

专利权的终止有两种情况：一是期限届满时终止，这是正常终止；二是期限届满前终止，这是提前终止。《专利法》规定，有下列情形之一的，专利权在期限届满前终止：没有按照规定缴纳年费的；专利权人以书面声明放弃其专利权的。专利权在期限届满前终止的，由国务院专利行政部门登记和公告。

（3）专利权无效

自国务院专利行政部门公告授予专利权之日起，任何单位或者个人认为该专利权的授予不符合《专利法》有关规定的，可以请求专利复审委员会宣告该专利权无效。专利复审委员会对宣告专利权无效的请求应当及时审查和作出决定，并通知请求人和专利权人。宣告专利权无效的决定，由国务院专利行政部门登记和公告。宣告无效的专利权视为自始即不存在。

6. 专利实施的强制许可

专利实施的强制许可是指专利局在一定条件下，不需要经过专利权人的同意，准许其他单位和个人实施专利权的一种强制性法律手段。

根据《专利法》的规定，进行专利实施的强制需有以下情形。

① 专利权人自专利权被授予之日起满 3 年，且自提出专利申请之日起满 4 年，无正当理由未实施或者未充分实施其专利的；或专利权人行使专利权的行为被依法认定为垄断行为，为消除或者减少该行为对竞争产生的不利影响的情况下，国务院专利行政部门根据具备实施条件的单位或者个人的申请，可以给予实施发明专利或

者实用新型专利的强制许可。

② 在国家出现紧急状态或者非常情况时，或者为了公共利益的目的，国务院专利行政部门可以给予实施发明专利或者实用新型专利的强制许可。

③ 一项取得专利权的发明或者实用新型比之前已经取得专利权的发明或者实用新型具有显著经济意义的重大技术进步，其实施又有赖于前一发明或者实用新型的实施的，国务院专利行政部门根据后一专利权人的申请，可以给予实施前一发明或者实用新型的强制许可。

国务院专利行政部门作出的给予实施强制许可的决定，应当及时通知专利权人，并予以登记和公告。取得实施强制许可的单位或者个人不享有独占的实施权，并且无权允许他人实施。取得实施强制许可的单位或者个人应当付给专利权人合理的使用费，或者依照中华人民共和国参加的有关国际条约的规定处理使用费问题。支付的使用费数额由双方协商，双方不能达成协议的，由国务院专利行政部门裁决。

7. 专利权的保护

发明或者实用新型专利权的保护范围以其权利要求书的内容为准，说明书及附图可以用于解释权利要求的内容。外观设计专利权的保护范围以表示在图片或者照片中的该产品的外观设计为准，简要说明可以用于解释图片或者照片所表示的该产品的外观设计。

未经专利权人许可，实施其专利，即侵犯其专利权。专利权人可以要求侵权人停止侵权，并赔偿损失。侵犯专利权的赔偿数额按照权利人因被侵权所受到的实际损失确定；实际损失难以确定的，可以按照侵权人因侵权所获得的利益确定。赔偿数额还应当包括权利人为制止侵权行为所支付的合理开支。

【案例分析 4.2】

英特莱摩根公司是“防火隔热卷帘用耐火纤维复合卷帘及其应用”发明专利的专利权人，第七届中国花卉博览会主场馆工程由北京顺鑫农业股份有限公司投资建设，德源门窗厂制造、销售的防火卷帘产品在第七届中国花卉博览会主场馆消防工程中安装使用，北京国际花卉物流港（第七届中国花卉博览会主会场）由展馆、物流中心、交易中心三部分组成，在4#馆各层均安装有防火卷帘，均为双轨双帘，防火卷帘中包括金属板。在3#馆五层，除其中包括金属板的防火卷帘外，还安装有不包括金属板的防火卷帘，由耐火纤维布、纤维毯、钢丝绳、纤维毡、铝箔层和耐火纤维布组成。

法院经审理认为：德源门窗厂系第七届中国花卉博览会主场馆工程中安装的涉案防火卷帘产品的生产者，德源门窗厂未经原告许可，制造、销售侵犯涉案发明专利权的防火卷帘产品并在第七届中国花卉博览会主场馆消防工程中安装使用，构成了对原告涉案发明专利权的侵犯，应承担停止侵权、赔偿损失的法律责任。据此，法院全额支持了原告请求赔偿150万元的主张。

侵犯专利权的诉讼时效为两年，自专利权人或者利害关系人得知或者应当得知侵权行为之日起计算。

不视为侵犯专利权的情形有：专利产品或者依照专利方法直接获得的产品，由专利权人或者经其许可的单位、个人售出后，使用、许诺销售、销售、进口该产品的；在专利申请日前已经制造相同产品、使用相同方法或者已经作好制造、使用的必要准备，并且仅在原有范围内继续制造、使用的；临时通过中国领陆、领水、领空的外国运输工具，依照其所属国同中国签订的协议或者共同参加的国际条约，或者依照互惠原则，为运输工具自身需要而在其装置和设备中使用有关专利的；专为科学研究和实验而使用有关专利的；为提供行政审批所需要的信息，制造、使用、进口专利药品或者专利医疗器械的，以及专门为其制造、进口专利药品或者专利医疗器械的。

4.2.3　商标法

1. 商标与商标法

（1）商标

① 商标是经营者在其商品或者服务项目上使用的，用于区分商品或服务来源的专用标记。这标记应为可视性标志，包括文字、图形、字母、数字、三维标志和颜色组合，以及上述要素的组合。在日常生活中，人们通常将商标称为“牌子”。

② 商标的种类。商标按不同的标准可以进行不同的分类。按照是否注册，可分为注册商标和未注册商标；按照商标的构成要素，可分为文字商标、图形商标、三维商标和组合商标；按照商标的用途，可分为商品商标和服务商标；按照商标的作用和功能，可分为集体商标、证明商标、联合商标和防御商标；按照商标在相关市场上的知名度，可分为驰名商标、著名商标和知名商标。

集体商标，是指以团体、协会或者其他组织名义注册，供该组织成员在商事活动中使用，以表明使用者在该组织中的成员资格的标志。

证明商标，是指由对某种商品或者服务具有监督能力的组织所控制，而由该组织以外的单位或者个人使用于其商品或者服务，用以证明该商品或者服务的原产地、原料、制造方法、质量或者其他特定品质的标志。

（2）商标法

商标法是指调整在商标注册、使用、管理和保护商标专用权的活动中所产生的社会关系的法律规范总称。

1982 年 8 月 23 日第五届全国人民代表大会常务委员会第二十四次会议通过《中华人民共和国商标法》，1993 年 2 月 22 日第七届全国人民代表大会常务委员会第三十次会议对其做了第一次修正，2001 年 10 月 27 日第九届全国人民代表大会常务委员会第二十四次会议对其进行了第二次修正，自 2001 年 12 月 1 日起施行。

2. 商标注册的条件与禁止

申请注册的商标，应当有显著特征，便于识别，并不得与他人先取得的合法权利相冲突。

（1）禁用标志

《商标法》规定，下列标志不得作为商标使用：同中华人民共和国的国家名称、国旗、国徽、军旗、勋章相同或者近似的，以及同中央国家机关所在地特定地点的名称或者标志性建筑物的名称、图形相同的；同外国的国家名称、国旗、国徽、军旗相同或者近似的，但该国政府同意的除外；同政府间国际组织的名称、旗帜、徽记相同或者近似的，但经该组织同意或者不易误导公众的除外；与表明实施控制、予以保证的官方标志、检验印记相同或者近似的，但经授权的除外；同"红十字"、"红新月"的名称、标志相同或者近似的；带有民族歧视性的；夸大宣传并带有欺骗性的；有害于社会主义道德风尚或者有其他不良影响的。

（2）不得作为商标注册的标志

仅有本商品的通用名称、图形、型号的；仅仅直接表示商品的质量、主要原料、功能、用途、重量、数量及其他特点的；缺乏显著特征的。

3. 商标注册的申请与审核

（1）商标注册的原则

① 自愿注册与强制注册相结合的原则。商标只有经过注册才能享有专用权。但商标是否要注册，一般由商标使用人决定。法律允许经营者使用未注册商标，我国对大多数商标的注册采取自愿注册的原则。对个别商品所使用的商标，法律规定采取强制注册的原则。《商标法》规定，国家规定必须使用注册商标的商品，必须申请商标注册，未经核准注册的，不得在市场销售。必须注册的商品，是指与人民生活关系比较密切，直接涉及人民健康的极少数商品，即人用药品和烟草制品，以及由国家工商行政管理局公布的必须使用注册商标的其他商品。

② "一类商品，一项商标，一件申请"原则。申请商标注册的，应当按规定的商品分类表填报使用商标的商品类别和商品名称。商标注册申请人在不同类别的商品上申请注册同一商标的，应当按商品分类表提出注册申请。注册商标需要在同一类的其他商品上使用的，应当另行提出注册申请。

③ 申请在先原则。两个或者两个以上的商标注册申请人，在同一种商品或者类似商品上以相同或者近似的商标申请注册的，初步审定并公告申请在先的商标。同一天申请的，初步审定并公告使用在先的商标，驳回其他人的申请，不予公告。

（2）商标注册的申请与审核

① 商标注册的申请。申请商标注册，应当按照公布的商品和服务分类表按类申请。每一件商标注册申请应当向商标局提交《商标注册申请书》1 份、商标图样 5 份；指定颜色的，并应当提交着色图样 5 份、黑白稿 1 份。商标注册的申请日期，以商标局收到申请文件的日期为准。

商标注册申请人自其商标在外国第一次提出商标注册申请之日起 6 个月内，又在中国就相同商品以同一商标提出商标注册申请的，依照该外国同中国签订的协议或者共同参加的国际条约，或者按照相互承认优先权的原则，可以享有优先权。要求优先权的，应当在提出商标注册申请的时候提出书面声明，并且在 3 个月内提交第一次提出的商标注册申请文件的副本。

注册商标需要改变其标志的，应当重新提出注册申请。注册商标需要变更注册人的名义、地址或者其他注册事项的，应当提出变更申请。

② 商标注册的审查和核准。商标局对受理的商标注册申请，依照《商标法》及其实施条例的有关规定进行审查，对符合规定的或者在部分指定商品上使用商标的注册申请符

合规定的，予以初步审定，并予以公告。对初步审定的商标，自公告之日起 3 个月内，任何人均可以提出异议。公告期满无异议的，予以核准注册，发给商标注册证，并予公告。

【案例讨论 4.1】

好味道食品有限公司一直生产土豆片、锅巴等休闲小食品，该公司生产的休闲食品具有“香脆”的显著特征。市场调查发现，广大消费者和经销商正是青睐该产品的香脆特点而愿意选择该产品的。经研究，公司决定提出“香脆”商标注册申请，使用商品仍为土豆片、锅巴，以进一步突出该休闲食品的品质特征。问：该商标注册申请能否被核准？

4. 注册商标的续展、转让和使用许可

① 注册商标的期限和续展。注册商标的有效期为 10 年，自核准注册之日起计算。注册商标有效期满，需要继续使用的，应当在期满前 6 个月内申请续展注册；在此期间未能提出申请的，可以给予 6 个月的宽展期。宽展期满仍未提出申请的，注销其注册商标。每次续展注册的有效期为 10 年。续展注册商标有效期自该商标上一届有效期满次日起计算。续展注册经核准后，予以公告。

② 注册商标的转让和使用许可。转让注册商标的，转让人和受让人应当签订转让协议，并共同向商标局提出申请。受让人应当保证使用该注册商标的商品质量。转让注册商标经核准后，予以公告。受让人自公告之日起享有商标专用权。

商标注册人可以通过签订商标使用许可合同，许可他人使用其注册商标。商标使用许可合同应当报商标局备案。许可人应当监督被许可人使用其注册商标的商品质量。被许可人应当保证使用该注册商标的商品质量。经许可使用他人注册商标的，必须在使用该注册商标的商品上标明被许可人的名称和商品产地。

5. 商标使用的管理

（1）注册商标的使用管理

使用注册商标，可以在商品、商品包装、说明书或者其他附着物上标明“注册商标”或者注册标记。使用注册标记，应当标注在商标的右上角或者右下角。

使用注册商标，有下列行为之一的，由商标局责令限期改正或者撤销其注册商标：自行改变注册商标的；自行改变注册商标的注册人名称、地址或者其他注册事项的；自行转让注册商标的；连续 3 年停止使用的。

使用注册商标，其商品粗制滥造，以次充好，欺骗消费者的，由各级工商行政管理部门分别不同情况，责令限期改正，并可以予以通报或者处以罚款，或者由商标局撤销其注册商标。

注册商标被撤销的或者期满不再续展的，自撤销或者注销之日起 1 年内，商标局对与该商标相同或者近似的商标注册申请，不予核准。

（2）未注册商标的使用管理

使用未注册商标，有下列行为之一的，由地方工商行政管理部门予以制止，限期改正，并可以予以通报或者处以罚款：冒充注册商标的；违反《商标法》规定的；粗制滥造，以次充好，欺骗消费者的。

6. 注册商标专用权的保护

注册商标专用权，是指注册商标的所有人对其所有的注册商标享有独占的使用权。注册商标的专用权，以核准注册的商标和核定使用的商品为限。

（1）商标侵权行为

商标侵权行为，是指侵犯他人注册商标专用权的行为。《商标法》规定，有下列行为之一的，均属侵犯注册商标专用权：未经商标注册人的许可，在同一种商品或者类似商品上使用与其注册商标相同或者近似的商标的；销售侵犯注册商标专用权的商品的；伪造、擅自制造他人注册商标标识或者销售伪造、擅自制造的注册商标标识的；未经商标注册人同意，更换其注册商标并将该更换商标的商品又投入市场的；给他人的注册商标专用权造成其他损害的。

（2）商标侵权行为的处理

有上述所列侵犯注册商标专用权行为之一，引起纠纷的，由当事人协商解决；不愿协商或者协商不成的，商标注册人或者利害关系人可以向人民法院起诉，也可以请求工商行政管理部门处理。工商行政管理部门处理时，认定侵权行为成立的，责令立即停止侵权行为，没收、销毁侵权商品和专门用于制造侵权商品、伪造注册商标标识的工具，并可处以罚款。罚款数额为非法经营额3倍以下；非法经营额无法计算的，罚款数额为10万元以下。同时，侵权人应对受害人的损失进行赔偿，侵犯商标专用权的赔偿数额为侵权人在侵权期间因侵权所获得的利益，或者被侵权人在被侵权期间因被侵权所受到的损失，包括被侵权人为制止侵权行为所支付的合理开支。难以确定的由人民法院根据侵权行为的情节判决给予50万元以下的赔偿。

4.3 市场竞争法

4.3.1 市场竞争简述

1. 竞争与竞争法

竞争是指有着不同经济利益的两个以上的经营者，为争取收益最大化，以其利害关系人为对手，采取能够争取交易机会的商业策略，争取市场的行为。

竞争是市场不可缺少的因素，是市场机制发生作用的前提和基础。没有竞争市场就没有动力，价值规律和市场机制便不能启动。但竞争必然伴随着限制竞争和不正当竞争这两件副产品。因为竞争的过程加快了部分经营者扩大其资本与经营规模的进程，以致形成对市场的支配地位和垄断，导致部分限制竞争行为的产生。追求利益的心理也驱使某些竞争者采取各种不正当的竞争行为。这两种行为的后果是使某些竞争者获得超额利润，正当竞争者的利益受到损害，市场调节机制不能充分有效地发挥作用。

竞争法是规范市场经济运行的基本法律之一，同时也是维护市场经济公平竞争秩序最重要的法律，它以反不正当竞争和反垄断为核心内容。我国在1993年通过了《中华人民共和国反不正当竞争法》（以下简称《反不正当竞争法》），在2007年通过了《中华人民共和国反垄断法》(以下简称《反垄断法》)。

2. 竞争法律制度及其作用

竞争法是指国家在协调经济运行中调整市场竞争关系和市场竞争管理关系的法律规范总称。为确立和维护竞争秩序，竞争法以效率优先、兼顾公平作为目标，旨在形成有效竞争、有序竞争，以维护合法竞争者的利益，维护消费者的利益和维护社会的公共利益。竞争法的调整对象是国家在协调经济运行的市场竞争活动中所形成的经济关系，包括竞争关系和竞争管理关系。

竞争关系是指经营者之间在交易过程中形成的以利害关系方为对手，相互争夺资金、技术、劳动力以及市场占有率的经济关系。竞争法对竞争关系的调整主要是通过法律法规创设平等、公正的竞争环境，保证公平竞争；同时保护正当竞争，制止非法垄断与不正当竞争，维护合法竞争者的利益。竞争管理关系是指国家经济管理机关在依照经济职责实施监督、管理市场竞争活动的过程中所形成的经济关系。竞争法对竞争管理关系的调整主要是确立监督管理体制，明确管理职责，规定监督管理的程序，确认违法的法律责任等。

竞争法是国家调整市场结构，规范市场行为，保护和促进健康竞争的基本法律制度。竞争法的作用主要有：创设、完善公平竞争的社会条件，维持合理的市场结构，建立健全公平竞争制度；制止非法垄断和不正当竞争，维护正常的市场竞争秩序，对垄断行为、限制竞争行为和不正当竞争行为予以制止；保护和鼓励正当竞争，制止不正当竞争就是保护了合法经营者的竞争权利，为竞争机制作用的正常发挥提供了良好的条件；保护经营者和消费者的合法利益。

4.3.2 反不正当竞争法

1. 不正当竞争与反不正当竞争法

(1) 不正当竞争行为

不正当竞争，是指经营者违反《反不正当竞争法》规定，损害其他经营物合法权益，扰乱社会经济秩序的行为。其特征如下。

① 不正当竞争行为的主体是经营者。经营者，是指从事商品经营或者营利性服务(以下所称商品包括服务)的法人、其他经济组织和个人。我国在《反不正当竞争法》中对由政府及其所属部门发生的“行政性竞争行为”也进行了一定的规制，这就使我国的政府及其所属部门也成为不正当竞争的特殊主体。

② 不正当竞争行为手段的违法性。即在客观上实施了法律规定的不正当竞争行为的事实。

③ 不正当竞争行为的社会危害性。不正当竞争行为侵害了其他经营者的合法权益，扰乱了正常的社会经济秩序，有时还会侵害到广大用户和消费者的合法权益和国家利益。

(2) 反不正当竞争法

反不正当竞争法，是调整在制止不正当竞争行为过程中发生的经济关系的法律规范的总称。为保障社会主义市场经济健康发展，鼓励和保护公平竞争，制止不正当竞争行为，保护经营者和消费者的合法权益，1993 年 9 月 2 日，第八届全国人民代表大会常务委员会第三次会议通过并颁布了《中华人民共和国反不正当竞争法》。

2. 不正当竞争行为的具体表现形式

（1）假冒、仿冒行为

假冒、仿冒行为是指经营者使用与他人商业标识相同或类似的商业标识，致使与他人的商品或者营业活动产生混淆，减损他人商业标识的市场价值的行为。具体包括以下4种。

① 假冒他人的注册商标。

② 擅自使用知名商品特有的名称、包装、装潢，或者使用与知名商品近似的名称、包装、装潢，造成和他人的知名商品相混淆，使购买者误认为是该知名商品。

③ 擅自使用他人的企业名称或者姓名，引人误认为是他人的商品。

④ 在商品上伪造或者冒用认证标志、名优标志等质量标志，伪造产地，对商品质量做引人误解的虚假表示。

（2）限购排挤行为

限购排挤行为是指公用企业或者其他依法具有独占地位的经营者，限定他人购买其指定的经营者的商品，以排挤其他经营者的公平竞争的行为。

（3）滥用行政权力限制竞争的行为

滥用行政权力限制竞争的行为，是指政府及其所属部门滥用行政权力，限定他人购买其指定的经营者的商品，限制其他经营者正当的经营活动，以及限制外地商品进入本地市场，或者本地商品流向外地市场，干扰、阻碍正常的交易活动的行为。

（4）商业贿赂行为

商业贿赂行为是指经营者采用财物或者其他手段进行贿赂以销售或者购买商品的行为。商业贿赂行为的主要表现形式是回扣。正当的折扣和佣金是允许的，不属于商业贿赂的范畴。正当的折扣和佣金与回扣的区别在于，正当的折扣和佣金要以明示方式进行，并在双方如实入账，而回扣是在账外暗中进行的。

商业贿赂行为除了回扣外，还有免费度假、旅游、高档宴席、赠送昂贵物品、提供出国机会、装修住房、为对方提供明显可营利的业务项目、合同，以及解决子女、亲属入学、就业等多种方式。

【案例分析 4.3】

某经销公司所在地的夏季气候十分炎热，凉席的销路一向很好。2001年春，该公司购买了一批井冈山产的凉席，准备在夏季卖出。但该年夏季气候反常，比往年夏季气温低许多，这样就造成该公司的凉席销路不好，在仓库内积压。为了销售积压的凉席，收回资金，该公司经理决定用奖励的方法来促销凉席，即将购买凉席的价款的10%给予购买者。恰在此时，有一企业招待所的采购员李某来到该公司购买凉席100张，经双方协商，达成协议：李某所买凉席货款的10%称该公司给李某的奖励；对于这部分“奖励”，双方均不入财务账。在李某买走凉席后，该经销公司又用同一种方法推销其积压的凉席，库存凉席很快便销售一空。但该地的工商部门闻讯前来调查，认为该经销公司的行为属商业贿赂行为，没收了其非法所得，并处以相应的罚款。

分析：该经销公司的“奖励”行为实际是一种账外回扣，构成了不正当竞争。

（5）虚假宣传行为

虚假宣传行为是指经营者利用广告或者其他方法，对商品的质量、制作成分、性能、用途、生产者、有效期限、产地等作引人误解的虚假宣传的行为，以及广告的经营者在明知或者应知的情况下，代理、设计、制作、发布虚假广告的行为。

（6）侵犯商业秘密的行为

商业秘密是指不为公众所知悉、能为权利人带来经济利益、具有实用性并经权利人采取保密措施的技术信息和经营信息。侵犯商业秘密的行为有以下 4 种情形。

① 以盗窃、利诱、胁迫或者其他不正当手段获取权利人的商业秘密。

② 披露、使用或者允许他人使用以上述手段获取权利人的商业秘密。

③ 违反约定或者违反权利人有关保守商业秘密的要求，披露、使用或者允许他人使用其所掌握的商业秘密。

④ 第三人明知或应知存在上述违法行为而获取、使用或披露他人商业秘密的，视为侵犯商业秘密。

（7）压价排挤竞争对手的行为

压价排挤竞争对手的行为是指经营者以排挤对手为目的，以低于成本的价格销售商品的行为。下列 4 种行为由于没有排挤竞争对手的用意，其降价行为符合商品本身的特性，不属于不正当竞争行为：销售鲜活商品；处理有效期限即将到期的商品或者其他积压的商品；季节性降价；因清偿债务、转产、歇业降价销售商品。

【案例讨论 4.2】

2004 年 12 月，某大型零售超市 FFF 在节日期间张贴了“新年特价狂潮”的商业广告，广告称：“以下商品低于成本价销售，售完为止，敬请尽快抢购：①新鲜螃蟹 200 公斤；②夏季生产的果汁 200 瓶；③平面直角电视机 21 英寸 50 台。”其他零售商认为 FFF 超市的低价倾销行为导致自己的销售额下降，构成了不正当竞争，遂向人民法院提起了诉讼。法庭调查认定：FFF 超市广告中特价销售的商品价格确实比成本低，但 200 瓶果汁系 2004 年 1 月生产，保质期将于 2005 年 1 月过期；21 英寸电视机系 FFF 超市于 2001 年购进，因彩电业技术更新，余下 50 台长期积压未能售出。

问：FFF 超市低于成本价销售商品的行为是否构成不正当竞争的低价销售行为？

（8）搭售或附加不合理交易条件的行为

搭售或附加不合理交易条件的行为是指经营者在销售商品时，违背购买者的意愿搭售商品或者附加其他不合理的条件的行为。其中搭售商品是指经营者销售一种商品时，要求购买者必须搭配购买另一种商品；附加不合理的交易条件主要是指增加购买者的义务、加重购买者的责任，或者剥夺、限制购买者的应有权利。

（9）不正当有奖销售行为

不正当有奖销售行为是指以欺诈手段进行有奖销售或者以不正当的巨额抽奖刺激消费者的投机心理来推销商品的行为。具体有以下 3 种表现形式：一是采用谎称有奖或者故意让内定人员中奖的欺骗方式进行有奖销售；二是利用有奖销售的手段推销质次价高的商品；三是抽奖式的有奖销售，最高奖的金额超过 5000 元。

（10）诋毁商誉行为

诋毁商誉行为是指经营者捏造、散布虚伪事实，损害竞争对手的商业信誉、商品声誉的行为。商业信誉是社会对经营者商业道德、商品品质、价格、服务等方面的积极评价。商品声誉是社会对特定商品品质、性能的赞誉。

【小案例 4.2】

某省洗涤剂厂在其产品的包装上写道："普通洗衣粉、肥皂均含磷、含铝，会引发人体患老年痴呆症等多种疾病"，并同时吹嘘自己的产品无毒、无害。又如甲乙两饭店为招徕顾客，甲饭店对一顾客说："不要去乙的饭店，刚才才从其锅里发现一只苍蝇。"乙饭店则对另一顾客说："好在你没有去甲饭店，甲饭店刚才才从锅里捞上来一只老鼠。"

（11）串通勾结投标行为

串通勾结投标行为是指投标者串通投标，抬高标价或者压低标价，以及投标者和招标者相互勾结，以排挤竞争对手的公平竞争的行为。

① 投标者串通投标是指投标人之间相互恶意串通，采取联合行动限制竞争。其主要形式有：第一，投标人之间相互约定，一致抬高投标报价或者一致压低投标报价；第二，围标行为，即众多投标人参与投标，但事先相互协商确定出最低报价或最高报价的投标人，并在类似项目中轮流中标。

② 投标者与招标者的勾结行为。其主要形式有：第一，招标者违反有关招标的程序规定，在开标之前，私下开启各个投标者标书，与某一投标者私下联系，泄露其他投标者的底价条件，促成其中标；第二，招标者预先内定中标者，在确定中标者时以此决定取舍；第三，投标者与招标者商定，在公开投标时压低或抬高标价，中标后再给投标者或招标者额外补偿。

3. 不正当竞争行为的监督检查

各级人民政府应当采取措施，制止不正当竞争行为，为公平竞争创造良好的环境和条件。县级以上人民政府工商行政管理部门对不正当竞争行为进行监督检查；法律、行政法规规定由其他部门监督检查的，依照其规定。国家鼓励、支持和保护一切组织和个人对不正当竞争行为进行社会监督。

监督检查部门在监督检查不正当竞争行为时，有权行使下列职权：按照规定程序询问被检查的经营者、利害关系人、证明人，并要求提供证明材料或者与不正当竞争行为有关的其他资料；查询、复制与不正当竞争行为有关的协议、账册、单据、文件、记录、业务函电和其他资料；检查与假冒、仿冒行为有关的财物，必要时可以责令被检查的经营者说明该商品的来源和数量，暂停销售，听候检查，不得转移、隐匿、销毁该财物。

4.3.3 反垄断法

1. 垄断与反垄断法

（1）垄断

① 概念。垄断从经济学的角度讲，是指少数企业凭借雄厚的经济实力对生产和

市场进行控制，并在一定的市场领域内从实质上限制竞争的一种市场状态。也有学者称垄断为“大企业或若干大企业联合起来，控制和操作市场的行为”。早期的经济学强调市场结构，一个企业只要在市场中占有一定份额，即被认为是垄断。这称为结构主义的垄断概念。现代经济学较为强调市场主体的行为，企业除了占有较高的市场份额外，还滥用这种市场优势，实施了反竞争的行为，才被视为垄断，这称为行为主义的垄断概念。

《中华人民共和国反垄断法》规定，垄断行为包括：经营者达成垄断协议；经营者滥用市场支配地位；具有或者可能具有排除、限制竞争效果的经营者集中。

② 类型。依据不同的标准，垄断可以划分为不同的类型。

A. 根据垄断者占有市场的情况，可分为独占垄断、寡头垄断和联合垄断。独占垄断也称为完全垄断，它是指一家企业对整个行业的生产、销售和价格有完全的排他性的控制能力，即在该企业所在的行业内，不存在任何竞争。这是典型意义上的垄断，也为各国法律所严格规制。寡头垄断是指市场上只有为数不多的企业生产、销售某种特定的产品或者服务的状况。每个企业都在市场上占有一定的份额，对产品或服务的价格实施了排他性的控制，但它们之间又存在一定的竞争。联合垄断是指多个相互间有竞争关系并有相当经济实力的企业，通过一定的形式（如限制竞争协议），联合控制某一产业的市场或销售的状态。

B. 依据垄断产生的原因，可分为经济性垄断、国家垄断、行政性垄断和自然垄断。经济性垄断，又称市场垄断，是指市场主体通过自身的力量设置市场进入障碍而形成的垄断，资本主义国家的垄断大多是经济性垄断。国家垄断是由国家对某一产业的生产、销售等进行直接控制，不允许其他市场主体进入该市场领域的情况，实行计划经济体制的国家的国民经济绝大部分是国家垄断。行政性垄断是指由政府行政机构设置的市场进入障碍而形成的垄断，在计划经济向市场经济转轨过程中，地方和部门保护主义就是典型的行政性垄断。自然垄断是由于市场的自然条件原因而产生的垄断经营，这些部门如果竞争经营，则可能导致社会资源的浪费或市场秩序的混乱。如公用企业绝大多数是自然垄断企业。除此之外，还包括其他因素形成的各种垄断，如知识产权垄断，其市场进入障碍既非由垄断者自身的力量形成，也不是行政力量形成，而是由于法律所赋予的权利形成。

C. 依据法律对垄断的态度，可分为非法垄断与合法垄断。

（2）反垄断法

反垄断法是现代经济法的重要组成部分，是市场发展到近代以后出现的旨在规制市场中一系列独占市场、限制竞争、破坏市场竞争机制、损害社会公平利益行为的法律。

【知识链接 4.2】

现代意义上的反垄断法最早产生于 19 世纪末，是资本主义由自由竞争阶段进入垄断阶段后，法律对社会经济发展的现实需求的回应。现代反垄断法产生的标志是 1890 年美国颁布的《谢尔曼法》，之后其他国家相继以该法为蓝本或在该法的影响下制定了反垄断法。

虽然《反不正当竞争法》对反垄断尤其是反行政垄断方面已有涉及，但相关规范是零散而不成体系的。为了预防和制止垄断行为，保护市场公平竞争，提高经济运行效率，维护消费者利益和社会公共利益，促进社会主义市场经济健康发展，我国制定了《中华人民共和国反垄断法》（以下简称《反垄断法》），该法于2007年8月30日第十届全国人民代表大会常务委员会第二十九次会议通过，自2008年8月1日起施行。

《反垄断法》中所称经营者，是指从事商品生产、经营或者提供服务的自然人、法人和其他组织；所称相关市场，是指经营者在一定时期内就特定商品或者服务（以下统称商品）进行竞争的商品范围和地域范围。

2. 垄断行为的具体表现形式

① 达成垄断协议的行为。垄断协议是指排除、限制竞争的协议、决定或者其他协同行为。达成垄断协议可能是在经营者之间，也可能是在经营者与交易相对人之间进行。

具有竞争关系的经营者间达成的垄断协议有：固定或者变更商品价格；限制商品的生产数量或者销售数量；分割销售市场或者原材料采购市场；限制购买新技术、新设备或者限制开发新技术、新产品；联合抵制交易；国务院反垄断执法机构认定的其他垄断协议。

经营者与交易相对人之间达成的垄断协议有：固定向第三人转售商品的价格；限定向第三人转售商品的最低价格；国务院反垄断执法机构认定的其他垄断协议。

② 滥用市场支配地位的行为。市场支配地位，是指经营者在相关市场内具有能够控制商品价格、数量或者其他交易条件，或者能够阻碍、影响其他经营者进入相关市场能力的市场地位。

具有市场支配地位的经营者的下列行为属于滥用市场支配地位的行为：以不公平的高价销售商品或者以不公平的低价购买商品；没有正当理由，以低于成本的价格销售商品；没有正当理由，拒绝与交易相对人进行交易；没有正当理由，限定交易相对人只能与其进行交易或者只能与其指定的经营者进行交易；没有正当理由搭售商品，或者在交易时附加其他不合理的交易条件；没有正当理由，对条件相同的交易相对人在交易价格等交易条件上实行差别待遇；国务院反垄断执法机构认定的其他滥用市场支配地位的行为。

③ 具有或者可能具有排除、限制竞争效果的经营者集中行为。经营者集中是指下列情形：经营者合并；经营者通过取得股权或者资产的方式取得对其他经营者的控制权；经营者通过合同等方式取得对其他经营者的控制权或者能够对其他经营者施加决定性影响。

经营者集中具有或者可能具有排除、限制竞争效果的，国务院反垄断执法机构应当作出禁止经营者集中的决定。

④ 滥用行政权力排除、限制竞争的行为。

行政机关和法律、法规授权的具有管理公共事务职能的组织滥用行政权力，限定或者变相限定单位或者个人经营、购买、使用其指定的经营者提供的商品。

行政机关和法律、法规授权的具有管理公共事务职能的组织滥用行政权力，实施下列行为，妨碍商品在地区之间的自由流通：对外地商品设定歧视性收费项目、实行歧视性收费标准，或者规定歧视性价格；对外地商品规定与本地同类商品不同的技术要求、检验标准，或者对外地商品采取重复检验、重复认证等歧视性技术措施，限制外地商品进入本地市场；采取专门针对外地商品的行政许可，限制外地商品进入本地市场；设置关卡或者采取其他手段，阻碍外地商品进入或者本地商品运出；妨碍商品在地区之间自由流通的其他行为。

行政机关和法律、法规授权的具有管理公共事务职能的组织滥用行政权力，以设定歧视性资质要求、评审标准或者不依法发布信息等方式，排斥或者限制外地经营者参加本地的招标投标活动。

行政机关和法律、法规授权的具有管理公共事务职能的组织滥用行政权力，采取与本地经营者不平等待遇等方式，排斥或者限制外地经营者在本地投资或者设立分支机构。

行政机关和法律、法规授权的具有管理公共事务职能的组织滥用行政权力，强制经营者从事《反垄断法》规定的垄断行为。

行政机关滥用行政权力，制定含有排除、限制竞争内容的规定。

3. 对涉嫌垄断行为的调查

反垄断执法机构依法对涉嫌垄断行为进行调查。任何单位和个人有权向反垄断执法机构举报涉嫌垄断行为。举报采用书面形式并提供相关事实和证据的，反垄断执法机构应当进行必要的调查。反垄断执法机构应当为举报人保密。

反垄断执法机构对涉嫌垄断行为调查核实后，认为构成垄断行为的，应当依法作出处理决定，并可以向社会公布。

4.4 产品质量法

4.4.1 产品质量简述

1. 产品

《中华人民共和国产品质量法》（以下简称《产品质量法》）产品是指经过加工、制作，用于销售的产品。根据该规定，产品应该具备两个条件。

① 经过加工、制作。未经加工、制作的产品，即天然产品不受《产品质量法》调整，包括未加工的农副产品、林产品、水产品、畜牧产品、原矿等。

② 用于销售。因此产品不包括那些只是为了自己使用的加工、制作品。

建设工程不适用《产品质量法》规定。但是，建设工程使用的建筑材料、建筑构配件和设备，属于上述规定的产品范围的，适用《产品质量法》规定。军工产品质量监督管理办法，由国务院、中央军事委员会另行制定。

2. 产品质量

产品质量是指产品所应具有的、符合人们需要的各种特性的总和，包括产品的适用性、安全性、经济性、可靠性、可维修性等。

《产品质量法》规定，产品质量应当符合下列要求：不存在危及人身、财产安全的不合理的危险，有保障人体健康和人身、财产安全的国家标准、行业标准的，应当符合该标准；具备产品应当具备的使用性能，但是，对产品存在使用性能的瑕疵作出说明的除外；符合在产品或者其包装上注明采用的产品标准，符合以产品说明、实物样品等方式表明的质量状况。

4.4.2 产品质量法

1. 产品质量法

产品质量法是指调整因产品质量所发生的经济关系的法律规范总称。1993 年 2 月 22 日第七届全国人民代表大会常务委员会第三十次会议通过了《中华人民共和国产品质量法》，2000 年 7 月 8 日第九届全国人民代表大会常务委员会第十六次会议对其进行了修正。

《产品质量法》的立法宗旨是为了加强对产品质量的监督管理，提高产品质量水平，明确产品质量责任，保护消费者的合法权益，维护社会经济秩序。

2. 产品质量的监督管理制度

根据《产品质量法》的规定，国家为保证产品质量而采取的宏观管理和具体措施主要包括以下几个方面。

① 产品质量检验制度。产品质量应当检验合格，不得以不合格产品冒充合格产品。产品质量检验机构必须具备相应的检测条件和能力，经省级以上人民政府产品质量监督部门或者其授权的部门考核合格后，方可承担产品质量检验工作。

② 产品质量标准化制度。产品标准按层次可分为国家标准、行业标准和企业标准，按是否强制实行可分为强制性标准、一般性标准或推荐性标准。《产品质量法》规定，可能危及人体健康和人身、财产安全的工业产品，必须符合保障人体健康和人身、财产安全的国家标准、行业标准；未制定国家标准、行业标准的，必须符合保障人体健康和人身、财产安全的要求。国家鼓励推行科学的质量管理方法，采用先进的科学技术，鼓励企业产品质量达到并且超过行业标准、国家标准和国际标准。对产品质量管理先进和产品质量达到国际先进水平、成绩显著的单位和个人，给予奖励。

③ 企业质量体系认证制度。企业质量体系认证是指认证机构根据企业申请，对企业的产品质量保证能力和质量管理水平进行综合评审，并对合格者颁发认证证书的活动。《产品质量法》规定，国家根据国际通用的质量管理标准，推行企业质量体系认证制度。企业根据自愿原则可以向国务院产品质量监督部门认可的或者国务院产品质量监督部门授权的部门认可的认证机构申请企业质量体系认证。经认证合格的，由认证机构颁发企业质量体系认证证书。

④ 产品质量认证制度。产品质量认证是认证机构依据产品标准和相应技术要求，对申请认证的产品进行检验，并对通过检验的产品颁发认证证书和认证标志的活动。《产品质量法》规定，国家参照国际先进的产品标准和技术要求，推行产品质量认证制度。企业根据自愿原则可以向国务院产品质量监督部门认可的或者国务院产品质量监督部门授权的认证机构申请产品质量认证。经认证合格的，由认证机构颁发产品质量认证证书，准许企业在产品或者其包装上使用产品质量认证标志。目前，我国批准使用的产品质量认证标志主要有：方圆标志（分合格认证标志和安全认证标

志）、长城标志（电工产品专用）、PRC标志（电子元器件专用）。

⑤ 产品质量监督检查制度。该制度包括国家监督和社会监督。

国家监督指国家对产品质量实行以抽查为主要方式的监督检查制度，对可能危及人体健康和人身、财产安全的产品，影响国计民生的重要工业产品以及消费者、有关组织反映有质量问题的产品进行抽查。抽查的样品应当在市场上或者企业成品仓库内的待销产品中随机抽取。监督抽查工作由国务院产品质量监督部门规划和组织。县级以上地方产品质量监督部门在本行政区域内也可以组织监督抽查。国务院和省、自治区、直辖市人民政府的产品质量监督部门应当定期发布其监督抽查的产品的质量状况公告。

社会监督指消费者有权就产品质量问题，向产品的生产者、销售者查询；向产品质量监督部门、工商行政管理部门及有关部门申诉，接受申诉的部门应当负责处理。保护消费者权益的社会组织可以就消费者反映的产品质量问题建议有关部门负责处理，支持消费者对因产品质量造成的损害向人民法院起诉。

3. 生产者、销售者的产品质量责任和义务

产品质量法的责任主体是生产者和销售者。

（1）生产者的产品质量责任和义务

① 产品质量要求。《产品质量法》规定，生产者应当对其生产的产品质量负责。产品质量应当符合下列要求：不存在危及人身、财产安全的不合理的危险，有保障人体健康和人身、财产安全的国家标准、行业标准的，应当符合该标准；具备产品应当具备的使用性能，但是，对产品存在使用性能的瑕疵作出说明的除外；符合在产品或者其包装上注明采用的产品标准，符合以产品说明、实物样品等方式表明的质量状况。

② 产品标志要求。《产品质量法》规定，产品或者其包装上的标识必须真实，并符合下列要求：产品质量检验合格证明；有中文标明的产品名称、生产厂厂名和厂址；根据产品的特点和使用要求，需要标明产品的规格、等级、所含主要成分的名称和含量，用中文相应予以标明；需要事先让消费者知晓的，应当在外包装上标明，或者预先向消费者提供有关资料；限期使用的产品，应当在显著位置清晰地标明生产日期和安全使用期或者失效日期；使用不当，容易造成产品本身损坏或者可能危及人身、财产安全的产品，应当有警示标志或者中文警示说明，但裸装的食品和其他根据产品的特点难以附加标识的裸装产品，可以不附加产品标识。

③ 产品包装要求。《产品质量法》规定，易碎、易燃、易爆、有毒、有腐蚀性、有放射性等危险物品以及储运中不能倒置和其他有特殊要求的产品，其包装质量必须符合相应要求，依照国家有关规定作出警示标志或者中文警示说明，标明储运注意事项。

④ 对生产者的禁止性规定。生产者不得生产国家明令淘汰的产品。生产者不得伪造产地，不得伪造或者冒用他人的厂名、厂址，不得伪造或者冒用认证标志等质量标志。生产者生产产品，不得掺杂、掺假，不得以假充真、以次充好，不得以不合格产品冒充合格产品。

（2）销售者的产品质量责任和义务

① 进货环节的责任和义务。销售者对消费者应承担保证产品质量的责任，一旦

产品出现质量问题，消费者可以要求生产者或销售者承担责任，销售者在承担产品质量责任后有权向生产者追偿。因此，销售者应当建立并执行进货检查验收制度，验明产品合格证明和其他标识。

② 保管环节的责任和义务。销售者应当采取措施，保持销售产品的质量。如果因为销售者保管不当而使产品产生质量问题，给消费者造成伤害的，生产者承担了产品质量责任后有权向销售者追偿。

③ 对销售者的禁止性规定。销售者不得销售国家明令淘汰并停止销售的产品和失效、变质的产品；不得伪造产地，不得伪造或者冒用他人的厂名、厂址；不得伪造或者冒用认证标志等质量标志。销售者销售产品，不得掺杂、掺假，不得以假充真、以次充好，不得以不合格产品冒充合格产品。

【案例分析 4.4】

2001 年 12 月，北京海淀区一位老人过 70 大寿时，儿孙们给他买了一条安徽省桐城某家电厂生产的电热毯，送给老人祝寿。正巧当晚大雪纷飞，气温骤然降至零下。晚 11 时，大儿子为老人铺好电热毯，安顿老人安然入梦。第二天，大儿子起床后闻到老人屋里传出刺鼻的焦味，他急忙叫醒众人，撞开门，只见满屋浓烟滚滚，老人躺在床上已死去，全身烧焦，屋内物品均化为灰烬。案发后，海淀区技术监督部门对电热毯进行了质量监督检验。检验发现电热毯有 7 项技术指标不符合国家有关标准的要求，属劣质品。老人的后辈多次找家电厂协商未果，一纸诉状把家电厂告上法院，当地人民法院根据该检验结论，作出判决：责令桐城某家电厂和商场停止生产、销售该类电热毯；赔偿受害人家属丧葬费、死亡赔偿金、财产损失等共计 15 万多元；没收违法生产、销售该电热毯的违法所得，并处罚款。

4. 产品质量法律责任

产品质量法律责任是指生产者、销售者以及对产品质量负有直接责任的责任者，因违反产品质量法所规定的产品质量义务所应承担的法律责任。

产品质量法律责任包括了民事责任、行政责任、刑事责任。

（1）民事责任

民事责任分为因产品瑕疵而发生的合同责任和因产品缺陷而发生的产品责任。其责任形式主要表现为损害赔偿。

① 产品合同责任是指产品的销售者不履行或不适当履行产品质量义务时应承担的责任。

当销售者售出的产品有下列情形之一的，销售者应当负责修理、更换、退货；给购买产品的消费者造成损失的，销售者应当赔偿损失：不具备产品应当具备的使用性能而事先未作说明的；不符合在产品或者其包装上注明采用的产品标准的；不符合以产品说明、实物样品等方式表明的质量状况的。

② 产品缺陷责任是指因产品存在缺陷造成人身、缺陷产品以外的其他财产（以下简称他人财产）损害的，生产者应当承担赔偿责任。由于销售者的过错使产品存在缺陷，造成人身、他人财产损害的，销售者应当承担赔偿责任。销售者不能指明缺陷产品的生产者也不能指明缺陷产品的供货者的，销售者应当承担赔偿责任。

A．产品缺陷责任的构成要件。第一，产品本身存在缺陷，是指产品存在危及人身、他人财产安全的不合理的危险；产品有保障人体健康和人身、财产安全的国家标准、行业标准的，是指不符合该标准。第二，有提供缺陷产品的行为。第三，有人身、财产的损害事实。第四，产品缺陷与损害事实之间存在因果关系。

B．诉讼时效。因产品存在缺陷造成损害要求赔偿的诉讼时效期间为两年，自当事人知道或者应当知道其权益受到损害时起计算；因产品存在缺陷造成损害要求赔偿的请求权，在造成损害的缺陷产品交付最初消费者满 10 年丧失，但是，尚未超过明示的安全使用期的除外。

③ 生产者的免责。生产者能够证明有下列情形之一的，不承担赔偿责任：未将产品投入流通的；产品投入流通时，引起损害的缺陷尚不存在的；将产品投入流通时的科学技术水平尚不能发现缺陷的存在的。

（2）行政责任

行政责任包括下列 3 种。

① 生产者、销售者因违反产品质量法有关规定所应承担的行政责任包括：责令停止生产、销售；责令改正；没收违法生产、销售的产品；没收违法所得；罚款；吊销营业执照等。

② 产品质量检验机构、认证机构违反产品质量法有关规定所应承担的行政责任包括：责令改正，罚款，取消其检验资格、认证资格等。

③ 从事产品质量监督工作的国家工作人员违反产品质量法有关规定，依法给予行政处分。

（3）刑事责任

相关人员违反产品质量法有关规定构成犯罪的，依法追究刑事责任。

4.5 消费者权益保护法

4.5.1　消费者权益保护简述

1. 消费者与消费者权益

（1）消费者

国际标准化组织“消费者政策委员会”于 1978 年在日内瓦召开的第一届年会上，把“消费者”定义为“为个人目的购买或者使用商品和接受服务的个体社会成员”。我国在这一定义的影响下，在 1985 年 6 月颁布的《消费品使用说明总则》中首次规定了“消费者”是“为满足个人或家庭的生活需要而购买、使用商品或服务的个体社会成员”。在 1994 年 1 月 1 日正式施行的《中华人民共和国消费者权益保护法》（以下简称《消费者权益保护法》）第 2 条规定，“消费者为生活消费需要购买、使用商品或者接受服务，其权益受本法保护”。

《消费者权益保护法》未直接规定消费者的定义，但根据第 2 条的规定，消费者是指为生活消费需要而购买、使用商品或者接受服务的个人或单位。其具有以下的特征。①消费的性质专指生活消费，不包括生产消费。②消费的客体是商品和服务。这里的商品是指经营者有偿提供的与生活消费有关的商品，包括经过加工、制作的商品和未经过加工、制作的商品。这里的服务是指经营者有偿提供的各种服务，包括金融、保险、交通运输、加工、食、宿、娱乐、提供信息等。③消费的方式包括购买、使用商品和接受服务。④消费者的主体包括公民个人和单位。任何一个自然人，不论其自身的年龄、种族、性别等情况如何，都可以成为消费者。但单位进行生活消费时，其购买生活资料或者接受服务时最终由单位的个人使用或享用，其消费权益与个人的安全、健康等密切相关，《消费者权益保护法》也将其列入到消费者范围。

（2）消费者权益

消费者权益是指消费者依法享有的权利及该权利受到保护时而给消费者带来的应有的利益，其核心是消费者的权利。

2. 消费者权益保护法

消费者权益保护法是指调整在保护消费者权益的过程中发生的经济关系的法律规范的总称。1993 年 10 月 31 日，第八届全国人民代表大会常务委员会第四次会议通过了《中华人民共和国消费者权益保护法》，该法于 1994 年 1 月 1 日起施行。这是我国制定的第一部保护消费者权益的专门法律。

（1）《消费者权益保护法》的适用范围

① 消费者为生活消费需要购买、使用商品或者接受服务，其权益受该法保护。

② 经营者为消费者提供其生产、销售的商品或者提供服务，应当遵守该法。

③ 农民购买、使用直接用于农业生产的生产资料，参照该法执行。

（2）《消费者权益保护法》的基本原则

① 经营者与消费者进行交易应当遵循自愿、平等、公平、诚实信用的原则。

② 国家保护消费者的合法权益不受侵犯的原则。国家采取措施，保障消费者依法行使权利，维护消费者的合法权益。

③ 全社会共同保护消费者的合法权益原则。国家鼓励、支持一切组织和个人对损害消费者合法权益的行为进行社会监督。大众传播媒介应当做好维护消费者合法权益的宣传，对损害消费者合法权益的行为进行舆论监督。

4.5.2 消费者权益保护法

1. 消费者的权利和经营者义务

（1）消费者的权利

世界上最早提出消费者权利的是美国已故总统肯尼迪。1962 年 3 月 15 日，肯尼迪向国会提交了《关于保护消费者权益的总统特别咨文》，首次提出了消费者应当享有的权利有 4 项：消费安全的权利；取得消费资讯的权利；自由选择商品的权利；合法申诉的权利。由于该咨文对消费者具有重要意义，因此 3 月 15 日这一天被确定为“世界消费者权益日”。

我国《消费者权益保护法》规定，消费者享有以下 9 项权利。

① 安全保障权。消费者在购买、使用商品和接受服务时享有人身、财产安全不受损害的权利。

② 知悉真情权。消费者享有知悉其购买、使用的商品或者接受的服务的真实情况的权利。消费者有权根据商品或者服务的不同情况，要求经营者提供商品的价格、产地、生产者、用途、性能、规格、等级、主要成分、生产日期、有效期限、检验合格证明、使用方法说明书、售后服务，或者服务的内容、规格、费用等有关情况。

【案例分析4.5】

退休工人赵某准备为读大学的儿子买一双真皮旅游鞋。来到一家百货商店的售鞋柜台前，仔细观看了很久，选中了一双标价125元的高帮白色旅游鞋，然后问服务员这是不是真皮的，此时服务员正忙着与另一服务员交谈，无暇顾及，要赵某自己看商品标签，赵某不识字，便再向服务员询问，服务员没好气地说："什么真皮不真皮，要买就付钱。"赵某见问不出名堂，便私下猜测这鞋这么贵，应该是真皮的，便付钱买下。回家后，儿子一见便说这鞋不是真皮的，再找几个人看了鞋子，也都说不是真皮的。第二天赵某提着鞋子到百货商店去退货。商店服务员也承认这鞋不是真皮的，但认为该鞋明码标价，赵某自己挑选，而且货款两清，不同意退货，双方遂吵了起来。值班经理闻讯赶来，问明情况，也认为错在赵某，不同意退货。赵某一气之下告到法院，要求百货商店退货并赔偿往返损失。受诉法院审理后认为商店服务员对赵某的询问不作真实明确的答复，违反了《消费者权益保护法》的有关规定，商店应对此承担民事责任。经调解，百货商店同意退货，并赔偿赵某往返损失人民币30元。

③ 自主选择权。消费者有权自主选择提供商品或者服务的经营者，自主选择商品品种或者服务方式，自主决定购买或者不购买任何一种商品、接受或者不接受任何一项服务。消费者在自主选择商品或者服务时，有权进行比较、鉴别和挑选。

【小案例4.3】

小周在一家商店选购某电视机时觉得该电视机的款式、质量不合心意，打算离开时，被该产品的促销员拦住，称小周必须要买一台，否则不允许离开。促销员的行为侵犯了小周的自主选择权。

④ 公平交易权。消费者在购买商品或者接受服务时，有权获得质量保障、价格合理、计量正确等公平交易条件，有权拒绝经营者的强制交易行为。

⑤ 获得赔偿权。消费者因购买、使用商品或者接受服务受到人身、财产损害的，享有依法获得赔偿的权利。

⑥ 依法结社权。消费者享有依法成立维护自身合法权益的社会团体的权利。

⑦ 获得知识权。消费者享有获得有关消费和消费者权益保护方面的知识的权利。

⑧ 维护尊严权。消费者在购买、使用商品和接受服务时，享有其人格尊严、民族风俗习惯受到尊重的权利。

⑨ 监督批评权。消费者享有对商品和服务以及保护消费者权益工作进行监督的权利。消费者有权检举、控告侵害消费者权益的行为和国家机关及其工作人员在保护消费者权益工作中的违法失职行为，有权对保护消费者权益工作提出批评、建议。

（2）经营者的义务

在消费领域，经营者是与消费者相对应的主体，是与消费者进行交易的另一方。经营者的义务是与消费者的权利相辅相成，只有明确了经营者的义务，才能保护消费者的权利。我国《消费者权益保护法》经营者应承担以下 10 项义务。

① 依法定或约定履行义务。经营者向消费者提供商品或者服务，应当依照《中华人民共和国产品质量法》和其他有关法律、法规的规定履行义务。经营者和消费者有约定的，应当按照约定履行义务，但双方的约定不得违背法律、法规的规定。

② 听取意见和接受监督。经营者应当听取消费者对其提供的商品或者服务的意见，接受消费者的监督。

③ 保障人身和财产安全。经营者应当保证其提供的商品或者服务符合保障人身、财产安全的要求。对可能危及人身、财产安全的商品和服务，应当向消费者作出真实的说明和明确的警示，并说明和标明正确使用商品或者接受服务的方法以及防止危害发生的方法。

④ 不作虚假宣传。经营者应当向消费者提供有关商品或者服务的真实信息，不得作引人误解的虚假宣传。经营者对消费者就其提供的商品或者服务的质量和使用方法等问题提出的询问，应当作出真实、明确的答复。商店提供商品应当明码标价。

⑤ 标明真实名称和标记。经营者、租赁他人柜台或者场地的经营者应当标明其真实名称和标记。

⑥ 出具售货凭证或者服务单据。经营者提供商品或者服务，应当按照国家有关规定或者商业惯例向消费者出具购货凭证或者服务单据；消费者索要购货凭证或者服务单据的，经营者必须出具。

⑦ 保证商品或者服务质量。经营者应当保证在正常使用商品或者接受服务的情况下其提供的商品或者服务应当具有的质量、性能、用途和有效期限，但消费者在购买该商品或者接受该服务前已经知道其存在瑕疵的除外。经营者以广告、产品说明、实物样品或者其他方式表明商品或者服务的质量状况的，应当保证其提供的商品或者服务的实际质量与表明的质量状况相符。

⑧ 履行“三包”或者其他责任。经营者提供商品或者服务，按照国家规定或者与消费者的约定，承担包修、包换、包退或者其他责任的，应当按照国家规定或者约定履行，不得故意拖延或者无理拒绝。

⑨ 不得从事不公平、不合理交易。经营者不得以格式合同、通知、声明、店堂告示等方式作出对消费者不公平、不合理的规定，或者减轻、免除其损害消费者合法权益应当承担的民事责任。格式合同、通知、声明、店堂告示等含有上述内容的，其内容无效。

⑩ 不得侵犯消费者的人格尊严权。经营者不得对消费者进行侮辱、诽谤，不得搜查消费者的身体及其携带的物品，不得侵犯消费者的人身自由。

2. 消费者权益保护

消费者权益保护一般涉及 3 个层次，即国家保护、社会保护和消费者自我保护。

（1）国家对消费者合法权益的保护

① 国家制定有关消费者权益的法律、法规和政策时，应当听取消费者的意见和要求。

② 各级人民政府应当加强领导，组织、协调、督促有关行政部门做好保护消费者合法权益的工作。各级人民政府应当加强监督，预防危害消费者人身、财产安全行为的发生，及时制止危害消费者人身、财产安全的行为。

③ 各级人民政府、工商行政管理部门和其他有关行政部门应当依照法律、法规的规定，在各自的职责范围内，采取措施，保护消费者的合法权益。有关行政部门应当听取消费者及其社会团体对经营者交易行为、商品和服务质量问题的意见，及时调查处理。

④ 有关国家机关应当依照法律、法规的规定，惩处经营者在提供商品和服务中侵害消费者合法权益的违法犯罪行为。

⑤ 人民法院应当采取措施，方便消费者提起诉讼。对符合《中华人民共和国民事诉讼法》起诉条件的消费者权益争议，必须受理，及时审理。

（2）消费者组织

消费者组织是依法成立的对商品和服务进行社会监督的保护消费者合法权益的社会团体，包括消费者协会和其他消费者组织。消费者组织不得从事商品经营和营利性服务，不得以牟利为目的向社会推荐商品和服务。国务院于 1984 年批准成立了中国消费者协会。

消费者协会履行下列职能：向消费者提供消费信息和咨询服务；参与有关行政部门对商品和服务的监督、检查；就有关消费者合法权益的问题，向有关行政部门反映、查询，提出建议；受理消费者的投诉，并对投诉事项进行调查、调解；投诉事项涉及商品和服务质量问题的，可以提请鉴定部门鉴定，鉴定部门应当告知鉴定结论；就损害消费者合法权益的行为，支持受损害的消费者提起诉讼；对损害消费者合法权益的行为，通过大众传播媒介予以揭露、批评。

3. 争议的解决及法律责任

（1）争议解决的途径

消费者和经营者发生消费者权益争议的，可以通过下列途径解决：与经营者协商和解；请求消费者协会调解；向有关行政部门申诉；根据与经营者达成的仲裁协议提请仲裁机构仲裁；向人民法院提起诉讼。

（2）承担损害赔偿责任的主体

① 一般责任主体。包括生产者、销售者和服务者。消费者在购买、使用商品时，其合法权益受到损害的，可以向销售者要求赔偿。销售者赔偿后有权向生产者或者其他销售者追偿。消费者或者其他受害人因商品缺陷造成人身、财产损害的，可以向销售者要求赔偿，也可以向生产者要求赔偿。消费者在接受服务时，其合法权益受到损害的，可以向服务者要求赔偿。

② 特殊责任主体有以下 4 种。

变更后的企业。消费者在购买、使用商品或者接受服务时，其合法权益受到损害，因原企业分立、合并的，可以向变更后承受其权利义务的企业要求赔偿。

营业执照使用人或持有人。使用他人营业执照的违法经营者提供商品或者服务，损害消费者合法权益的，消费者可以向其要求赔偿，也可以向营业执照的持有人要求赔偿。

展销会主办者、柜台出租者。消费者在展销会、租赁柜台购买商品或者接受服务，其合法权益受到损害的，在展销会结束或者柜台租赁期满后，可以向展销会的举办者、柜台的出租者要求赔偿。

进行虚假广告的经营者或广告商。消费者因经营者利用虚假广告提供商品或者服务，其合法权益受到损害的，可以向经营者要求赔偿。广告的经营者不能提供经营者的真实名称、地址的，应当承担赔偿责任。

（3）侵犯消费者合法权益的法律责任

① 民事责任。经营者提供商品或者服务有下列情形之一的，除《消费者权益保护法》另有规定外，应当依照《产品质量法》和其他有关法律、法规的规定，承担民事责任：商品存在缺陷的；不具备商品应当具备的使用性能而出售时未作说明的；不符合在商品或者其包装上注明采用的商品标准的；不符合商品说明、实物样品等方式表明的质量状况的；生产国家明令淘汰的商品或者销售失效、变质的商品的；销售的商品数量不足的；服务的内容和费用违反约定的；对消费者提出的修理、重作、更换、退货、补足商品数量、退还货款和服务费用或者赔偿损失的要求，故意拖延或者无理拒绝的；法律、法规规定的其他损害消费者权益的情形。

经营者提供商品或者服务，造成消费者或者其他受害人人身伤害的，应当支付医疗费、治疗期间的护理费、因误工减少的收入等费用；造成残疾的，还应当支付残疾者生活自助具费、生活补助费、残疾赔偿金以及由其扶养的人所必需的生活费等费用；造成死亡的，应当支付丧葬费、死亡赔偿金以及由死者生前扶养的人所必需的生活费等费用。

经营者侵害消费者的人格尊严或者侵犯消费者人身自由的，应当停止侵害、恢复名誉、消除影响、赔礼道歉，并赔偿损失。

经营者提供商品或者服务，造成消费者财产损害的，应当按照消费者的要求，以修理、重作、更换、退货、补足商品数量、退还货款和服务费用或者赔偿损失等方式承担民事责任。消费者与经营者另有约定的，按照约定履行。

对国家规定或者经营者与消费者约定包修、包换、包退的商品，经营者应当负责修理、更换或者退货。在保修期内两次修理仍不能正常使用的，经营者应当负责更换或者退货。对包修、包换、包退的大件商品，消费者要求经营者修理、更换、退货的，经营者应当承担运输等合理费用。依法经有关行政部门认定为不合格的商品，消费者要求退货的，经营者应当负责退货。

经营者以邮购方式提供商品的，应当按照约定提供。未按照约定提供的，应当按照消费者的要求履行约定或者退回货款，并应当承担消费者必须支付的合理费用。

经营者以预收款方式提供商品或者服务的，应当按照约定提供。未按照约定提供的，应当按照消费者的要求履行约定或者退回预付款，并应当承担预付款的利息、消费者必须支付的合理费用。

经营者提供商品或者服务有欺诈行为的，应当按照消费者的要求增加赔偿其受到的损失，增加赔偿的金额为消费者购买商品的价款或者接受服务费用的一倍。

② 行政责任。经营者有下列情形之一，《产品质量法》和其他有关法律、法规对处罚机关和处罚方式有规定的，依照法律、法规的规定执行；法律、法规未作规定的，由

工商行政管理部门责令改正，可以根据情节单处或者并处警告、没收违法所得、处以违法所得一倍以上五倍以下的罚款，没有违法所得的，处以一万元以下的罚款；情节严重的，责令停业整顿、吊销营业执照；生产、销售的商品不符合保障人身、财产安全要求的；在商品中掺杂、掺假，以假充真，以次充好，或者以不合格商品冒充合格商品的；生产国家明令淘汰的商品或者销售失效、变质的商品的；伪造商品的产地，伪造或者冒用他人的厂名、厂址，伪造或者冒用认证标志、名优标志等质量标志的；销售的商品应当检验、检疫而未检验、检疫或者伪造检验、检疫结果的；对商品或者服务作引人误解的虚假宣传的；对消费者提出的修理、重作、更换、退货、补足商品数量、退还货款和服务费用或者赔偿损失的要求，故意拖延或者无理拒绝的；侵害消费者人格尊严或者侵犯消费者人身自由的；法律、法规规定的对损害消费者权益应当予以处罚的其他情形。

国家机关工作人员玩忽职守或者包庇经营者侵害消费者合法权益行为的，由其所在单位或者上级机关给予行政处分。

③ 刑事责任。经营者提供商品或者服务造成消费者或者其他受害人人身伤害或死亡，构成犯罪的，依法追究刑事责任。以暴力、威胁等方法阻碍有关行政部门工作人员依法执行职务的，依法追究刑事责任。国家机关工作人员玩忽职守或者包庇经营者侵害消费者合法权益的行为情节严重，构成犯罪的，依法追究刑事责任。

4.6 广 告 法

4.6.1 广告简述

1. 广告的概念

“广告”一词来源于拉丁文，愿意是“我大喊大叫”。汉语的“广告”一词，就是“广而告之”，即向广大公众告知某件事，有广泛劝告的意思。广告有狭义和广义之分，广义的广告泛指一切要引起他人注意的宣传品和宣传手段，诸如政府、政党、宗教团体、学校、个人等向社会发布的宣言、公告、说明、告示、声明、公报、启事等，都可称为广告。狭义的广告则专指商业广告或者经济广告，是指商品经营者或者服务提供者承担费用，通过一定媒介和形式直接或者间接地介绍自己所推销的商品或者所提供的服务的宣传活动。

《中华人民共和国广告法》(以下简称《广告法》) 规范的是狭义的广告，即商业广告，其中，广告主是指为推销商品或者提供服务，自行或者委托他人进行广告设计、制作、代理服务的法人、其他经济组织或者个人；广告经营者是指受委托提供广告设计、制作、代理服务的法人、其他经济组织或者个人；广告发布者是指为广告主或者广告主委托的广告经营者发布广告的法人或者其他经济组织。

2. 广告的种类

广告的种类很多，按不同的标准，可以进行不同的分类：按广告的地域传播范围，可以将广告分为地区性广告、全国性广告和国际性广告；按广告的传播媒介，可以将广告分为大众传媒广告、户外广告和直邮广告；按广告的传播对象，可以将广告分为妇女广告、儿童广告、老年人广告、消费者广告和产业广告；按广告的目的，可以将广告分为私益广告和公益广告。广告主发布广告的目的是为了实现自己的利益或完成自己的事务，是私益广告；反之，广告主发布广告是为了促进社会公共利益，则为公益广告。如中央电视台"广而告之"栏目中的广告是公益广告。商业广告是最普遍、最重要和最常见的私益广告，此外，私益广告还有寻人启事、征婚广告等。

3. 广告活动的原则

广告作为经济信息的大众传播手段，其目的是为了传播信息，促进商品销售，起"消费指南"的作用。我国《广告法》第一章规定了广告活动的原则：广告应当真实、合法、符合社会主义精神文明建设的要求；广告不得含有虚假的内容，不得欺骗和误导消费者；广告主、广告经营者、广告发布和从事广告活动，应当遵守法律、行政法规，遵循公平、诚实信用的原则。

4. 广告法

广告法是调整在商业广告制作、发布和监督管理过程中所发生的社会关系的法律规范总称。新中国成立以后颁布实施的第一个广告法规，是1982年2月6日国务院颁布的《广告管理暂行条例》；1987年10月26日国务院颁布了《广告管理条例》；国家工商行政管理局1988年1月发布了《广告管理条例实施细则》；1994年10月27日第八届全国人大常委会第十次会议通过《中华人民共和国广告法》，自1995年2月1日起施行。

4.6.2 广告法

1. 广告准则

（1）一般准则

① 广告内容应当有利于人民的身心健康，促进商品和服务质量的提高，保护消费者合法权益，遵守社会公德和职业道德，维护国家的尊严和利益。广告不得有下列情形：使用中华人民共和国国旗、国徽、国歌；使用国家机关和国家机关工作人员的名义；使用国家级、最高级、最佳等用语；妨碍社会安定和危害人身、财产安全，损害社会公共利益；妨碍社会公共秩序和违背社会良好风尚；含有淫秽、迷信、恐怖、暴力、丑恶的内容；含有民族、种族、宗教、性别歧视的内容；妨碍环境和自然资源保护；法律、行政法规规定禁止的其他情形。此外，广告不得损害未成年人和残疾人的身心健康。

② 广告中对商品的性能、产地、用途、质量、价格、生产者、有效期限、允诺或者对服务的内容、形式、质量、价格、允诺有表示的，应当清楚、明白。广告中表明推销商品、提供服务附带赠送礼品的应当标明赠送的品种和数量。广告使用数据、统计资料、调查结果、文摘、引用语，应当真实、准确，并标明出处。

③ 广告涉及专利产品或者专利方法的，应当标明专利号和专利种类。未取得专利权的，不得在广告中谎称取得专利权。禁止使用未授予专利权的专利申请和已经终止、撤销、无效的专利做广告。

④ 广告不得贬低其他生产经营者的商品或者服务。

⑤ 广告应当具有可识别性，能够使消费者辨明其为广告。大众传播媒介不得以新闻报道形式发布广告。通过大众传播媒介发布的广告应当有广告标记，与其他非广告信息相区别，不得使消费者产生误解。

（2）特殊商品的广告准则

① 药品、医疗器械。药品、医疗器械广告不得有下列内容：含有不科学的表示功效的断言或者保证的；说明治愈率或者有效率的；与其他商品、医疗器械的功效和安全性比较的；利用医药科研单位、学术机构、医疗机构或者专家、医生、口才的名义和形象作证明的；法律、行政法规禁止的其他内容。药品广告的内容必须以国务院或者省、自治区、直辖市卫生行政部门批准的说明书为准。国家规定的应当在医生指导下使用的治疗性药品广告中，必须注明"按医生处方购买和使用"。麻醉药品、精神药品、毒性药品、放射性药品等特殊商品，不得做广告。

② 农药。农药广告不得有下列内容：使用无毒、无害等表明安全性的绝对化断言的；含有不科学的表示功效的断言或者保证的；含有违反农药安全使用规程的文字、语言或者画面的；法律、行政法规规定禁止的其他内容。

③ 烟草。禁止利用广播、电影、电视、报纸、期刊发布烟草广告。禁止在各类等候、影剧院、会议厅和体育比赛场馆等公共场所设置烟草广告。烟草广告中必须标明"吸烟有害健康"字样。

④ 食品、酒类、化妆品。食品、酒类、化妆品广告内容必须符合卫生许可的事项，并不得使用医疗用语或者容易与药品混淆的用语。

2. 广告活动的管理规定

① 广告活动的禁止规定。广告主、广告经营者、广告发布者之间在广告活动中应当依法订阅书面合同，明确各方的权利和义务，不得在广告活动中进行任何形式的不正当竞争。法律、行政法规规定禁止生产、销售的商品或者提供的服务，以及禁止发布广告的商品或者服务，不得设计、制作、发布广告。

② 对广告主的规定。广告主自行或者委托他人设计、制作、发布广告，所推销的商品或者所提供的服务应当符合广告主的经营范围。广告主委托设计、制作、发布广告，应当委托具有合法经营资格的广告经营者、广告发布者。广告主自行或者委托他人设计、制作、发布广告，应当具有或者提供真实、合法、有效的下列证明文件：营业执照以及其他生产、经营资格的证明文件；质量检验机构对广告中有关商品质量内容出具的证明文件；确认广告内容真实性的其他证明文件。依照《广告法》第34条规定，发布广告需要经有关行政主管部门审查的，还应当提供有关批准文件。

③ 对广告经营者、广告发布者的规定。必须依法取得合法经营资格。从事广告经营的，应当具有必要的专业技术人员、制作设备，并依法办理公司或者广告经营登记方可从事广告活动。广播电台、电视台、报刊出版单位的广告业务，应当由其专门从事广告业务的机构办理，并依法办理兼营广告的登记。依法对广告内容查验核实。广告经营者、广告发布者依据法律、行政法规查验有关证明文件，核实广告内容。对

内容不实或者证明文件不全的广告经营者不得提供设计、制作、代理服务，广告发布者不得发布。③建立广告档案管理制度、公开广告收费标准。广告经营者、广告发布者按照国家有关规定，建立、健全广告业务的承接登记、审核、档案管理制度。广告收费应当合理、公开，收费标准和收费办法应当向物价和工商行政管理部门备案。广告经营者、广告发布者应当公开其收费标准和收费办法。广告发布者向广告主、广告经营者提供的媒介覆盖率、收视率、发行量等资料应当真实。

【案例分析 4.6】

1996 年，在某市的一家报纸上刊登了一则招生广告和简章，该广告称：某私立大学是经省教委批办的，有重点大学的多位教授任教，并可以颁发大中专毕业文凭，学生毕业后能够被推荐到某大学深造。由于，该家报纸是该市的正式刊物，并享有大量的读者群，这则广告一经刊出，即引起了众多学生的关注，并吸引了 290 名学生报名。该校按照每年 1100 元的标准收费，共收得学费和其他杂费 28 万元。开学后，学校的实际情况与广告及招生简章多有不符，学生纷纷要求退学，并要求退还学杂费。被校方拒绝后，学生遂联合向法院提起诉讼。

分析：本案中，被告利用虚假不实广告，欺骗学生，骗取一定的经济利益，是不正当的广告行为，违反了广告法的相关规定，侵害了消费者的正当权益，法院应判令其退还入校学生的学杂费；此外，在本案中，作为广告发布者的某报社也应承担相应的法律责任。因为，作为广告的发布者，其应该查证所发布的广告内容的真实性，但其未履行法定义务，说明其亦有过错。依据《广告法》第 38 条的规定，该报社应依法承担连带责任。

④ 广告中使用他人名义、形象的规定。广告主或者广告经营者在广告中使用他人名义、形象的，应当事先取得他人的书面同意；使用无民事行为能力人、限制民事行为能力人的名义、殊荣的，应当事先取得其监护人的书面同意。

⑤ 户外广告的规定。户外广告的设置规划和管理办法，由当地县级以上地方人民政府组织工商行政管理、城市建设、环境保护、公安等有关部门制定。有下列情形之一的，不得设置户外广告：利用交通安全设施、交通标志的；影响市政公共设施、交通安全设施、交通标志使用的；妨碍生产或者人民生活，损害市容市貌的；国家机关，文物保护单位和名胜风景点的建筑控制地带；当地县级以上地方人民政府禁止设置户外广告的区域。

3. 广告审查的规定

县级以上人民政府工商行政管理部门是广告监督管理机关。广告的审查有以下规定。

① 利用广播、电影、电视、报纸、期刊以及其他媒介发布药品、医疗器械、农药、兽药等商品的广告和法律、行政法规规定应当进行审查的其他广告，必须在发布前依照有关法律、行政法规由有关行政主管部门（以下简称广告审查机关）对广告内容进行审查；未经审查，不得发布。

② 广告主申请广告审查，应当依照法律、行政法规向广告审查机关提交有关证明文件。广告审查机关应当依照法律、行政法规作出审查决定。

③ 任何单位和个人不得伪造、变造或者转让广告审查决定文件。

4. 违反广告法的法律责任

① 民事责任。广告主、广告经营者、广告发布者违反《广告法》规定，给用户和消费者造成损失的，应当承担赔偿责任。有下列侵权行为之一的，依法承担民事责任：在广告中损害未成年人或者残疾人的身心健康的；假冒他人专利的；贬低其他生产经营者的商品或者服务的；广告中未经同意使用他人名义、形象的；其他侵犯他人合法民事权益的。

② 行政责任。工商行政管理机关对违反《广告法》规定的当事人给予的行政处罚的主要形式有：停止发布广告；责令公开更正；没收广告费用、违法所得；罚款，一般处以广告费用一倍以上五倍以下的罚款，对让人产生误解的广告处以一千元以上一万元以下的罚款，提供虚假证明文件的、伪造、变造或者转让广告审查决定文件的，处以一万以上十万以下的罚款；停止广告业务；行政处分，广告监督管理机关和广告审查机关的工作人员违反相关规定的，依法给予行政处分。

③ 刑事责任。广告主、广告经营者、广告发布者违反《广告法》规定，情节严重，构成犯罪的，依法追究刑事责任。

学习回顾

工业产权，是人们依照法律对应用于商品生产和流通中的发明创造和显著标记等智力成果，在一定期限和地域内享有的专有权利。在我国工业产权主要是指专利权和商标权。专利是专利权的简称，是指按照专利法的规定，由国家专利机关授予发明人、设计人或其所属单位对某项发明创造在法定期限内享有的专有权。商标是经营者在其商品或者服务项目上使用的，用于区分商品或服务来源的专用标记。专利权和商标专用权都遵循申请在先原则。发明专利权的期限为 20 年，实用新型专利权和外观设计专利权的期限为 10 年，均自申请日起计算。注册商标的有效期为 10 年，自核准注册之日起计算。注册商标可续展注册，每次续展注册的有效期为 10 年。

不正当竞争，是指经营者违反《反不正当竞争法》规定，损害其他经营物合法权益，扰乱社会经济秩序的行为。具体有以下表现形式：①假冒、仿冒行为；②限购排挤行为；③滥用行政权力限制竞争的行为；④商业贿赂行为；⑤虚假宣传行为；⑥侵犯商业秘密的行为；⑦压价排挤竞争对手的行为；⑧搭售或附加不合理交易条件的行为；⑨不正当有奖销售行为；⑩诋毁商誉行为；⑪串通勾结投标行为。垄断行为包括：经营者达成垄断协议，经营者滥用市场支配地位，具有或者可能具有排除、限制竞争效果的经营者集中。

产品质量法的责任主体是生产者和销售者。产品质量法律责任是指生产者、销售者以及对产品质量负有直接责任的责任者，因违反产品质量法所规定的产品质量义务所应承担的法律责任。

消费者权益是指消费者依法享有的权利及该权利受到保护时而给消费者带来的应有的利益，其核心是消费者的权利。我国《消费者权益保护法》规定，消费者享有以下 9 项权利：①安全保障权；②知悉真情权；③自主选择权；④公平交易权；⑤获得赔偿权；⑥依法结社权；⑦获得知识权；⑧维护尊严权；⑨监督批评权。

广告法主要对商业广告制作、发布和监督管理过程中所发生的社会关系进行调整。广告法主要从广告准则、广告活动的管理规定、广告审查的规定进行规范。

知识巩固

1. 试述审核发明专利的实质条件？
2. 商标中不得有什么标志？
3. 不正当竞争行为有哪些表现形式？
4. 产品质量责任的构成要件是什么？
5. 消费者享有哪些合法权利？
6. 在什么情况下，不得设置户外广告？

案例分析

1. 夏某到附近的一家超市购买生活用品。一进这家超市的大门，一块鲜艳的告示牌就映人眼帘，上面赫然写着“谨慎购买，概不退换”8个大字。夏某在食品柜挑选了一袋奶粉，然后又挑选了其他一些日常生活用品。当天下午，夏某在冲奶粉喝的时候，发现这袋奶粉已经过了保质期。夏某立刻来到这家超市要求退货。值班经理认为不能退货，因为商店已经以告示牌的形式向广大顾客声明，请大家谨慎购买商品，一旦购买一概不予退换；而且告示牌放在十分显眼的地方，每位顾客一进门就会发现。双方争执不下，夏某便投诉到工商局，坚决要求这家超市退货，并且向她赔礼道歉。

问题：（1）本案中的这家超市侵犯了消费者的何种权利？

（2）超市打出的“谨慎购买，概不退换”的告示牌的效力如何，为什么？

2. 某厂（以下简称甲方）与某科研所（以下简称乙方）于1999年10月15日签订了一份技术开发合同。合同约定，甲方委托乙方研究开发某太阳能发电装置。双方约定，研制费由甲方支付，研制出的成果归甲方使用。4个月后，乙方研制成功，甲方按约定支付研制费，同时依约定享有成果使用权。2000年4月乙方将该技术成果向专利局申请发明创造专利权。甲方得知后也向专利局申请该技术的发明创造专利权。

试分析：（1）该技术成果申请专利的权利归哪方所有，为什么？

（2）若一方取得专利权，另一方可以享有什么权利？

3. 上海市某区人民法院受理了一起化妆品损伤皮肤案。原告诉称：因使用了某A化妆品厂的产品造成面部皮肤严重损伤，要求被告赔偿经济损失。被告辩称：原告使用的化妆品确为本厂生产的产品，但该产品是厂内正在研制过程的实验品，并未投入市场。经法庭调查，原告使用的化妆品是其身为A化妆品厂检验员的男友所送，法庭委托有关产品检验机构对化妆品进行检测，结果表明：A厂生产的化妆品以现代科学技术水平尚不能发现缺陷的存在，进一步对原告进行皮肤测试，结论是原告皮肤属于特殊的过敏性皮肤，对该化妆品具有特殊的过敏性，从而导致皮肤损伤。

问：（1）在什么情形下生产者可不承担赔偿责任？

（2）A厂是否要承担产品责任，为什么？

技能训练

1. 分组收集不同商标、专利实物样品，并区分注册商标与非注册商标、不同专利权，收集知识产权方面的典型案例。

2. 分组收集现实生活中发生的不正当竞争行为、侵犯消费者权益的行为及产品质量责任纠纷案例。

第5讲

合同法律制度

内容提要

本讲主要介绍合同与合同法的概念，合同法的基本原则，合同订立的内容、方式、程序及缔约过失责任，有关合同的效力、合同履行的分立法律规定，并介绍了担保的5种方式，合同的变更、转让和终止及违约责任。

知识目标

1. 理解、掌握合同法律制度的基本内容，包括合同的含义及其种类。
2. 熟悉合同的订立、合同的履行及合同的变更与解除的相关法律规定。
3. 懂得无效合同的处理、合同担保及违反合同应承担的违约责任。

实务目标

1. 学会撰写各种合同文书并运用合同法律规定签订各种合同。
2. 能够独立办理合同的变更与解除相关事宜。
3. 能够辨别无效合同并会妥善做好处理。
4. 能够办理好合同担保相关事项。
5. 学会妥善处理各种合同纠纷案件。

学时建议

12～14 课时

引导案例

某洗浴中心与某服装厂签订加工工作服的合同，为洗浴中心服务人员定作工作服100套。双方约定在洗浴中心开业前一周钱货两清。服装厂如期完成加工任务后，洗浴中心以资金困难为由，请求服装厂先提供服装，待洗浴中心开业有营业收入后，再结清酬金。服装厂拒绝了该洗浴中心的请求，双方发生纠纷。问：（1）服装厂拒绝该洗浴中心的请求是否有法律根据？如果有，法律根据是什么？由此造成的纠纷，应由谁承担违约责任？

分析：服装厂拒绝该洗浴中心的请求是有法律根据的。根据《中华人民共和国合同法》的规定，合同签订后，当事人各方都应全面履行合同规定的义务，任何一方都不得擅自变更或解除合同。当事人协商一致的，可以变更合同。法律、行政法规规定变更合同应当办理批准、登记等手续的，依照其规定。当事人对合同变更的内容约定不明确的，推定为未变更。本案中，洗浴中心在签订合同后无法律依据，未征得服装厂的同意擅自不履行合同，确属违约，理应承担违约责任。

5.1 合同法简述

5.1.1　合同与合同法

1. 合同

（1）概念

合同是平等主体的自然人、法人、其他组织之间设立、变更、终止民事权利义务关系的协议。

（2）合同有以下特征。

① 合同是多方当事人的法律行为。合同的主体必须有两个或两个以上，合同的成立是各方当事人意思表示一致的结果。

② 合同当事人的法律地位平等，一方不得将自己的意志强加给另一方。

③ 合同以设立、变更、终止民事权利义务关系为目的。

（3）合同有以下种类。

① 双务合同和单务合同。根据当事人双方是否互负义务，将合同分为双务合同和单务合同。双务合同是指当事人双方相互享有权利、承担义务的合同，如买卖合同、承揽合同、租赁合同等。单务合同是指一方只承担义务而不享有权利，另一方只享有权利而不承担义务的合同，如赠与合同。

② 有偿合同和无偿合同。根据当事人获得权利是否需要支付代价为标准，将合同分为有偿合同和无偿合同。有偿合同是指当事人要从合同中获得利益必须支付相

应代价的合同，如买卖合同。无偿合同是指当事人从合同中获得利益不需支付代价的合同，如赠与合同。

③ 诺成合同与实践合同。根据合同成立是否以标的物交付为要件，将合同分为诺成合同和实践合同。诺成合同是指当事人意思表示一致即告成立的合同，如借贷、运输、仓储合同。实践合同是指除经当事人意思表示一致外，还须交付合同标的物才能成立的合同，如定金合同。

④ 要式合同与不要式合同。根据法律是否要求合同必须符合一定形式，将合同分为要式合同和不要式合同。要式合同是指必须按照法律规定的特定形式订立才能成立的合同，如抵押合同。不要式合同是法律对合同订立未规定特定形式的合同，如买卖合同。

⑤ 有名合同和无名合同。根据法律对合同的名称是否作了明确规定，将合同分为有名合同和无名合同。有名合同是指法律规定了确定名称与规则的合同，我国《合同法》分则中规定了买卖合同等 15 种有名合同。无名合同是指法律未作出规定的合同。

⑥ 主合同和从合同。根据合同是否须以其他合同的存在为前提而存在，将合同分为主合同和从合同。主合同是指不以其他合同为前提而能独立存在的合同。从合同是指依附其他合同不能单独存在的合同，如担保合同。

【知识链接 5.1】

格式合同，也称定式合同、标准合同、附从合同。在我国有的学者称之为标准合同，有的则称之为附从合同或定式合同，《中华人民共和国消费者权益保护法》将其称之为格式合同。在一般的概念中，格式合同指全部由格式条款组成的合同，只有部分是以格式条款的形式反映出来的，则称之为普通合同中的格式条款。《合同法》第 39 条“格式条款是当事人为重复使用而预先拟订并在订立合同时未与对方协商的条款”，也有学者定义为“一方当事人或者政府部门、社会团体预先拟订或印制成固定格式以供使用的条款”。

2. 合同法

合同法是指调整平等主体之间设立、变更、终止民事权利义务关系而产生的合同关系的法律规范总称。婚姻、收养、监护等有关身份关系的协议，适用其他法律的规定。

我国现行的合同法是 1999 年 3 月 15 日第九届全国人民代表大会第二次会议通过，自 1999 年 10 月 1 日起施行的《中华人民共和国合同法》(以下简称《合同法》)，原制订的《中华人民共和国经济合同法》、《中华人民共和国涉外经济合同法》、《中华人民共和国技术合同法》同时废止。

5.1.2 合同法的基本原则

合同法的基本原则贯穿在整个合同法制度和规范之中，是合同当事人所必须遵循的准则。

1. 平等原则

《合同法》规定，合同当事人的法律地位平等，一方不得将自己的意志强加给另一方。当事人之间在合同关系中不存在管理与被管理、服从与被服从的关系。平等是自愿原则的前提，没有平等的法律地位，自愿也就无从谈起了。

2. 自愿原则

《合同法》规定，当事人依法享有自愿订立合同的权利，任何单位和个人不得非法干预。合同自愿原则是合同法的最基本的原则。无论合同订立、合同成立的效力认定、合同内容确立、合同的方式，还是合同的变更和解除，当事人都可以根据自己的意愿进行选择。

【案例分析 5.1】

甲公司是某市的知名企业，近年来由于经营不善，效益滑坡。为了重整旗鼓，扩大生产规模，该公司决定向某银行贷款500万元，但银行担心其还贷能力，不愿向其贷款。随后，甲公司托人找到市领导丙，请求丙向银行说情，以期得到贷款。银行迫于压力，在2005年7月30日与甲签订了贷款500万元人民币的合同，合同约定：贷款期两年，银行将在2005年8月20日将500万元打到甲公司的账户上。2005年8月10日，某市领导丙由于贪污受贿被反贪局调查，银行得知此消息后，通知甲公司称贷款合同无效，银行将不履行放贷义务，而甲公司认为贷款合同是双方协议达成的，属有效合同，要求银行履行合同义务。银行拒绝，甲公司遂将银行诉至法院。

分析：本案中银行迫于领导的压力，违背自己的意愿与甲公司签订合同，因此该合同不是一个有效的合同。

3. 公平原则

《合同法》规定，当事人应当遵循公平原则确定各方的权利和义务。当事人在订立合同时，应当按照公平合理的标准确定合同权利义务；当事人发生纠纷时，法院应当按照公平原则对当事人确定的权利义务进行价值判断，以决定其法律效力；当事人变更、解除合同或者履行合同，应体现公平精神，不能有不公平行为。

4. 诚信原则

《合同法》规定，当事人行使权利、履行义务应当遵循诚实信用原则。无论是合同的订立、履行、变更、终止还是解释环节，都应遵循诚实信用原则。以欺诈方式订立的合同不是有效的合同，在合同履行中，当事人应根据合同的性质、目的及交易习惯履行通知、协助和保密的义务。

5. 合法原则

《合同法》规定，当事人订立、履行合同，应当遵守法律、行政法规，尊重社会公德，不得扰乱社会经济秩序，损害社会公共利益。

6. 法律约束力原则

《合同法》规定，依法成立的合同，受法律保护。依法成立的合同，对当事人具有法律约束力。当事人应当按照约定履行自己的义务，不得擅自变更或者解除合同。

5.2 合同的订立

5.2.1 合同的内容与形式

1. 合同的内容

合同的内容是合同当事人的权利和义务。这些权利和义务除少部分是由法律直接规定外，大部分是由合同条款规定的。合同的内容由合同当事人约定，根据《合同法》规定，一般包括以下条款。

① 当事人的名称或者姓名和住所。

② 标的。标的是合同权利义务所指向的对象。标的是一切合同的必备条款，没有标的，就失去了订立合同的出发点和归宿。标的可以是物，如买卖合同中出卖的货物；可以是行为，如运输合同中运送旅客或货物的行为；可以是智力成果，如技术转让合同中的专利权；可以是货币，如借款合同中的货币。

③ 数量。数量是用计量单位和数字来衡量标的的尺度，它决定了当事人之间权利义务的大小。合同的数量必须准确，应当选择双方当事人都接受的计量单位、计量方法和计量工具。根据不同情况要求不同的精确度，允许尾差、磅差、超欠幅度、自然损耗率等。

④ 质量。质量是标的的具体特征，是标的的内在素质和外观形态的综合，包括标的的品种、规格、型号、标准、等级、技术要求等。标的的质量条款是合同中的重要内容，应尽量明确、详细、具体。

⑤ 价款或者报酬。价款或报酬是指一方当事人向另一方当事人所付代价的货币表现，是有偿合同的主要条款。价款是取得标的物所支付的代价，通常是指标的物本身的价款，有时还包括运费、保险费、保管费等额外费用。报酬是指接受对方提供的劳务、服务或完成一定工作而应支付的报酬，如保管合同中的保管费，运输合同中的运费。价款或报酬除必须执行国家定价的，由当事人议定。

⑥ 履行期限、地点和方式。履行期限是指当事人依照合同约定的交货、付款和完成一定工作任务的时间，是衡量是否发生迟延履行的依据。履行地点是指当事人行使权利、履行义务的地点、场所。履行方式是指当事人履行合同义务的具体方式，如交货方式、价款或者报酬的支付方式、运输方式等。

⑦ 违约责任。违约责任是指当事人不履行义务或者履行义务不符合约定时应承担的责任。违约责任是促使当事人履行义务，是非违约方免受或减少损失的措施。对于违约责任，法律、法规有规定的，按规定执行，没有规定的，由当事人双方协商确定。

⑧ 解决争议的方法。解决争议的方法主要有和解、调解、仲裁和诉讼。

2. 合同的形式

合同的形式是指合同当事人设立、变更、终止民事权利义务关系协议的表现形式，是合同关系的外在表现。《合同法》规定，当事人订立合同，有书面形式、口头形式和其他形式。

① 书面形式是指合同书、信件和数据电文（包括电报、电传、传真、电子数据交换和电子邮件）等可以有形地表现所载内容的形式。法律、行政法规规定采用书面形式的，应当采用书面形式。当事人约定采用书面形式的，应当采用书面形式。

书面形式主要适用于数额较大、内容复杂、不能立即履行的合同。采用书面形式，有利于诉讼中证据的确定和审查。

② 口头形式是当事人对合同主要内容以对话方式达成协议的形式，包括当面交谈、电话联系等方式。口头形式简便易行、直接迅速，但发生合同纠纷时难以取证，不易分清责任。口头形式一般适用于标的数量不大、权利义务关系简单、能即时清结的合同，如商场购物。

③ 其他形式是指采用书面形式、口头形式以外的方式订立合同的形式。一般可表现为行为方式和默认方式，如一方当事人提出订立合同的建议，另一方当事人未给予书面或口头答复，而是以相应的履行行为表示同意。

5.2.2 合同订立的程序

《合同法》规定，当事人订立合同，采取要约、承诺方式。要约、承诺是合同订立的一般程序，是合同各方当事人就合同内容进行协商并达成一致的过程。

1. 要约

（1）要约的定义和构成要件

① 要约是希望和他人订立合同的意思表示。要约又称发盘、出盘、发价、出价、报价等。发出要约的人为要约人，接受要约的人为受要约人。

② 一项有效要约必须具备的条件有两个。第一，内容具体确定。要约应包含合同的主要条款，使得对方一旦承诺，合同即可成立。如在商业买卖中，要约一般应包括商品的名称、价格、数量以及交货或付款的时间等。第二，表明经受要约人承诺，要约人即受该意思表示约束。要约人发出要约的目的在于订立合同，凡是不以订立合同为目的的意思表示都不能称为要约。这一条件表明，要约一经受要约人承诺，合同即告成立，无须再征求要约人同意或经其确认。

③ 要约邀请是希望他人向自己发出要约的意思表示。寄送的价目表、拍卖公告、招标公告、招股说明书、商业广告等为要约邀请。商业广告的内容符合要约规定的，视为要约。如悬赏广告，广告人以广告的方式声明，对于完成特定行为的人，将给予一定的报酬，这类广告视为要约。

要约与要约邀请有以下三方面区别。

第一，含义不同：要约是希望和他人订立合同的意思表示，要约邀请是希望他人向自己发出要约的意思表示。

第二，对意思表示人的约束力不同：在要约确定的承诺期限内，要约对要约人具有法律约束力；要约邀请的发出人不受要约邀请的约束。

第三，法律后果不同：要约一经承诺，合同即成立；要约邀请的接收者就算完全接受要约邀请中的条件，也不能成立合同。

【案例分析 5.2】

被告（某市食品公司）因建造一栋大楼，急需水泥，遂向本省的青风水泥厂、新化水泥厂及原告建设水泥厂发出函电，函电中称："我公司急需标号为 150 型号的水泥 100 吨，如贵厂有货，请速来函电，我公司愿派人前往购买。"三家水泥厂在收到函电以后，都先后向原告回复了函电，在函电中告知它们备有现货，且告知了水泥的价格。而原告建设水泥厂在发出函电的同时，派车给被告送去了 50 吨水泥。在该批水泥送达被告之前，被告决定购买新化水泥厂的水泥并发去函电，称："我公司愿购买贵厂 100 吨 150 型号水泥，盼速送货，运费由我公司负担。"在发出函电后第二天上午，新化水泥厂发函称已准备发货。

当天下午，原告将 50 吨水泥送到。被告告知原告，他们已决定购买新化水泥厂的水泥，因此不能接受原告送来的水泥。原告认为，被告拒收货物已构成违约。因双方协商不成，原告遂向法院提起诉讼。

分析：食品公司发函中并未包含合同主要条款，如水泥价格，因此其只是一个要约邀请，并不能对食品公司形成约束。而建设水泥厂的行为才构成要约，但食品公司拒绝了其送来的水泥，因此并未构成承诺，没有成立合同。

（2）要约生效的时间

要约生效时间是指要约从何时开始发生法律效力。

《合同法》规定，要约到达受要约人时生效。这里的到达并不一定要实际送达到受要约人或其代理人手中，只要是要约送达到受要约人所能控制的地方，即为到达。如采用邮寄方式发送要约的，只要要约信件到了受要约人信箱即为到达。

采用数据电文形式订立合同，收件人指定特定系统接收数据电文的，该数据电文进入该特定系统的时间，视为到达时间；未指定特定系统的，该数据电文进入收件人的任何系统的首次时间，视为到达时间。

（3）要约的撤回和撤销

要约的撤回，是指要约人在要约发出后，尚未生效前，使要约不发生法律效力的意思表示。撤回要约的通知应当在要约到达受要约人之前或者与要约同时到达受要约人。

要约的撤销，是指要约人在要约生效之后，受要约人作出承诺前，使要约失去法律效力的意思表示。撤销要约的通知应当在受要约人发出承诺通知之前到达受要约人。有下列情形之一的，要约不得撤销。

① 要约人确定了承诺期限或者以其他形式明示要约不可撤销。

② 受要约人有理由认为要约是不可撤销的，并已经为履行合同作了准备工作。

【案例分析 5.3】

某制鞋厂的厂长因定购鞋子的客户较多，原储备的原料所剩不多，便打电话给该厂驻某市的采购员李某，要求其在 A 市定购一批布料，并立即发货回厂。制鞋厂厂长在打完电话之后，副厂长告诉厂长，他已安排采购人员在另一纺织厂购足了布料，下午就要送货上门，没有必要再另行购货，否则将造成资金的积压。厂长知道后立即给李某打电话，想通知他不必订货了，但电话打了很久都没人接。第二天，厂长通过李某的朋友知道，李某因 A 市布料价格过高，于昨天下午去联系了采购 B 市某纺织厂的布料，而他的手机被人偷了所以联系不上。根据李某朋友所提供的地址，厂长立即给B市纺织厂发去传真，说明自己已经买到布料，现不需再订货。传真发出的第二天上午，B市纺织厂已派人将布料送到制鞋厂，制鞋厂拒收，理由是该厂已给纺织厂发去传真，不再要货，送货上门实际上是在强迫制鞋厂购买纺织厂的货。B市纺织厂声称，所送货物是李某代表制鞋厂买的，有李某给该厂的传真为证，在该厂已经送货后，制鞋厂的传真才收到，因此制鞋厂没有理由不提货。

分析：制鞋厂应收下这批布料。因为制鞋厂旨在撤销要约的传真送达B市纺织厂时，B市纺织厂已派人将布料送出，此行为构成了承诺，因此制鞋厂的撤销并未成功。当布料送到制鞋厂时，合同即成立，制鞋厂应履行义务收下布料、支付款项。

（4）要约的失效

要约的失效是指要约失去法律效力，要约人不再受其约束，而受要约人也丧失了承诺的资格。导致要约失效的原因有很多，主要有以下情形。

① 拒绝要约的通知到达要约人。

② 要约人依法撤销要约。

③ 承诺期限届满，受要约人未作出承诺。

④ 受要约人对要约的内容作出实质性变更。有关合同标的、数量、质量、价款或者报酬、履行期限、履行地点和方式、违约责任和解决争议方法等的变更，是对要约内容的实质性变更。

2. 承诺

（1）承诺的定义和条件

① 承诺是受要约人同意要约的意思表示。承诺生效时合同成立。承诺应当以通知的方式作出，但根据交易习惯或者要约表明可以通过行为作出承诺的除外。

② 一项有效的承诺应具备以下条件。

第一，承诺应该由受要约人向要约人作出。

第二，承诺应当在要约确定的期限内到达要约人。要约没有确定承诺期限的，承诺应当依照下列规定到达：要约以对话方式作出的，应当即时作出承诺，但当事人另有约定的除外；要约以非对话方式作出的，承诺应当在合理期限内到达。

要约以信件或者电报作出的，承诺期限自信件载明的日期或者电报交发之日开始计算。信件未载明日期的，自投寄该信件的邮戳日期开始计算。要约以电话、传真等快速通信方式作出的，承诺期限自要约到达受要约人时开始计算。

第三，承诺的内容应当与要约的内容一致。受要约人对要约的内容作出实质性变更的，为新要约。承诺对要约的内容作出非实质性变更的，除要约人及时表示反对或者要约表明承诺不得对要约的内容作出任何变更的以外，该承诺有效，合同的内容以承诺的内容为准。

（2）承诺的生效

① 承诺的生效时间。承诺通知到达要约人时生效。如果承诺通知在要约人确定的时间内，未到达要约人；或在要约中未规定时间，在合理的时间内未达到要约人的，承诺均视为无效。承诺不需要通知的，根据交易习惯或者要约的要求作出承诺的行为

时生效。采用数据电文形式订立合同的，承诺到达的时间适用要约的规定。

② 逾期承诺的效力。逾期承诺是指承诺未能在要约确定的期限内到达要约人。逾期承诺能否发挥承诺的效力使合同生效，要根据承诺逾期的原因与要约人的反映而定。受要约人超过承诺期限发出承诺的，除要约人及时通知受要约人该承诺有效的以外，为新要约。受要约人在承诺期限内发出承诺，按照通常情形能够及时到达要约人，但因其他原因承诺到达要约人时超过承诺期限的，除要约人及时通知受要约人因承诺超过期限不接受该承诺的以外，该承诺有效。

【案例讨论 5.1】

某农资公司因春耕需要，向甲化肥厂定购 5000 吨化肥，订货通知发出 1 个多月甲化肥厂仍没回音，农资公司又发电报给甲化肥厂，要他们在 1 周内答复，10 天后，甲化肥厂回复同意供货 5000 吨。由于甲化肥厂没在 1 周内回复，农资公司与乙化肥厂就购化肥事宜进行了联系，所以在接到甲化肥厂的电报后将其放在一边。在农资公司即将与乙化肥厂签订合同时，发现乙化肥厂的化肥质量不如甲化肥厂，且价格还高一些，于是决定放弃签合同，而转向甲化肥厂购买化肥。于是，他们派人通知甲化肥厂准备直接进货，这时离收到甲化肥厂电报已有 1 个月。农资公司代理人到甲化肥厂后，该厂的供销科长告知：他们在发出电报后发现，比要求的承诺时间迟了 3 天，在等待农资公司 20 多天仍无回音后，已将化肥卖给另一家农资公司，现厂中已无化肥可卖给农资公司。农资公司马上与乙化肥厂联系签订合同，结果该厂的货也被买光。这时，农资公司向法院提起诉讼，要求甲化肥厂履行交货义务。

讨论：甲化肥厂要不要履行交货义务?

（3）承诺的撤回

承诺可以撤回。撤回承诺的通知应当在承诺通知到达要约人之前或者与承诺通知同时到达要约人。承诺不能撤销，因为承诺生效时合同就成立了。对于已经成立的合同，一方当事人无权撤销，只能按照合同变更、解除的规定处理。

3. 合同的成立

（1）合同成立的时间

承诺生效时合同成立。当事人采用合同书形式订立合同的，自双方当事人签字或者盖章时合同成立。当事人采用信件、数据电文等形式订立合同的，可以在合同成立之前要求签订确认书，签订确认书时合同成立。

【案例分析 5.4】

2010 年 4 月 30 日，甲以手机短信形式向乙发出购买一台笔记本电脑的要约，乙于当日回短信同意要约。但由于“五一”期间短信系统繁忙，甲于 5 月 3 日才收到乙的短信，并因个人原因于 5 月 8 日才阅读乙的短信，后于 9 日回复乙“短信收到”。甲乙之间买卖合同的成立时间是什么时间?

分析：2010 年 5 且 3 日。根据规定，承诺生效时合同成立，承诺自通知到达要约人时生效，采取数据电文形式订立合同，该数据电文进入该特定系统的时间，视为承诺到达时间。甲于 5 月 3 日收到乙的承诺短信，此时合同成立。

（2）合同成立的地点

承诺生效的地点为合同成立的地点。采用数据电文形式订立合同的，收件人的主营业地为合同成立的地点；没有主营业地的，其经常居住地为合同成立的地点。当事人另有约定的，按照其约定。当事人采用合同书形式订立合同的，双方当事人签字或者盖章的地点为合同成立的地点。

【知识链接 5.2】 实际履行与合同成立的关系

一般情况下，合同成立后才进行合同的履行，但是符合下列情形的实际履行可使合同成立。①法律、行政法规规定或者当事人约定采用书面形式订立合同，当事人未采用书面形式但一方已经履行主要义务，对方接受的，该合同成立。②采用合同书形式订立合同，在签字或者盖章之前，当事人一方已经履行主要义务，对方接受的，该合同成立。

5.2.3 缔约过失责任

缔约过失责任是指合同当事人在订立合同的过程中，因违反法律规定、违背诚实信用原则，致使合同不能成立，给对方造成损失时应承担的法律责任。

【知识链接 5.3】 违约责任与缔约过失责任的区别

违约责任与缔约过失责任相比，其不同之处在于，违约责任是以合同的有效成立为基础的。在合同成立前，因过失而致相对人受损害时，不能依合同违约责任请求损害赔偿，而需依缔约过失责任请求赔偿。所以违约责任救济的是合同的履行利益，而缔约过失责任救济的是法律肯定的信赖利益

《合同法》规定，当事人在订立合同过程中有下列情形之一，给对方造成损失的，应当承担损害赔偿责任。

① 假借订立合同，恶意进行磋商。

② 故意隐瞒与订立合同有关的重要事实或者提供虚假情况。如甲答应可以将某物卖与乙，乙来洽谈之前售出，但未及时通知乙，甲应赔偿乙差旅费、误工损失费等。

③ 有其他违背诚实信用原则的行为。

当事人在订立合同过程中知悉的商业秘密，无论合同是否成立，不得泄露或者不正当地使用。泄露或者不正当地使用该商业秘密给对方造成损失的，应当承担损害赔偿责任。

【案例分析 5.5】

甲公司与乙企业就彩电购销的合同进行洽谈，其间乙采取了保密措施的市场开发计划被甲知悉。甲遂推迟与乙的签约，并开始有针对性地吸引乙的潜在客户，导致乙的市场份额锐减，损失惨重。乙经过市场调查，了解情况后，对甲表示强烈不满，认为甲不讲信用，非法盗用他人商业秘密。而甲却认为自己并未与乙签约，双方不存在合同关系，自己从未许诺过保守有关洽谈内容的事项，也不负相关的合同义务。双方为此产生纠纷。

分析：甲公司的行为违反了先合同义务，应承担缔约过失责任，向乙企业进行相应的损害赔偿。先合同义务是指当事人为缔约而接触时依据诚实信用原则而发生的各种注意、告知、说明及保密的义务。

5.3 合同的效力

5.3.1 合同的生效

1. 合同生效的含义

合同生效是指已经成立的合同在当事人之间产生的一定的法律约束力，即法律效力。但这种法律效力并不是指合同能够像法律那样产生约束力，而是指符合法定生效要件的合同，便可以受到法律的保护，并能够产生合同当事人所预期的法律后果。如果一方当事人不履行合同义务，另一方当事人则可以依靠国家强制力强制当事人履行合同并承担违约责任。这里强调的是合同对当事人的拘束性。

依法成立的合同，自成立时生效。法律、行政法规规定应当办理批准、登记等手续生效的，依照其规定。

2. 合同生效的条件

判断一个合同是否为有效合同，其标准和依据就是合同是否具备生效的条件。合同生效的条件一般包括以下几个方面。

① 主体合法。合同的当事人在订立合同时应具有相应的民事权利能力和民事行为能力。

② 意思表示真实。行为人的意思表示应当真实地反映其内心的效果意思。与意思表示真实相对应的是意思表示不真实，又叫意思表示瑕疵。它的情形主要有：欺诈、胁迫或乘人之危；以合法形式掩盖非法目的；重大误解；显失公平等。如果达成一致的意思表示不是当事人的真实意思表示，合同的效力将受到影响，意思表示不真实的一方当事人可以请求变更或者撤销合同，甚至可以请求宣告合同无效。

③ 内容合法。当事人订立的合同内容应当遵守法律、行政法规，尊重社会公德，不得扰乱社会经济秩序，损害社会公共利益。

④ 形式合法。合同的形式必须符合法律规定，在特定情形下，形式可以成为合同是否生效的必备条件。如法律、行政法规规定采用书面形式的，应当采用书面形式。

3. 合同成立与合同生效的关系

合同成立是合同生效的前提。一般来说，依法成立的合同，自成立时生效。但是，当事人可以对合同的效力约定附条件或附期限，这种合同的效力会因为条件的成就或期限的届至而发生变化。

（1）附条件的合同

当事人对合同的效力可以约定附条件。所附的条件可以是事件，也可以是行为。所附的条件应是由当事人任意选择的、未来有可能发生的、用来限定合同效力的发生和消灭的合法事实。

附生效条件的合同，自条件成就时生效。附解除条件的合同，自条件成就时失效。当事人为自己的利益不正当地阻止条件成就的，视为条件已成就；不正当地促成条件成就的，视为条件不成就。

（2）附期限的合同

当事人对合同的效力可以约定附期限。所付期限既可以是明确的期限，如×年×月×日，也可以是不确定的期限，如某人死亡之日。附生效期限的合同，自期限届至时生效。附终止期限的合同，自期限届满时失效。

5.3.2　合同中的代理问题

有些合同由于欠缺有效要件，能否发生当事人预期的法律效力尚未确定，只有经过有权人的追认，才能使合同生效，如果有权人在一定期限内不追认，合同就无效，这种合同称为效力待定合同，主要是无缔约能力的人、无权代理人、无处分权的人与他人订立的合同。

① 无缔约能力的人订立的合同。限制民事行为能力人订立的合同，经法定代理人追认后，该合同有效，但纯获利益的合同或者与其年龄、智力、精神健康状况相适应而订立的合同，不必经法定代理人追认。相对人可以催告法定代理人在一个月内予以追认。法定代理人未作表示的，视为拒绝追认。合同被追认之前，善意相对人有撤销的权利。撤销应当以通知的方式作出。

无民事行为能力的人自己不能进行民事活动，应当由他的法定代理人代理民事活动。

② 无权代理人订立的合同。行为人没有代理权、超越代理权或者代理权终止后以被代理人名义订立的合同，未经被代理人追认，对被代理人不发生效力，由行为人承担责任。相对人可以催告被代理人在一个月内予以追认。被代理人未作表示的，视为拒绝追认。合同被追认之前，善意相对人有撤销的权利。撤销应当以通知的方式作出。

行为人没有代理权、超越代理权或者代理权终止后以被代理人名义订立合同，相对人有理由相信行为人有代理权的，该代理行为有效。

法人或者其他组织的法定代表人、负责人超越权限订立的合同，除相对人知道或者应当知道其超越权限的以外，该代表行为有效。

③ 无处分权的人订立的合同。无处分权的人处分他人财产，经权利人追认或者无处分权的人订立合同后取得处分权的，该合同有效。

5.3.3　无效合同

1. 无效合同

无效合同是指违反法律法规的禁止性规定，国家不予承认和保护的，不具备法律效力的合同。如当事人订立非法的买卖枪支弹药的合同、订立买卖“洋垃圾”的合同就属于违法的无效合同。

《合同法》规定，有下列情形之一的，合同无效。

① 一方以欺诈、胁迫的手段订立合同，损害国家利益。欺诈是指一方当事人故意实施某种欺骗他人的行为，使他人作出错误的意思表示而订立合同，如出售假冒伪劣产品。胁迫是指以将来要发生的损害或直接施加损害相威胁，使对方产生恐惧而订

立合同，如以绑架对方相威胁，直接向对方人身施以暴力等。

一方以欺诈、胁迫的手段订立合同，只有在损害国家利益的情况下才被确认无效，不损害国家利益的，可由无过错一方请求变更或撤销，愿意履行的可继续履行。在实践中，当事人用欺诈和胁迫的方式订立合同侵占国家财产、损害国家利益时，具体负责人往往因为事不关己而漠不关心或者害怕承担责任从而一错再错，所以为了保护国家财产、维护国家利益，有必要将这类合同纳入无效合同的范围，由国家强制干预它的效力。

② 恶意串通，损害国家、集体或者第三人利益。恶意串通是指各方当事人非法串通在一起，共同订立某种合同，造成国家、集体或者第三人利益的损害。这包含 3 层含义：各方当事人在订立合同时存在主观上的恶意；在客观上存在串通行为，包括积极的串通，还包括默示的串通即心照不宣；合同履行的结果会损害国家、集体或第三人利益，这种损害是合同履行的结果，但不一定是合同当事人订立合同的目的。

当事人恶意串通，损害国家、集体或者第三人利益的，因此取得的财产收归国家所有或者返还集体、第三人。

③ 以合法形式掩盖非法目的。合同当事人通过实施合法的行为来掩盖非法的目的，或者其从事的行为在形式上是合法的，但在内容上是非法的。

【案例分析 5.6】

甲在农村有一座住宅，后来甲调到城里工作，就想将空闲的住宅出租，而他的堂弟乙也想租赁这座住宅，甲乙就商定了租赁条件，但又怕外人耻笑他们兄弟计较金钱，关系不和，于是就对外宣称甲将住宅借给乙使用，分文不收，但实际上甲乙仍按事先达成的租赁合同履行。他们之间的合同有没有效呢？甲乙之间表面上是借用关系，但实际上是租赁关系，虽然以借用关系掩盖了租赁关系，但无论租赁还是借用都是合法的，所以不构成以合法形式掩盖非法目的，当合同发生争议时，就应按被掩盖的合同定性处理。

④ 损害社会公共利益。

⑤ 违反法律、行政法规的强制性规定。

2. 免责条款无效

《合同法》规定合同中的下列免责条款无效：

① 造成对方人身伤害的；

② 因故意或者重大过失造成对方财产损失的。

3. 合同无效的法律后果

合同被宣告无效，自始没有法律约束力。合同部分无效，不影响其他部分效力的，其他部分仍然有效。合同无效不影响合同中独立存在的有关解决争议方法的条款的效力。因无效合同取得的财产，应当予以返还；不能返还或者没有必要返还的，应当折价补偿。有过错的一方应当赔偿对方因此所受到的损失，双方都有过错的，应当各自承担相应的责任。

5.3.4　可撤销、可变更的合同

1. 概念及特征

可撤销、可变更合同，是指由于当事人意思表示有缺陷，有权利的当事人可以对其予以撤销或变更的合同。其特征如下。

① 合同当事人意思表示缺陷。可撤销、可变更合同在外观上是符合合同生效要件的，只是不符合意思表示真实这一要求，而意思表示是否真实，外人是不可能清楚的，只有当事人才清楚。

② 必须由撤销权人通过行使撤销权来撤销合同。只有有撤销权的当事人有权主张无效或变更，其他任何人不能主张合同无效，法院或仲裁机构也不能依职权主动确认合同无效。对这类合同，权利人可以自己决定撤销或者不撤销，也可以变更合同内容。当事人不主张撤销，自愿承担损害后果，法律允许这种行为有效。当事人请求变更的，人民法院或者仲裁机构不得撤销。

③ 未撤销前，合同有效。合同在成立后、被撤销前是有效的，只有在撤销权人行使撤销权后，才因被撤销而溯及到成立时起无效。

④ 在变更的情况下合同仍然有效。

2. 可撤销、可变更合同的类型

《合同法》规定，下列合同，当事人一方有权请求人民法院或者仲裁机构变更或者撤销。

① 因重大误解订立的。重大误解是指合同当事人因自己的过错而对合同的重要内容产生误解。误解可以是单方面的误解，也可以是双方的误解。一般来说，合同当事人因对合同的性质，对方当事人，合同标的物的品种、质量、规格、数量等的错误认识，使订立合同的后果与自己的意思相悖，并造成较大损失的，可以认定为重大误解。

② 在订立合同时显失公平的。显失公平是指一方当事人利用自己的优势或者利用另一方缺乏经验的情况下订立的，致使双方的合同权利义务明显不对等的合同。

③ 一方以欺诈、胁迫的手段或者乘人之危，使对方在违背真实意思的情况下订立的合同。乘人之危是指行为人利用他人的危难处境或紧迫需要，强迫对方接受某种明显不公平的条件并作出违背真实意愿的意思表示。

【案例分析 5.7】

2000 年 10 月，养殖户杨树清从某县良种场以每头 800 元的价格购得 8 头奶牛。同时，杨树清又与本村村民周某达成购买饲料的口头协议。双方商定，杨树清以每公斤 0.2 元的价格购买周某的饲料草 4000 公斤，次年 2 月 10 日交货付款。次年元旦，杨树清自家存放的饲料草不慎起火烧尽，杨树清便找到周某要求交付购买的饲料草。周某则称他现在要牛不要钱，购买 4000 公斤饲料草所需的 800 元钱要以两头良种奶牛来折抵。杨树清迫于饲料草供给的艰难，同意了周某的提议，用两头奶牛换取了 4000 公斤饲料草。但次日，杨树清找到周某，表示愿以 1500 元钱再买回该两头奶牛，周某则予以拒绝。双方争执不下，杨树清遂以周某敲诈他为由向法院起诉，要求返还奶牛，周某则称“买卖既做，绝无反悔之理”。

分析：在本案中，双方当事人达成了购买饲料草的合同。在此之后，杨树清由于自存的饲料草被烧掉，要求周某提前履行，这对于周某实际上并无不利之处；而且，按照诚实信用原则，周某此时应该协助杨树清渡过难关。相反，周某却恃对方急需饲料草之际提出明显不公平、不合理的要求，强迫对方用两头牛换取自己的4000公斤饲料草，杨树清迫于情况紧急，不得已答应了对方的苛求，用自己价值1600元的奶牛换取了对方价值仅800元的饲料草。根据《民通意见》第70条的规定，这可以认定为乘人之危。因此，双方订立的合同属于乘人之危而订立的合同，根据《合同法》第54条的规定，原告完全有权请求法院撤销该合同，返还耕牛。

3. 效力待定合同与可撤销合同的区别

可撤销合同在撤销前是有效的；而效力待定合同在同意前或拒绝前其效力是不确定的。可撤合同的撤销，效力自始消灭；而效力待定合同的拒绝，不发生效力。撤销权人承认，发生的效力继续存在；而效力待定合同的同意，才使其确定地发生效力。可撤销合同的撤销权人为合同当事人；而效力待定合同的同意权人为行为人之外的第三人。

4. 撤销权和变更权的行使

（1）权利的行使

在可撤销、可变更合同中，当事人一方或者受损害方有选择请求撤销或变更的权利，也可以选择继续履行合同。

（2）权利的时效和限制

《合同法》规定，有下列情形之一的，撤销权消灭。

① 具有撤销权的当事人自知道或者应当知道撤销事由之日起一年内没有行使撤销权。

② 具有撤销权的当事人知道撤销事由后明确表示或者以自己的行为放弃撤销权。

（3）撤销、变更的法律后果

被撤销的合同自始没有法律约束力，与无效合同始终没有法律约束力不同，被撤销的合同在撤销之前仍然是有效的。合同被撤销不影响合同中独立存在的有关解决争议方法的条款的效力。合同被撤销后，因该合同取得的财产，应当予以返还；不能返还或者没有必要返还的，应当折价补偿。有过错的一方应当赔偿对方因此所受到的损失，双方都有过错的，应当各自承担相应的责任。

被变更的合同在变更前后都具有法律约束力。如果合同被变更，合同各方当事人按照变更后的合同履行各自的义务。

5.4 合同的履行

5.4.1 合同履行的原则

1. 合同履行的概念

合同履行是指在合同生效后，合同的各方当事人按照合同的约定，全面完成各自承担的义务和实现各自享有的权利，使合同目的得以实现的行为。

2. 合同履行的原则

（1）一般原则

① 全面履行原则。当事人应当按照约定全面履行自己的义务。全面履行，又叫适当履行，指当事人按规定的标的及其质量、数量，由适当的主体在适当的履行期限、地点，以适当履行方式，全面正确地完成合同的义务。

② 诚实信用原则。当事人应当遵循诚实信用原则，根据合同的性质、目的和交易习惯履行通知、协助、保密等义务。虽然当事人在合同中可能没有约定这些义务，但任何合同的当事人在履行时都必须遵守。

③ 情势变更原则。合同有效成立后，因不可归责于双方当事人的原因发生情势重大变化，致使继续履行合同会显失公平时，当事人可请求法院或仲裁机构变更或解除合同的原则。

【案例分析 5.8】

在甲乙签订一份分期交货的设备买卖合同后，由于制作设备的主要原材料市场价格暴涨，超过签约时的价格近 4 倍。如果仍按原合同履行，卖方就将承受近 90 万元的损失，因此根据情势变更原则，应修改合同，将设备价格适当提高，或者解除合同。

（2）合同内容约定不明确的履行原则

合同生效后，当事人就质量、价款或者报酬、履行地点等内容没有约定或者约定不明确的，可以协议补充；不能达成补充协议的，按照合同有关条款或者交易习惯确定。依照上述规定仍不能确定的，适用下列规定。

① 质量要求不明确的，按照国家标准、行业标准履行；没有国家标准、行业标准的，按照通常标准或者符合合同目的的特定标准履行。

② 价款或者报酬不明确的，按照订立合同时履行地的市场价格履行；依法应当执行政府定价或者政府指导价的，按照规定履行。

③ 履行地点不明确，给付货币的，在接受货币一方所在地履行；交付不动产的，在不动产所在地履行；其他标的，在履行义务一方所在地履行。

④ 履行期限不明确的，债务人可以随时履行，债权人也可以随时要求履行，但应当给对方必要的准备时间。

⑤ 履行方式不明确的，按照有利于实现合同目的的方式履行。

⑥ 履行费用的负担不明确的，由履行义务一方负担。

（3）执行政府定价或者政府指导价的履行原则

执行政府定价或者政府指导价的，在合同约定的交付期限内政府价格调整时，按照交付时的价格计价。逾期交付标的物的，遇价格上涨时，按照原价格执行；价格下降时，按照新价格执行。逾期提取标的物或者逾期付款的，遇价格上涨时，按照新价格执行；价格下降时，按照原价格执行。

【案例分析 5.9】

甲公司与某石油公司签订购油合同，在签订合同时，90#汽油的政府指导价是 1800 元/吨，而在合同履行期内，如果汽油价格上涨到 2500 元/吨，那么就应按交付时的 2500 元/吨计价；如果价格下降到 1500 元/吨，那么就应按交付时的 1500 元/吨计价。

分析：如果在合同履行期内，石油公司因无货可供而导致逾期交货，如果汽油价格上涨到 2500 元/吨，那么仍应按 1800 元/吨计价；如果价格下降到 1500 元/吨，那么就应按 1500 元/吨计价。

如果在合同履行期内，甲公司因未提货而导致逾期提货，如果汽油价格上涨到 2500 元/吨，那么就应按 2500 元/吨计价；如果价格下降到 1500 元/吨，那么仍应按 1800 元/吨计价。

（4）涉及第三人的合同履行原则

当事人约定由债务人向第三人履行债务的，债务人未向第三人履行债务或者履行债务不符合约定，应当向债权人承担违约责任。

当事人约定由第三人向债权人履行债务的，第三人不履行债务或者履行债务不符合约定，债务人应当向债权人承担违约责任。

（5）提前履行债务或部分履行债务的处理原则

① 提前履行。债权人可以拒绝债务人提前履行债务，但提前履行不损害债权人利益的除外。债务人提前履行债务给债权人增加的费用，由债务人负担。如甲乙订立购买水泥的买卖合同，约定乙在某日将水泥送到甲租用的库房内，而乙却提前 3 天送货，导致甲多支付了库房租金，这部分多付的租金就是增加的费用。

② 部分履行。债权人可以拒绝债务人部分履行债务，但部分履行不损害债权人利益的除外。债务人部分履行债务给债权人增加的费用，由债务人负担。

（6）合同主体方面的变化对合同履行的影响

合同生效后，当事人不得因姓名、名称的变更或者法定代表人、负责人、承办人的变动而不履行合同义务。

债权人分立、合并或者变更住所没有通知债务人，致使履行债务发生困难的，债务人可以中止履行或者将标的物提存。

5.4.2 合同履行中的相关规定

在合同履行的过程中，一方当事人享有依法对抗对方要求或否认对方权利，这种权利称为履行抗辩权。履行抗辩权的设置，使当事人可以在法定的情况下对抗对方的请求权，使当事人的拒绝履行行为不构成违约，可以更好地维护当事人的合法权益。履行抗辩权主要包括同时履行抗辩权、后履行抗辩权和不安抗辩权。

① 同时履行抗辩权是指当事人互负债务，没有先后履行顺序的，应当同时履行。一方在对方履行之前有权拒绝其履行要求。一方在对方履行债务不符合约定时，有权拒绝其相应的履行要求。

同时履行抗辩权的适用条件：必须发生在互为给付的同一双务有偿合同中；合同必须要求当事人同时履行；双方债务必须均已届清偿期；对方当事人必须未履行债务或履行债务不符合约定。

② 后履行抗辩权。当事人互负债务，有先后履行顺序，先履行一方未履行的，后履行一方有权拒绝其履行要求。先履行一方履行债务不符合约定的，后履行一方有权拒绝其相应的履行要求。

后履行抗辩权的适用条件：当事人必须基于同一双务合同互负债务；当事人履行必须有先后顺序；先履行一方必须不履行合同义务或者履行合同义务不符合约定。

③ 不安抗辩权是指当事人互负债务，有先后履行顺序的，先履行的一方当事人有确切证据证明另一方当事人丧失履行债务能力时，有中止合同履行的权利，但当对方恢复履行能力或者提供担保时，不安抗辩权消失。

不安抗辩权的适用条件：当事人必须基于同一双务合同互负债务；当事人履行必须有先后顺序；后履行一方丧失履行债务能力，并且没有提供适当担保。

《合同法》规定，应当先履行债务的当事人，有确切证据证明对方有下列情形之一的，可以中止履行：经营状况严重恶化；转移财产、抽逃资金，以逃避债务；丧失商业信誉；有丧失或者可能丧失履行债务能力的其他情形。

当事人没有确切证据中止履行的，应当承担违约责任。当事人中止履行的，应当及时通知对方。对方提供适当担保时，应当恢复履行。中止履行后，对方在合理期限内未恢复履行能力并且未提供适当担保的，中止履行的一方可以解除合同。

5.4.3　合同的保全

合同保全，是指法律为防止因债务人财产不当减少而给债权人的债权带来危害，允许债权人对债务人或第三人的行为行使撤销权或代位权，以保护其债权。

1. 代位权

（1）代位权的概念

代位权是指债权人在债务人怠于行使其到期债权，而对债权人造成损害时，债权人可以向人民法院请求以自己的名义代位行使债务人的债权的权利。

（2）代位权的适用条件

代位权的适用条件如下。

① 债权人与债务人之间必须是合法有效的合同关系。

② 债务人的债权已到期，而且可代位行使的债权必须非专属于债务人的债权。专属于债务人自身的债权，是指基于扶养关系、抚养关系、赡养关系、继承关系产生的给付请求权和劳动报酬、退休金、养老金、抚恤金、安置费、人寿保险、人身伤害赔偿请求权等权利。

③ 债务人怠于行使其到期债权且给债权人造成损害。《合同法》第 73 条规定的“债务人怠于行使其到期债权，对债权人造成损害的”，是指债务人不履行其对债权人的到期债务，又不以诉讼方式或者仲裁方式向其债务人主张其享有的具有金钱给付内

容的到期债权，致使债权人的到期债权未能实现。债务人只有以诉讼或仲裁的方式向次债务人主张权利，才不构成“怠于行使”，只要债务人未履行对债权人的债务，债权人的债权未能实现，就可视为债权人的债权受到了损害。

（3）代位权的行使

债权人必须以自己的名义行使代位权。代位权应当通过诉讼形式行使。代位权的行使范围以债权人的债权为限。债权人行使代位权的必要费用，由债务人负担。

2. 撤销权

（1）撤销权的概念

撤销权是指因债务人放弃其到期债权、无偿转让财产，或者以明显不合理的低价转让财产，对债权人造成损害的，债权人可以请求人民法院撤销债务人的行为的权利。

（2）撤销权的适用条件

撤销权的适用条件如下。

① 债权人与债务人之间必须是合法有效的合同关系。

② 债务人实施了一定的处分财产的行为，包括债务人放弃债权的行为，债务人无偿或以明显不合理的低价转让财产的行为。

③ 债务人的行为给债权人造成损害。

④ 债务人与第三人进行有偿转让行为都具有恶意。债务人以明显不合理的低价转让财产，这说明债务人主观上存在恶意。《合同法》规定债务人以明显不合理的低价转让财产，对债权人造成损害，并且受让人知道该情形的，债权人也可以请求人民法院撤销债务人的行为。受让人知道“债务人以明显不合理的低价转让财产，对债权人造成损害”的情形还受让财产，说明其主观上也存在恶意。

（3）撤销权的行使

撤销权应由债权人以自己的名义通过诉讼的方式来行使。撤销权的行使范围以债权人的债权为限。债权人行使撤销权的必要费用，由债务人负担。

债务人的不当处分财产的行为被撤销后，就从行为发生时起失去效力。其中涉及的财产应返还给债务人，无法返还的应折价赔偿。

（4）撤销权的消灭

撤销权自债权人知道或者应当知道撤销事由之日起一年内行使。自债务人的行为发生之日起五年内没有行使撤销权的，该撤销权消灭。

【案例分析 5.10】

周某与林某协议离婚时约定，孩子归女方林某抚养，周某每年给付 1000 元抚养费。离婚后，因林某将孩子由姓周改姓林，周某就停止给付抚养费。因这一年年景不好，周某就将卖粮仅得的 1000 元捐献给了希望工程，自己出去打工了。林某能请求法院撤销该赠与吗？

分析：林某有权要求法院撤销该赠与行为，因为周某的赠与行为损害了债权人的利益，林某可以行使撤销权。

5.5 合同的担保

5.5.1 担保简述

1. 担保和担保法

合同的担保，是指依照法律规定，或者由当事人双方经过协商一致而约定的，为保障合同债权实现的法律措施。

为促进资金融通和商品流通，保障债权的实现，发展社会主义市场经济，我国制定了《中华人民共和国担保法》(以下简称《担保法》)，该法于 1995 年 6 月 30 日第八届全国人民代表大会常务委员会第十四次会议通过并于同日公布，自 1995 年 10 月 1 日起施行。

2. 担保的方式

在借贷、买卖、货物运输、加工承揽等经济活动中，债权人需要以担保方式保障其债权实现的，可以依照《担保法》规定设定担保。

《担保法》规定的担保方式为保证、抵押、质押、留置和定金，其中保证是人的担保，抵押、质押、留置是物的担保，定金是货币的担保。

3. 担保的一般规定

担保活动应当遵循平等、自愿、公平、诚实信用的原则。

第三人为债务人向债权人提供担保时，可以要求债务人提供反担保。反担保适用《担保法》担保的规定。

合同的担保一般在订立合同的同时成立，既可以是主合同中的担保条款，也可以是独立订立的书面合同，包括当事人之间的具有担保性质的信函、传真等。

担保合同是主合同的从合同，主合同无效，担保合同无效。担保合同另有约定的，按照约定。担保合同被确认无效后，债务人、担保人、债权人有过错的，应当根据其过错各自承担相应的民事责任。

5.5.2 保证

1. 保证和保证人

(1) 保证

保证是指保证人和债权人约定，当债务人不履行债务时，保证人按照约定履行债务或者承担责任的行为。

(2) 保证人

《担保法》规定，具有代为清偿债务能力的法人、其他组织或者公民，可以作保证人。

① 不得担任保证人的主体。国家机关、学校、幼儿园、医院等以公益为目的的事业单位、社会团体，企业法人的分支机构、职能部门不得为保证人。但经国务院批准为使用外国政府或者国际经济组织贷款进行转贷的情况下，国家机关可以作保证人；企业法人的分支机构有法人书面授权的，可以在授权范围内提供保证。

② 任何单位和个人不得强令银行等金融机构或者企业为他人提供保证；银行等金融机构或者企业对强令其为他人提供保证的行为，有权拒绝。

③ 同一债务可以有一个或数个保证人。

2. 保证合同和保证方式

（1）保证合同

保证人与债权人应当以书面形式订立保证合同。

保证合同应当包括以下内容：被保证的主债权种类、数额；债务人履行债务的期限；保证的方式；保证担保的范围；保证的期间；双方认为需要约定的其他事项。保证合同不完全具备以上规定内容的，可以补正。

（2）保证方式

① 一般保证。当事人在保证合同中约定，债务人不能履行债务时，由保证人承担保证责任的，为一般保证。一般保证的保证人在主合同纠纷未经审判或者仲裁，并就债务人财产依法强制执行仍不能履行债务前，对债权人可以拒绝承担保证责任。

② 连带责任保证。当事人在保证合同中约定保证人与债务人对债务承担连带责任的，为连带责任保证。连带责任保证的债务人在主合同规定的债务履行期届满没有履行债务的，债权人可以要求债务人履行债务，也可以要求保证人在其保证范围内承担保证责任。

当事人对保证方式没有约定或者约定不明确的，按照连带责任保证承担保证责任。

3. 保证责任

保证人的保证责任除了受保证人所采取的保证方式影响之外，还受到以下几个因素的影响。

① 保证担保的范围。保证担保的范围包括主债权及利息、违约金、损害赔偿金和实现债权的费用。保证合同另有约定的，按照约定。当事人对保证担保的范围没有约定或者约定不明确的，保证人应当对全部债务承担责任。

② 保证期间。保证期间是保证人承担保证责任的期间。保证期间可由保证人和债权人在保证合同中约定，一般保证的保证人与债权人未约定保证期间的，保证期间为主债务履行期届满之日起 6 个月。连带责任保证的保证人与债权人未约定保证期间的，债权人有权自主债务履行期届满之日起 6 个月内要求保证人承担保证责任。

保证人在合同约定的保证期间内承担保证责任。在保证期间债权人未对债务人提起诉讼或者申请仲裁的，一般保证的保证人免除保证责任；债权人已提起诉讼或者申请仲裁的，保证期间适用诉讼时效中断的规定。在保证期间债权人未要求连带责任保证的保证人承担保证责任的，保证人免除保证责任。

③ 主合同的转让或变更。在保证期间，债权人依法将主债权转让给第三人的，保证人在原保证担保的范围内继续承担保证责任。保证合同另有约定的，按照约定。

在保证期间，债权人许可债务人转让债务的，应当取得保证人书面同意，保证人对未经其同意转让的债务，不再承担保证责任。

债权人与债务人协议变更主合同的，应当取得保证人书面同意，未经保证人书面同意的，保证人不再承担保证责任。保证合同另有约定的，按照约定。

【案例分析 5.11】

甲公司向乙公司购买价值50万元的彩电。合同约定，甲公司先预付20万元货款，其余30万元货款在提货后3个月内付清，并由丙公司提供连带保证担保，但未约定保证范围。提货一个月后，甲公司在征得乙公司同意后，将30万元债务转移给尚欠其30万元货款的丁公司。对此，丙公司完全不知情。至债务清偿期届满时，乙公司要求丁公司偿还30万元货款及利息，而丁公司因违法经营被依法查处，法定代表人不知去向，公司的账户被冻结。于是，乙公司找到丙公司，要求其承担保证责任。丙公司至此才知道甲公司已将其债务转让给丁公司，遂以此为由拒绝承担责任。双方为此发生争议，乙公司诉至法院。

分析：本案中丙公司不需承担担保责任，因为债务人将债务转给丁公司，丙公司并不知情，而保证人对未经其同意转让的债务，不再承担保证责任。

④ 物的担保。同一债权既有保证又有物的担保的，保证人对物的担保以外的债权承担保证责任。债权人放弃物的担保的，保证人在债权人放弃权利的范围内免除保证责任。

⑤ 保证人人数。同一债务有两个以上保证人的，保证人应当按照保证合同约定的保证份额，承担保证责任，没有约定保证份额的，保证人承担连带责任，债权人可以要求任何一个保证人承担全部保证责任，保证人都负有担保全部债权实现的义务。已经承担保证责任的保证人，有权向债务人追偿，或者要求承担连带责任的其他保证人清偿其应当承担的份额。

⑥ 保证人不承担民事责任的情形如下。

第一，主合同当事人双方串通，骗取保证人提供保证的。

第二，主合同债权人采取欺诈、胁迫等手段，使保证人在违背真实意思的情况下提供保证的。

4. 其他规定

保证人承担保证责任后，有权向债务人追偿。人民法院受理债务人破产案件后，债权人未申报债权的，保证人可以参加破产财产分配，预先行使追偿权。

5.5.3 抵押

1. 抵押和抵押物

（1）抵押

抵押，是指债务人或者第三人不转移对特定财产的占有，将该财产作为债权的担保。债务人或者第三人为抵押人，债权人为抵押权人，提供担保的财产为抵押物。债务人不履行债务时，债权人有权依法以该财产折价或者以拍卖、变卖该财产的价款优先受偿。

（2）抵押物

① 可以用于抵押的财产。《担保法》规定，下列财产可以抵押：抵押人所有的房屋和其他地上定着物，抵押人所有的机器、交通运输工具和其他财产，抵押人依法有权处分的国有的土地使用权、房屋和其他地上定着物，抵押人依法有权处分的国有的机器、交通运输工具和其他财产，抵押人依法承包并经发包方同意抵押的荒山、荒沟、荒丘、荒滩等荒地的土地使用权，依法可以抵押的其他财产。

② 不得抵押的财产。《担保法》规定，下列财产不得抵押：土地所有权；耕地、宅基地、自留地、自留山等集体所有的土地使用权，但法律另有规定的除外；学校、幼儿园、医院等以公益为目的的事业单位、社会团体的教育设施、医疗卫生设施和其他社会公益设施；所有权、使用权不明或者有争议的财产；依法被查封、扣押、监管的财产；依法不得抵押的其他财产。

③ 其他规定。抵押人所担保的债权不得超出其抵押物的价值。财产抵押后，该财产的价值大于所担保债权的余额部分，可以再次抵押，但不得超出其余额部分。

以依法取得的国有土地上的房屋抵押的，该房屋占用范围内的国有土地使用权同时抵押。以出让方式取得的国有土地使用权抵押的，应当将抵押时该国有土地上的房屋同时抵押。乡（镇）、村企业的土地使用权不得单独抵押。以乡（镇）、村企业的厂房等建筑物抵押的，其占用范围内的土地使用权同时抵押。

2. 抵押合同和抵押物登记

（1）抵押合同

抵押人和抵押权人应当以书面形式订立抵押合同。

抵押合同应当包括以下内容：被担保的主债权种类、数额，债务人履行债务的期限，抵押物的名称、数量、质量、状况、所在地、所有权权属或者使用权权属，抵押担保的范围，当事人认为需要约定的其他事项。抵押合同不完全具备以上规定内容的，可以补正。

订立抵押合同时，抵押权人和抵押人在合同中不得约定在债务履行期届满抵押权人未受清偿时，抵押物的所有权转移为债权人所有。

（2）抵押物登记

① 强制登记。当事人以下列财产抵押的，应当办理抵押物登记，抵押合同自登记之日起生效。这些财产包括：无地上定着物的土地使用权，城市房地产或者乡（镇）、村企业的厂房等建筑物，林木，航空器、船舶、车辆，企业的设备和其他动产。

② 自愿登记。当事人以上述财产以外的财产抵押的，可以自愿办理抵押物登记，抵押合同自签订之日起生效。

【案例分析 5.12】

2010 年 6 月 23 日，某甲向当地工商银行申请贷款，工商银行要求其提供担保，某甲即同意以其所有的一套住房作为抵押物。双方签订了借款合同及抵押合同。由于银行工作人员的疏忽，双方并未到有关登记部门办理登记手续。

分析：以住房作为额抵押物必须办理抵押物登记，否则抵押合同不能生效，本案中由于双方并未到有关登记部门办理登记手续，因此抵押权尚未生效。

3. 抵押的效力

（1）抵押担保的范围

抵押担保的范围包括主债权及利息、违约金、损害赔偿金和实现抵押权的费用。抵押合同另有约定的，按照约定。

（2）抵押物的转让

抵押期间，抵押人转让已办理登记的抵押物的，应当通知抵押权人并告知受让人转让物已经抵押的情况；抵押人未通知抵押权人或者未告知受让人的，转让行为无效。转让抵押物的价款明显低于其价值的，抵押权人可以要求抵押人提供相应的担保；抵押人不提供的，不得转让抵押物。

抵押人转让抵押物所得的价款，应当向抵押权人提前清偿所担保的债权或者向与抵押权人约定的第三人提存。超过债权数额的部分，归抵押人所有，不足部分由债务人清偿。

（3）抵押物价值减少

抵押人的行为足以使抵押物价值减少的，抵押权人有权要求抵押人停止其行为。抵押物价值减少时，抵押权人有权要求抵押人恢复抵押物的价值，或者提供与减少的价值相当的担保。抵押人对抵押物价值减少无过错的，抵押权人只能在抵押人因损害而得到的赔偿范围内要求提供担保。抵押物价值未减少的部分，仍作为债权的担保。

（4）抵押权的消灭

抵押权不得与债权分离而单独转让或者作为其他债权的担保。抵押权与其担保的债权同时存在，债权消灭的，抵押权也消灭。抵押权因抵押物灭失而消灭，因灭失所得的赔偿金，应当作为抵押财产。

4. 抵押权的实现

债务履行期届满抵押权人未受清偿的，可以与抵押人协议以抵押物折价或者以拍卖、变卖该抵押物所得的价款受偿；协议不成的，抵押权人可以向人民法院提起诉讼。抵押物折价或者拍卖、变卖后，其价款超过债权数额的部分归抵押人所有，不足部分由债务人清偿。

同一财产向两个以上债权人抵押的，拍卖、变卖抵押物所得的价款按照以下规定清偿：抵押合同以登记生效的，按照抵押物登记的先后顺序清偿；顺序相同的，按照债权比例清偿。抵押合同自签订之日起生效的，该抵押物已登记的，按照前述规定清偿；未登记的，按照合同生效时间的先后顺序清偿，顺序相同的，按照债权比例清偿。抵押物已登记的先于未登记的受偿。

为债务人抵押担保的第三人，在抵押权人实现抵押权后，有权向债务人追偿。

5.5.4 质押

1. 动产质押和权利质押

质押可分为动产质押和权利质押。动产质押是指债务人或者第三人将其动产移交债权人占有，将该动产作为债权的担保。这里的债务人或者第三人为出质人，债权人为质权人，移交的动产为质物。权利质押是以汇票、支票、本票、债券、存款单、仓单、提单，依法可以转让的股份、股票，依法可以转让的商标专用权、专利权、著作权中的财产权，依法可以质押的其他权利等作为质权标的的担保。

2. 质押合同

出质人和质权人应当以书面形式订立质押合同。质押合同应当包括以下内容：被担保的主债权种类、数额，债务人履行债务的期限，质物的名称、数量、质量、状况，质押担保的范围，质物移交的时间，当事人认为需要约定的其他事项。质押合同不完全具备前款规定内容的，可以补正。

出质人和质权人在合同中不得约定在债务履行期届满质权人未受清偿时，质物的所有权转移为质权人所有。

质押合同自质物移交于质权人占有时生效。以汇票、支票、本票、债券、存款单、仓单、提单出质的，质押合同自权利凭证交付之日起生效。以有限责任公司的股份出质的，适用公司法股份转让的有关规定。质押合同自股份出质记载于股东名册之日起生效。以依法可以转让的商标专用权，专利权、著作权中的财产权出质的，应当向其管理部门办理出质登记，质押合同自登记之日起生效。

3. 质押担保的范围

质押担保的范围包括主债权及利息、违约金、损害赔偿金、质物保管费用和实现质权的费用。质押合同另有约定的，按照约定。

4. 质权人的义务

质权人负有妥善保管质物的义务。因保管不善致使质物灭失或者毁损的，质权人应当承担民事责任。债务履行期届满债务人履行债务的，或者出质人提前清偿所担保的债权的，质权人应当返还质物。

5. 质权的实现和消灭

债务履行期届满质权人未受清偿的，可以与出质人协议以质物折价，也可以依法拍卖、变卖质物。质物折价或者拍卖、变卖后，其价款超过债权数额的部分归出质人所有，不足部分由债务人清偿。

为债权人质押担保的第三人，在质权人实现质权后，有权向债务人追偿。

质权因质物灭失而消灭。因灭失所得的赔偿金，应当作为出质财产。质权与其担保的债权同时存在，债权消灭的质权也消灭。

5.5.5 留置

1. 留置

指因保管合同、运输合同、加工承揽以及法律规定可以留置的其他合同发生的债权，债务人不履行债务的，合同债权人有留置权，即债权人按照合同约定占有债务人的动产，债务人不按照合同约定的期限履行债务的，债权人有权依法留置该财产，以该财产折价或者以拍卖、变卖该财产的价款优先受偿。

2. 留置的担保范围

留置的担保范围包括主债权及利息、违约金、损害赔偿金，留置物保管费用和实现留置权的费用。

3. 留置权人的义务和限制

留置权人负有妥善保管留置物的义务。因保管不善致使留置物灭失或者毁损的，留置权人应当承担民事责任。留置的财产为可分物的，留置物的价值应当相当于债务的金额。

4. 留置权的实现

债权人与债务人应当在合同中约定，债权人留置财产后，债务人应当在不少于两个月的期限内履行债务。债权人与债务人在合同中未约定的，债权人留置债务人财产后，应当确定两个月以上的期限，通知债务人在该期限内履行债务。债务人逾期仍不履行的，债权人可以与债务人协议以留置物折价，也可以依法拍卖、变卖留置物。留置物折价或者拍卖、变卖后，其价款超过债权数额的部分归债务人所有，不足部分由债务人清偿。

5. 留置权的消灭

留置权因下列原因消灭：债权消灭的；债务人另行提供担保并被债权人接受的。

5.5.6 定金

定金是指合同当事人约定一方向对方给付一定数额的货币作为债权的担保。定金的数额由当事人约定，但不得超过主合同标的额的 20%。债务人履行债务后，定金应当抵作价款或者收回。给付定金的一方不履行约定的债务的，无权要求返还定金；收受定金的一方不履行约定的债务的，应当双倍返还定金。定金应当以书面形式约定。当事人在定金合同中应当约定交付定金的期限，定金合同从实际交付定金之日起生效。

5.6 合同的变更、转让和终止

5.6.1 合同的变更

1. 合同的变更的概念和种类

合同的变更，是合同内容的变更，是指在合同成立之后，尚未履行或者尚未完全履行之前，当事人依照法律规定的条件和程序，对合同的内容进行修改或者补充。

《合同法》规定，当事人协商一致，可以变更合同。法律、行政法规规定变更合同应当办理批准、登记等手续的，依照其规定。当事人对合同变更的内容约定不明确的，推定为未变更。

合同的变更通常可分为协议变更和法定变更两种。协议变更又称合意变更，是指合同双方当事人以协议的方式对合同的内容进行变更。法定变更是指在合同成立后，当发生法定的可以变更合同的事由时，经一方当事人的要求而对合同的内容做出变更。法定变更不须征得对方当事人的同意，只要发生的为法定的可以变更合同的条件即可以以一方当事人的意志做出变更。

2. 合同变更的法律效力

合同变更以后，被变更的部分即失去法律上的效力；变更的部分，在完成变更程序之后，即产生了新的债权债务；合同的变更只对合同未履行的部分有效，不对合同已履行的内容发生效力；合同变更不影响当事人要求赔偿损失的权利，合同变更过程中使一方当事人遭受损失，除依法或者依约可以免除责任的以外，有过错的一方应当承担赔偿损失的责任。

5.6.2 合同的转让

合同的转让，是指合同当事人一方依法将合同权利、义务全部或部分转让给第三人的行为，它包括合同权利的转让、合同义务的转让和合同权利义务的概括转让。

1. 合同权利的转让

指不改变合同的内容，债权人将合同的权利全部或者部分转让给第三人的行为。转让权利的债权人称为让与人，接受转让的第三人称为受让人。

（1）合同权利转让的限制

下列情形之一的合同权利不得转让：①根据合同性质不得转让，如根据个人人身信任关系而发生的债权；②按照当事人约定不得转让；③依照法律规定不得转让，如担保法规定，设定最高额抵押的合同债权不得进行转让。

（2）合同权利转让与人的义务

债权人转让权利的，应当通知债务人。未经通知，该转让对债务人不发生效力。债权人转让权利的通知不得撤销，但经受让人同意的除外。

（3）合同权利转让的法律效力

受让人因接受债权而成为新的债权人，债务人应就转让的债权向受让人履行义务。债权人转让权利的，受让人取得与债权有关的从权利，但该从权利专属于债权人自身的除外。债务人接到债权转让通知后，债务人对让与人的抗辩，可以向受让人主张。债务人接到债权转让通知时，债务人对让与人享有债权，并且债务人的债权先于转让的债权到期或者同时到期的，债务人可以向受让人主张抵销。

2. 合同义务的转让

指经债权人同意，债务人将合同的义务全部或者部分转移给第三人的行为。债务人转让义务的，新债务人取得了合同债务人的地位，承担履行合同债务的责任，享有债务人应有的抗辩权，可以主张原债务人对债权人的抗辩，同时新债务人应当承担与主债务有关的从债务，但该从债务专属于原债务人自身的除外。

法律、行政法规规定转让权利或者转移义务应当办理批准、登记等手续的，依照其规定。

3. 合同权利义务的概括转让

合同权利义务的概括转让，是指当事人一方经对方同意，将自己在合同中的权利和义务一并转让给第三人的行为。合同权利义务的概括转让适用上述有关合同权利转让、合同义务转让的规定。

企业的合并和分立可以引起合同权利义务的概括转让。当事人订立合同后合并的，由合并后的法人或者其他组织行使合同权利，履行合同义务。当事人订立合同后分立的，除债权人和债务人另有约定的以外，由分立的法人或者其他组织对合同的权利和义务享有连带债权，承担连带债务。

5.6.3 合同的终止

1. 合同终止的概念和原因

合同终止，又称合同的消灭，是指因一定事由的产生或出现而使合同权利义务归于消灭，当事人不再受合同的约束。

有下列情形之一的，合同的权利义务终止：债务已经按照约定履行；合同解除；债务相互抵销；债务人依法将标的物提存；债权人免除债务；债权债务同归于一人；法律规定或者当事人约定终止的其他情形。

2. 合同解除

合同解除是指合同有效成立后，当具备合同解除条件时，因当事人一方或双方的意思表示而使合同关系归于消灭的行为。合同解除有约定解除和法定解除两种情况。

① 约定解除是指当事人通过协商一致或者约定解除权而使合同解除。《合同法》规定，当事人协商一致，可以解除合同。当事人可以约定一方解除合同的条件，解除合同的条件成立时，解除权人可以解除合同。

② 法定解除是指在合同成立以后，没有履行或者没有完全履行之前，当事人一方行使法定的解除权而使合同效力消灭的行为。

《合同法》规定，有下列情形之一的，当事人可以解除合同：因不可抗力致使不能实现合同目的；在履行期限届满之前，当事人一方明确表示或者以自己的行为表明不履行主要债务；当事人一方迟延履行主要债务，经催告后在合理期限内仍未履行；当事人一方迟延履行债务或者有其他违约行为致使不能实现合同目的；法律规定的其他情形。

法律规定或者当事人约定解除权的行使期限，期限届满当事人不行使的，该权利消灭。法律没有规定或者当事人没有约定解除权的行使期限，经对方催告后在合理期限内不行使的，该权利消灭。

当事人行使解除权主张解除合同的，应当通知对方，合同自通知到达对方时解除，对方有异议的，可以请求人民法院或者仲裁机构确认解除合同的效力。法律、行政法规规定解除合同应当办理批准、登记等手续的，依照其规定。

③ 合同解除的法律效力。合同解除后，尚未履行的，终止履行；已经履行的，根据履行情况和合同性质，当事人可以要求恢复原状、采取其他补救措施，并有权要求赔偿损失。

3. 抵销

抵销指当事人互负债务时，各以其债权充当债务的清偿，而使其债务与对方的债务在对等额内相互消灭。抵销有法定抵销和协议抵销。通常所说的抵销指的就是法定抵销。

① 法定抵销是指在具备法律规定的条件时，依一方当事人的意思表示所作的抵销。《合同法》规定，当事人互负到期债务，该债务的标的物种类、品质相同的，任何一方可以将自己的债务与对方的债务抵销，但依照法律规定或者按照合同性质不得抵销的除外。当事人主张抵销的，应当通知对方。通知自到达对方时生效。抵销不得附条件或者附期限。

② 协议抵销是指双方当事人协商一致所作的抵销。《合同法》规定，当事人互负债务，标的物种类、品质不相同的，经双方协商一致，也可以抵销。

4. 提存

指债务人在债务已到履行期限时，将因债权人原因而无法向其交付的标的物提交给提存机关，以消灭合同债务的行为。

（1）提存原因

《合同法》规定，有下列情形之一，难以履行债务的，债务人可以将标的物提存：债权人无正当理由拒绝受领；债权人下落不明；债权人死亡未确定继承人或者丧失民事行为能力未确定监护人；法律规定的其他情形。标的物不适于提存或者提存费用过高的，债务人依法可以拍卖或者变卖标的物，提存所得的价款。

（2）提存的效力

标的物提存后，除债权人下落不明的以外，债务人应当及时通知债权人或者债权人的继承人、监护人。标的物提存后，毁损、灭失的风险由债权人承担。提存期间，标的物的孳息归债权人所有，提存费用由债权人负担。

（3）提存物的领取

债权人可以随时领取提存物，但债权人对债务人负有到期债务的，在债权人未履行债务或者提供担保之前，提存部门根据债务人的要求应当拒绝其领取提存物。债权人领取提存物的权利，自提存之日起五年内不行使而消灭，提存物扣除提存费用后归国家所有。

5. 免除与混同

① 免除是指债权人放弃自己的债权，免去债务人的债务。债权人免除债务人部分或者全部债务的，合同的权利义务部分或者全部终止。

② 混同是指债权和债务同归于一人的，合同的权利义务终止，但涉及第三人利益的除外。

5.7 违约责任

5.7.1 违约责任简述

1. 违约责任的概念

违约责任，又称违反合同的民事责任，是指合同当事人不履行合同义务或者履行合同义务不符合约定所应承担的不利法律后果。当事人一方明确表示或者以自己的行为表明不履行合同义务的，对方可以在履行期限届满之前要求其承担违约责任。

违约责任具有以下法律特征。

① 违约责任是一种民事责任，不包括行政责任和刑事责任。民事责任根据违反义务的性质不同，可分为违约责任和侵权责任，可见违约责任不仅是合同法的核心内容，也是民事责任制度的重要组成部分。

② 违约责任是合同当事人不履行债务时产生的民事责任。违约责任虽是民事责任的一种形式，但它是合同当事人不履行债务所产生的责任，这是它不同于其他民事责任的重要特征。

③ 违约责任可以由当事人约定。合同当事人可以在法律法规规定的范围内，对一方的违约责任做出事先安排，如可事先约定违约金的数额或幅度，可事先确定损害赔偿的数额或计算方法，同时可以设定免责条款限制和免除在将来可能发生的责任。

④ 违约责任具有补偿性和制裁性双重属性。法律确定违约责任的重要目的之一是弥补或补偿因违约方的违约行为所造成的损害后果，补偿受害人的损失，因此违约责任具有补偿性，一般通过支付违约金、赔偿金和其他方式来体现，使受害人的实际损失得到全部补偿或部分补偿。同时，在合同当事人有过错时，违约责任还体现了对责任人的制裁性，这一般通过支付相当于实际损失数额的赔偿金或高于或等于实际损失数额的违约金来体现，还可以通过强制实际履行、同时支付违约金或赔偿金来体现。

2. 违约责任的归责原则

违约责任的归责原则是指确定违约当事人的民事责任的法律原则，也就是说判定当事人在什么情况下，要承担违约责任的原则。

我国采取的是严格责任原则。严格责任原则是指违约发生后确定违约当事人责任时，不考虑当事人有无过错（包括故意和过失），而只考虑违约结果是否因当事人的行为造成的一种归责原则。《合同法》规定，当事人一方不履行合同义务或者履行合同义务不符合约定的，应当承担继续履行、采取补救措施或者赔偿损失等违约责任。

5.7.2　违约责任的形式

1. 继续履行

继续履行是指在当事人一方不履行合同义务或者履行合同义务不符合约定时，另一方当事人有权请求法院强制违约方按合同规定的主要条件继续履行义务，而不得以支付违约金和赔偿金的方法代替履行。

金钱债务违约的继续履行。当事人一方未支付价款或者报酬的，对方可以要求其支付价款或者报酬。

当事人一方不履行非金钱债务或者履行非金钱债务不符合约定的，对方可以要求履行。非金钱债务如提供货物、提供劳务、完成工作，不同于金钱债务的是，其债务标的往往更具有特定性和不可替代性，所以非金钱债务的履行更加强调实际履行原则。对非金钱债务违约的继续履行有以下限制：法律上或者事实上不能履行；债务的标的不适于强制履行或者履行费用过高；债权人在合理期限内未要求履行。

2. 采取补救措施

质量不符合约定的，应当按照当事人的约定承担违约责任。对违约责任没有约定或者约定不明确，依照《合同法》第 61 条的规定仍不能确定的，受损害方根据标的的性质以及损失的大小，可以合理选择要求对方承担修理、更换、重作、退货、减少价款或者报酬等违约责任。

3. 赔偿损失

赔偿损失是指违约方因不履行或者履行合同义务不符合约定而给对方造成损失，由违约方以其财产赔偿对方所蒙受的财产损失的一种违约责任形式。这是世界各国所一致认可的也是最重要的一种违约救济方法，是违约责任中的一种重要形式。

当事人一方不履行合同义务或者履行合同义务不符合约定的，在履行义务或者采取补救措施后，对方还有其他损失的，应当赔偿损失。

当事人一方不履行合同义务或者履行合同义务不符合约定，给对方造成损失的，损失赔偿额应当相当于因违约所造成的损失，包括合同履行后可以获得的利益，但不得超过违反合同一方订立合同时预见到或者应当预见到的因违反合同可能造成的损失。当事人一方违约后，对方应当采取适当措施防止损失的扩大；没有采取适当措施致使损失扩大的，不得就扩大的损失要求赔偿。当事人因防止损失扩大而支出的合理费用，由违约方承担。

经营者对消费者提供商品或者服务有欺诈行为的，依照《中华人民共和国消费者权益保护法》的规定承担损害赔偿责任。

4. 违约金

违约金是指由当事人通过协商预先确定的，当事人在不履行或者不完全履行合同义务时，支付给非违约方一定数量的金钱。

当事人可以约定一方违约时应当根据违约情况向对方支付一定数额的违约金，也可以约定因违约产生的损失赔偿额的计算方法。约定的违约金低于造成的损失的，当事人可以请求人民法院或者仲裁机构予以增加；约定的违约金过分高于造成的损失的，当事人可以请求人民法院或者仲裁机构予以适当减少。当事人就迟延履行约定违约金的，违约方支付违约金后，还应当履行债务。

5. 定金

当事人可以依照《中华人民共和国担保法》约定一方向对方给付定金作为债权的担保。债务人履行债务后，定金应当抵作价款或者收回。给付定金的一方不履行约定的债务的，无权要求返还定金；收受定金的一方不履行约定的债务的，应当双倍返还定金。

当事人既约定违约金，又约定定金的，一方违约时，对方可以选择适用违约金或者定金条款。

5.7.3 免责条件

在一般情况下，当事人违约都要承担相应的违约责任。但在合同履行的过程中，有两种免责条件，一种是根据合同约定，一种是根据法律规定。免责是指在合同的履行过程中，因出现了法定的免责条件和合同约定的免责事由而导致合同不能履行，债务人将被免除履行义务和违约责任。

1. 免责条款

当事人可以在合同中约定免责条款，即约定一定的条件或事由，当违约符合所约定的条件或事由时，可免除违约方的违约责任。但合同中的免除造成对方人身伤害、因故意或者重大过失造成对方财产损失的违约责任的免责条款无效，当事人对此类损害仍应当承担赔偿责任。

2. 不可抗力

不可抗力，是指不能预见、不能避免并不能克服的客观情况。因不可抗力不能履行合同的，根据不可抗力的影响，部分或者全部免除责任，但法律另有规定的除外。当事人一方因不可抗力不能履行合同的，应当及时通知对方，以减轻可能给对方造成的损失，并应当在合理期限内提供证明。当事人迟延履行后发生不可抗力的，不能免除责任。

学习回顾

合同是平等主体的自然人、法人、其他组织之间设立、变更、终止民事权利义务关系的协议。合同法是指调整平等主体之间设立、变更、终止民事权利义务关系而产生的合同关系的法律规范总称。

合同的内容由合同当事人约定，根据《合同法》规定，一般包括以下条款：当事人的名称或者姓名和住所，标的，数量，质量，价款或者报酬，履行期限、地点和方式，违约责任，解决争议的方法。当事人订立合同，有书面形式、口头形式和其他形式。

当事人订立合同，采取要约、承诺方式。要约、承诺就是合同订立的一般程序，是合同各方当事人就合同内容进行协商并达成一致的过程。要约是希望和他人订立合同的意思表示，而承诺是受要约人同意要约的意思表示。

依法成立的合同，自成立时生效。合同生效的条件一般包括几个方面：主体合法、意思表示真实、内容合法和形式合法。无缔约能力的人、无权代理人、无处分权的人与他人订立的合同，只有经过有权人的追认，才能使合同生效，如果有权人在一定期限内不追认，合同就无效，这种合同称为效力待定合同。

合同生效后，合同的各方当事人必须按照合同的约定，全面完成各自承担的义务和实现各自享有的权利，使合同目的得以实现。在合同履行的过程中，一方当事人享有依法对抗对方要求或否认对方权利；为防止因债务人财产不当减少而给债权人的债权带来危害，允许债权人对债务人或第三人的行为行使撤销权或代位权，以保护其债权。

合同的担保，是指依照法律规定，或者由当事人双方经过协商一致而约定的，为保障合同债权实现的法律措施。担保方式有保证、抵押、质押、留置和定金，其中保证是人的担保，抵押、质押、留置是物的担保，定金是货币的担保。

合同成立之后，尚未履行或者尚未完全履行之前，当事人可依照法律规定的条件和程序，对合同的内容进行修改或者补充。合同当事人一方也可依法将合同权利、义务全部或部分转让给第三人。当有下列情形时，合同的权利义务终止：债务已经按照约定履行；合同解除；债务相互抵销；债务人依法将标的物提存；债权人免除债务；债权债务同归于一人；法律规定或者当事人约定终止的其他情形。

知识巩固

1. 合同有哪些种类？
2. 简述要约与要约邀请的区别。
3. 一项有效要约应具备什么条件？
4. 要约失效的原因？
5. 有效承诺应具备什么条件？
6. 在什么情形下，合同无效？
7. 合同的担保有哪些形式？
8. 使得合同权利义务终止有哪些具体情形？

案例分析

1. 甲公司与乙公司于2001年5月20日签订了购买专用设备买卖合同，双方约定：（1）乙公司于2001年10月30日前分两次向甲公司提供设备10套，每套价款为15万元；（2）甲公司向乙公司给付定金25万元；（3）如一方迟延履行，应向另一方支付违金20万元；（4）由丙公司作为乙公司的保证人，在乙公司不能履行债务时，丙公司承担一般保证责任。

2001年7月1日，乙公司向甲公司交付了3套设备，甲公司支付了45万元贷款。9月，由于原材料价格大幅度上涨，乙公司向甲公司提出变更合同，要求将剩余的7套设备价格提高到每套20万元，甲公司不同意，随后乙公司通知甲公司解除合同。11月1日，甲公司仍未收到剩余的7套设备，从而严重影响了其正常生产，并因此遭到了50万元的经济损失。于是甲公司诉至法院，要求乙公司增加违约金额并继续履行合同；同时要求丙公司履行一般保证责任。

根据上述事实及有关法律规定，回答下列问题：

（1）合同约定甲公司向乙公司给付25万元定金是否合法？说明理由。

（2）甲公司要求增加违约金数额依法能否成立？说明理由。

（3）甲公司要求乙公司继续履行合同依法能否成立？说明理由。

2. 为迎六·一儿童节，甲商场向乙服装厂订购一批童装。合同中规定：乙服装厂应于5月20日以前交货。合同签订后，乙服装厂未能按期履行其交货义务。并且一直延至6月20日才将货发来。甲商场收下了这批服装进行销售，但上市销售情况不好。于是甲商场以乙厂逾期交货为由拒付货款并要求退货。双方为此引起纠纷。问：此案应如何处理?

3. 张某去年只有17岁，在本镇的啤酒厂做临时工，每月有600元的收入。为了上班方便，张某在镇里租了一间房。7月份，张某未经其父母同意，欲花500元钱从李某处买一台旧彩电，此事遭到了其父母的强烈反对，但张某还是买了下来。同年10月，张某因患精神分裂症丧失了民事行为能力。随后，其父找到李某，认为他们之间的买卖无效，要求李某返还钱款，拿走彩电。问：此买卖是否有效?

4. 甲汽车销售公司与乙汽车制造公司签订了一份轿车买卖合同。由于甲公司的业务员丁某对汽车型号不太熟悉，因此，在签订合同时，将甲公司原先想买的B型号轿车写成了A型号轿车。虽然乙公司提供的型号不是甲公司原想购买的B型号轿车，但A型号轿车销量也不错。甲公司按照合同约定提货并支付了货款。

问：（1）丁某的行为属于合同法上的什么行为，其效力如何?

（2）甲公司在支付货款后是否还能行使撤销权?

技能训练

模拟签订合同。学生分成若干小组，每两小组对应形成合同的双方，设定一项交易内容，针对合同的各项条款进行磋商，并签订合同。要求：合同格式规范，包含合同的主要条款。

第6讲

宏观调控法律制度

内容提要

本讲主要介绍宏观调控法中预算法、税法、会计法和审计法的相关规定，重点介绍国家预算与国家预算法的主要内容，税法的构成要素及流转税、所得税、财产税、行为税、资源税五大税类，税收征收管理，会计管理体制、会计机构和会计人员设置及会计稽核制度和会计核算的法律规定，审计机关与审计人员、审计机关的职责与权限等。

知识目标

1. 宏观调控法的地位、作用，我国宏观调控法律的立法状况。
2. 预算编制和预算审查和批准的相关规定。
3. 税收的特征，我国税收的种类。
4. 营业税、流转税及所得税的相关规定。
5. 会计管理体制、会计人员与会计机构的设置，会计稽核制度，会计核算制度。

实务目标

1. 正确计算营业税、流转税及所得税等相关税种的纳税额。
2. 学会设置会计机构，会简单进行会计核算。

学时建议

学时建议：4～6 课时

引导案例

1997年，在亚洲金融危机的冲击下，韩国爆发金融危机，众多企业破产，外汇和股票市场萎靡不振。1998年，有一位韩国公民对韩国中央银行行长、财政部长提起了诉讼。理由是，韩国中央银行和财政部在此之前没有及时作出相应的宏观经济决策，预防和制止金融危机。金融危机使他遭到了损害，他要求法院追究韩国中央银行行长和财政部长的责任，并赔偿他自己遭受的经济损失。但法院驳回了起诉。

分析：本案是发生在韩国的一个真实的案例。什么是宏观调控，中央银行和财政部的宏观经济决策行为是否属于宏观调控行为，对于宏观调控行为是否可以提起诉讼？

宏观调控就是国家从经济运行的全局出发，运用各种宏观经济手段，对国民经济总体的供求关系进行调节和控制。宏观调控行为不具有可诉性。本案中法院驳回起诉的做法是正确的。因为公民不服宏观调控行为的纠纷，不适合由法院来解决。司法机关、行政机关、立法机关各有禀赋。司法权可以裁断微观行政行为，却难以插手宏观事务。但是，宏观调控行为的不可诉，并不意味着宏观调控行为可以脱离法律的轨道。

6.1 宏观调控法简述

6.1.1 宏观调控简述

宏观调控中的“宏观”，指的是宏观经济，即一个国家或地区经济运行的总量、结构状况，包括国民生产总值、国民收入、国家预算收支、货币的供给与需求、社会商品服务供给与需求、外贸进出口、外汇收支和资本的进出等各方面总量及其比例关系。“调控”是指国家对宏观经济运行进行调节和控制的行为。宏观调控就是国家从经济运行的全局出发，运用各种宏观经济手段，对国民经济总体的供求关系进行调节和控制，即国家对整个国民总量进行调控，以实现社会总供给和总需求的平衡。社会总供给与总需求之间能否保持平衡，对国民经济的平衡和发展具有重要意义，如果总供给大于总需求，就会造成社会资源的浪费；如果总供给小于总需求，又会造成物价上涨，引起经济生活的动荡。因而，要使国民经济保持持续、健康的发展，就必须努力保持总供给与总需求的平衡。但在完全自由的市场上，由于微观经济主体的唯利性和市场的滞后性，总供给与总需求的平衡无法“自发地”实现。这就需要国家运用法律的、经济的和行政的手段对国民经济的结构和运行进行调节和控制，保持总供给与总需求的动态平衡，从而维护和促进国民经济持续、稳定、协调发展。

如前所述，为了克服和矫正市场的盲目性和滞后性所导致的“市场失灵”，国家（政府）开始介入经济生活，对经济活动施加干预。宏观调控作为国家干预经济生活的方式之一，同样无法克服市场调节和政府干预所固有的局限性。所以，为了规范宏观调控中相关主体的行为，维护宏观调控秩序，保障宏观调控的有效实施及其目标的顺利实现，需要制定相应的法律。这种法律就是宏观调控法。所谓宏观调控法，就是指调整国家对宏观经济进行调控的过程中所发生的各种社会经济关系的法律规范的总称。它是经济法体系中的重要部门经济法，是国家管理经济的主要法律手段之一。

在理解宏观调控法的概念时，要区分实质意义上的宏观调控法与形式意义上的宏观调控法。实质意义上的宏观调控法，是泛指一切调整国家对宏观经济进行调控的过程中所发生的各种社会经济关系的法律规范的总和，而不问其是以何种名称命名，也不问其法律属性为何，这种意义上的宏观调控法，既包括宏观调控单行法，也包括其他法律法规中涉及宏观调控内容的条款。形式意义上的宏观调控法，主要是指宏观调控基本法，即统帅和指导宏观调控法的"根本法"，对宏观调控法的立法宗旨、目标、基本原则以及机构设置和基本制度等内容作出规定，以统一宏观调控的指导思想、基本原则、基本制度，并使各个方面、各个层次的法律规范协调一致和互相配合，如德国的《经济稳定与增长促进法》、美国的《充分就业和国民经济平衡增长法》等。我国目前暂未制定宏观调控基本法，所以在理解宏观调控法时，更多地是指实质意义上的宏观调控法。

6.1.2　我国主要的宏观调控法律

改革开放以来，我国宏观调控立法工作取得了很大进展，但与社会主义市场经济发展的要求相比，还有很大的差距。因此，当前迫切需要加快宏观调控法律体系建设。在我国社会主义市场经济发展的现阶段，最重要、最基本的宏观调控手段是国家计划、财政政策和金融政策，除此之外还有产业政策、投资政策、收入政策、区域政策、价格政策、国际收支政策等。运用的经济杠杆大致有财政、信贷、利率、价格、税率、工资、汇率等。因此，从宏观调控手段或经济杠杆方面进行立法的宏观调控法律应有计划法、固定资产投资法、中央银行法、预算法、税收基本法、各种税法、产业政策法、经济结构调整法、价格法、地区经济协调发展法、对外贸易法、外汇法、外商投资法等。上述宏观调控法律都是基础性法律。为了实施或细化这些法律，可以在其下制定一系列从属性的法规，但总的原则是，这些从属性法规必须是对基础性法律的补充和细化，不得对基础性法律创立的基本原则和制度做任何改变。

经过多年的努力，我国的宏观调控立法取得了很大成绩，颁布实施了《预算法》、《中国人民银行法》、《税收征收管理法》、《对外贸易法》、《价格法》等法律，制定了一批实施条例，为建立宏观调控法律体系奠定了初步基础。

6.2　国家预算法

6.2.1　国家预算简述

预算是指国家的基本财政计划，也就是国家对未来一定期间内的财政资金的筹集与供应所作出的预先计算，它包括预算收入和预算支出两部分。其中，预算收入包括税收收入、依照规定应当上缴的国家资产收益、专项收入，以及其他收入等。预算支出包括：经济建设支出、教育、科学、文化、体育、卫生等事业发展支出；国家管理费用支出；国防支出；各种补贴支出以及其他支出等。

预算收入可进一步划分为中央预算收入、地方预算收入、中央和地方预算共享收入。预算支出可进一步划分为中央预算支出和地方预算支出。

从形式上看，国家预算就是按一定标准将财政收入和支出分门别类地列入特定的表格，可以使人们清楚地了解政府收支活动，它是反映政府财政活动的一面镜子。

从实际经济内容来看，国家预算的编制是政府对财政收支的计划安排，预算的执行是财政资金的筹措和使用过程，国家决算则是国家预算执行的总结。

从更深的层次上说，国家预算反映的是政府活动的范围、方向和政策。同时，国家预算要通过国家权力机关的审批方才生效，体现了国家权力机构和全体公民对政府活动的制约和监督。

6.2.2 国家预算法

预算法是指调整国家基本财政分配关系的法律准则，是财政法的核心内容。其主要内容包括：国家预算的原则、体制、管理职权、预算收支范围、预算编制、预算执行和监督、预算调整以及决算的管理监督等等。我国的预算法主要是指《中华人民共和国预算法》(以下简称《预算法》)，该法于 1994 年 3 月 22 日由全国人民代表大会第二次会议通过，自 1995 年 1 月 1 日起施行。《中华人民共和国预算法实施条例》于 1995 年 11 月 2 日由国务院通过并实施。

预算法的主要内容有以下一些。

① 预算编制。我国《预算法》确立了 5 级预算制度，实行一级政府一级预算，即中央，省、自治区、直辖市，设区的市、自治州，县、自治县、不设区的市、市辖区，乡、民族乡、镇 5 级预算。预算的编制应当按照《预算法》的相关规定，并参考上一年预算执行的情况和本年度收支预测情况进行编制。各级政府、部门及单位应当按照国务院规定的时间编制预算草案。预算收入的编制应当与国内生产总值的增长率相适应。依据规定必须列入预算的收入，不得隐瞒、少列，也不得将上年的非正常收入作为编制预算收入的依据。预算支出的编制应当贯彻厉行节约、勤俭建国的方针，同时应当统筹兼顾、确保重点，在保证政府公共支出合理需要的前提下，妥善安排其他各项预算支出。编制预算草案的具体事项，由国务院财政部门规定。

② 预算的审查与批准。《预算法》规定，国务院在全国人民代表大会举行会议时，向大会作关于中央和地方预算草案的报告。中央预算由全国人民代表大会审查批准，地方各级政府预算由本级人民代表大会审查批准。

③ 预算的执行与调整。预算的执行是指完成预算收支任务的全部活动。预算一旦经审查批准后，就具有了法律效力，必须认真依照执行。因此，各级预算收入的征收部门，必须依照法律法规的规定，及时足额征收预算收入，不得擅自减征、免征、

缓征，不得截留、占用或挪用。各级财政部门也必须依据法律法规和国务院的规定，及时足额支付预算支出资金，加强对预算支出的监督，不得将不属于预算内支出的款项转化为预算支出款项。

预算调整是指对经批准的原中央和地方预算，在执行中因特殊情况的需要，从而作出增加支出或减少收入的部分变更的全部活动。各级政府、部门对于必须进行调整的预算，应当编制预算调整方案，并提交本级人民代表大会批准，未经批准不得调整预算。

④ 决算及预决算监督。决算是指预算制度收支执行情况的总结，它包括中央总决算和地方总决算。决算草案由各级政府、部门和单位在每一项预算终了后按照国务院规定的时间编制。编制决算草案必须符合法律法规的规定，要做到收支数额准确、内容完整、报送及时。决算草案经本级政府审定后由本级人民代表大会批准。

全国人民代表大会及其常务委员会对中央和地方预算、决算进行监督；县级以上地方各级人民代表大会及其常务委员会对本级和下级政府预算、决算进行监督；乡、民族乡、镇人民代表大会对本级预算、决算进行监督。人民代表大会进行监督时依法有权进行调查和质询。

各级政府应当在每一预算年度内至少两次向本级人民代表大会或者其常委会作预算执行情况的报告。各级政府监督下级政府的预算执行，下级政府应当定期向上一级政府报告预算执行情况。各级政府财政部门负责监督检查本级各部门及其所属各单位预算的执行，并向本级政府和上一级财政部门报告预算执行情况；同时，各级政府审计部门对本级各部门、单位和下级政府的预算、决算实行审计监督。

6.3 税法

【案例讨论 6.1】

为扩大内需，中国决定恢复开征利息税。1999 年 8 月 30 日，第九届全国人大常委会第十一次会议通过了《全国人民代表大会常务委员会关于修改〈个人所得税法〉的决定》。根据该决定，删去了原有关储蓄存款利息免纳个人所得税的规定。同年 9 月 3 日，国务院发布了《对个人储蓄存款利息所得征收个人所得税的实施办法》，根据该办法，利息税适用 20%的比例税率。到 2000 年 10 月底，我国恢复征收利息税的一年时间里，利息税总收入达到 120.5 亿元，居民部分储蓄存款已经分流到证券投资、消费信贷领域。

思考：

税收在宏观调控中有何地位？如何利用税收进行宏观调控？

6.3.1 税收与税法

1. 税收的概念和特征

税收是国家为了实现其职能，凭借政治权力，依据法定的标准，强制地、无偿地、固定地取得财政收入时发生的一种特殊分配活动。

税收的特征可以归纳为以下几点。

① 强制性。国家税收的征缴不是以纳税人自愿为前提的，而是由税法直接规定的，纳税人必须依据税法的规定自觉履行纳税义务，否则就要受到法律的制裁。

② 无偿性。国家征收税收时是无偿的，并不给纳税人以对价；作为税款表现形式的货币或实物单方面从纳税人手中转移至国家手中；在具体的税款缴纳过程中，国家不负对等给付义务，纳税人也没有要求对等给付的权利。

③ 固定性。所谓固定性主要有两层含义：一是税收是经常发生和普遍存在的；二是税收是以税法的形式表现出来的，国家在征税之前，已经采取法律形式把每种税的具体要素如征税对象、税率等详细明确地规定下来了，非经法定程序不得更改。固定性是国家取得稳定财政收入的可靠保证。

上述税收的三大特征表明了税收与国家取得财政收入的其他方式如行政收费、罚款等之间的本质区别。

2. 税法的概念和特征

税法是调整税收关系的法律规范的总称。在表现形式上，税法表现为多个税法立法文件。目前，世界上绝大多数国家都不存在专门的税收法典。

（1）税法的调整对象

税法的调整对象是税收关系。具体来说，它包括以下几方面关系。

① 国家权力机关与国家行政机关之间、上级国家机关与下级国家机关之间，因税收管理权限划分而产生的税收管理权限关系。

② 国家内部的中央政府与地方政府之间、本国政府与外国政府之间的税收分配关系。

③ 财税机关与纳税人之间发生的税款征收关系。

（2）税法的特征

税收是税法存在的基础，税法是税收的表现形式。税法具有以下主要特征。

① 税法中确定的征纳双方的权利义务具有不对等性。一方国家强制征税，另一方则无偿缴纳税收，履行纳税义务。

② 税法是实体法与程序法的统一。实体法和程序法常常包含在同一部税法文件中。

③ 税法具有稳定性和灵活性统一的特征。税法颁布后不能朝令夕改，要具有稳定性，但它又不是一成不变的，国家常常根据政治经济任务的变化和经济发展阶段的新要求，对税法进行废、改、立。税法的灵活性较之其他部门法更为突出。

3. 税法的构成要素

一般说来，一项税法法律规范由以下几项要素构成。

① 税法主体。税法主体包括征税主体和纳税主体。征税主体是指税务机关、特定的财政机关和海关；纳税主体是指负有纳税义务享有税法权利的社会组织和个人。

② 征税对象。征税对象即征税的标的物，包括物和行为。前者如商品、房产等；后者如合同、固定资产投资行为等。征税对象反映了征税的广度。税法中规定的征税对象的具体项目就是税种税目。

③ 税率。税率即应纳税额与征税对象具体数额的比例关系。税率反映了征税的深度，它包括以下 3 种常见具体形式。

比例税率。它是指对同一征税对象或同一税目，不论数额大小，均按同一比例计征的税率。

累进税率。它是指随着征税对象数额增大而提高的一种税率。具体又包括全额累进税率、超额累进税率和超率累进税率 3 种。全额累进税率是指对征税对象的全部数额都按照与之相应的等级税率征税的一种税率；超额累进税率是指依据征税对象数额的大小，划分成不同级别，分别规定征收不同税率的一种税率。超率累进税率，是指把征税对象的一定数额作为一个计税基数，以这个基数为一倍，按不同超倍数额采用不同的累进税率计征的一种税率。累进税率体现了高能力高负担，低能力低负担的原则。

定额税率。它又称固定税率，是指按单位征税客体直接规定固定税额的一种税率。一般适用于从量计征的税种。

④ 纳税环节。它是指《税法》规定的在整个流转过程中，应当缴纳税款的环节。

⑤ 纳税地点。它是指《税法》规定的纳税人申报缴纳税款的场所。

⑥ 纳税期限。它是指《税法》规定的纳税人发生纳税义务后，向国家缴纳税款的期限，具体包括按次缴纳和按期缴纳两种。

⑦ 税收优惠。税收优惠即《税法》规定的在税收方面的激励和照顾的措施，其目的在于体现鼓励和扶持政策，其具体形式包括减税、免税、退税、投资抵免、加速折旧、亏损结转、延期纳税等。

⑧ 违章处理。违章处理即《税法》规定的对纳税人和征税主体违反税法规定应当承担的法律后果及处理措施。它是税法实施的保障，是税法强制性的突出表现。

4. 税收的种类

依据不同的标准可以将税收划分为许多种类。这里只介绍一些主要的类别。

① 按征税对象性质的不同可以划分为流转税、所得税、财产税、行为税、资源税 5 大税类。当前我国税收就包括此 5 大税类。

② 按税收管辖权限及税收收入归属的不同，可以划分为中央税、地方税和中央地方税。只有采取分税制的国家才有这种分类。我国目前采取的就是分税制。

③ 按照税收与价格的关系可以划分为价内税和价外税。

④ 按照税负承载的方式不同，可以划分为直接税和间接税。

⑤ 按计征方法的不同可以划分为从量税和从价税。

经过 1993 年新税制改革后，我国目前已经基本建立了完善、科学的税收制度。在现有税制中，流转税为第一大税类，所得税为第二大税类。这种税制结构安排是与我国发展中国家的国情相适应的。

6.3.2 流转税

流转税是以商品的流转额和劳务收入为征税对象的一个类别税种，包括增值税、土地增值税、消费税、营业税和关税。

1. 增值税

增值税是对商品流转中产生的新增值额所征收的一种税，在我国税制结构中具有十分重要的地位。增值税的计税依据是商品新增值，也就是纳税人在生产经营或提供劳务过程种创造的新价值或附加值。增值税的纳税人是在中国境内销售货物或者提供加工、修理修配劳务以及进口货物的单位和个人。相应的，其征税范围就是在中国境内销售货物或者提供加工、修理修配劳务以及进口货物，无形资产和不动产的销售不包括在其中。增值税的纳税人有一般纳税人和小规模纳税人之分。

增值税属于价外税，其应纳税额的计算采取税款抵扣的方法，即：

应纳增值税额 = 销项税额 − 进项税额

其中，销项税额 = 销售额 × 适用税率，进项税额为增值税专用发票上注明的税额。

增值税的税率分为 3 档，即：基本税率 17%，适用于大多数纳税人；低税率 13%，适用于销售或进口特定货物的纳税人，如粮食、自来水、天然气、图书、化肥等；零税率，适用于出口货物的纳税人，纳税人缴纳增值税后货物出口的，可以申请增值税的出口退税，从而使其负担的增值税趋向于零或等于零。增值税具有中性的特征，也就是它的独到的结构设计极大地避免了税收对经济可能产生的扭曲作用，同时它又具有税负公平的特点。因此，增值税被世界各国广泛采用。

2. 营业税

营业税是对中国境内提供应税劳务、转让无形资产和销售不动产的单位和个人，按其营业额征收的一种税。营业税的征税范围包括在中国境内提供应税劳务、转让无形资产或销售不动产。其中提供应税劳务主要包括交通运输业、建筑业、金融保险业、邮电通信业、文化体育业、娱乐业和服务业 7 项。转让无形资产是指转让无形资产的所有权或使用权，具体包括土地使用权、商标权、专利权、非专利技术、著作权和商誉等。

营业税的税目有 9 项，税率从 3%～20%不等，采用从价计征的方式。具体计算公式如下：

应纳营业税额 = 营业额 × 适用税率

营业税具有征税普遍、简便易行的特点，是流转税类中仅次于增值税的第二大税种，与增值税相互补充，共同构成了流转税类的主体部分。

【案例分析 6.1】

某县农机化学校自 1994 年 1 月开始举办农用车驾驶员培训班。培训合格后，发给学员机动车驾驶证，准驾驶农用运输车、大型拖拉机。1994 年 9 月，县地税局对该校进行税收检查时发现，该校的农用车驾驶员培训费收入共计 30 万元未办理纳税申报。县地税局根据《营业税暂行条列》的“服务业—其他服务业”税目，对其征收 5%的营业税共计 1.5 万元。农机化学校不服县地税局的处理决定，于 1994 年 10 月向市地税局提出复议申请，要求撤销征税决定，市地税局审查后认为，适用 5%的税率错误，应按文化体育业税目征收，税率为 3%。因此，县地税局应退还 6000 元。

农机化学校认为农用车驾驶员培训应免征营业税。于收到复议决定书后在法定期限内向县人民法院提起行政诉讼。县人民法院审理后认为，《营业税暂行条例实施细则》第 26 条第 3 款规定，免征营业税的学校及其他教育机构，是指普通学校以及经地、市级以上人民政府或者同级政府的教育行政部门批准成立，国家承认其学员学历的各类学校。第 4 款规定，农业机耕，是指在农业、林业、牧业中使用农业机械进行耕作（包括耕耘、种植、收割、脱粒、植保等）的业务。县农机化学校不属于举办国家承认学历的教育学校，农用驾驶员培训不属于与耕作、种植、收割、脱粒、植保等相关的技术培训业务，不属于免征营业税项目。因此，撤销市地税局的行政复议决定，维持县地税局的处理决定。

3. 消费税

消费税是对中国境内从事生产、委托加工和进口特种消费品的单位和个人所征收的一种税。我国消费税的征税范围包括 11 类，主要是特殊消费品、奢侈品、高能耗消费品、不可再生的资源消费品和一些税基广、消费普遍的消费品。同时根据消费品的不同情况，设计了 11 个税目，13 个子目，11 档税率。税收计征方法包括从量计征和从价计征两种，因消费品的类别不同而不同。

消费税具有选择性征收和税率税额存在较大差别性的特点，其主要的功能在于正确引导消费，抑制超前消费，调整消费结构，缓解供求矛盾，同时调节收入差别和贯彻国家产业政策。

4. 关税

关税是指设在边境、沿海口岸或国家指定的其他水、陆、空国际交往通道上的海关机关按照国家的规定对进出国境的货物和物品所征收的一种税。纳税主体是进口货物的收货人、出口货物的发货人、进出境物品的所有人（持有人）和进口邮件的收件人。征税对象是海关依照关税条例审定的完税价格。关税实行比例税率。

6.3.3 所得税

所得税也称收益税，是以纳税人的纯收益（所得额）为征税对象的一种税。我国的所得税包括企业所得税和个人所得税。

1. 企业所得税

企业所得税是对除个人独资企业、合伙企业外的在中国境内的企业和其他取得收入的组织的生产经营所得和其他所得征收的一种税。

（1）纳税人

企业分为居民企业和非居民企业。居民企业，是指依法在中国境内成立，或者依照外国（地区）法律成立但实际管理机构在中国境内的企业。非居民企业，是指依照外国（地区）法律成立且实际管理机构不在中国境内，但在中国境内设立机构、场所的，或者在中国境内未设立机构、场所，但有来源于中国境内所得的企业。居民企业应当就其来源于中国境内、境外的所得缴纳企业所得税。非居民企业在中国境内设立机构、场所的，应当就其所设机构、场所取得的来源于中国境内的所得，以及发生在中国境外但与其所设机构、场所有实际联系的所得，缴纳企业所得税。

（2）税率

企业所得税的税率为 25%。非居民企业在中国境内未设立机构、场所的，或者虽设立机构、场所但取得的所得与其所设机构、场所没有实际联系的，应当就其来源于中国境内的所得缴纳企业所得税，其适用税率为20%。符合条件的小型微利企业，减按 20%的税率征收企业所得税。国家需要重点扶持的高新技术企业，减按 15%的税率征收企业所得税。

（3）应纳税所得额

企业每一纳税年度的收入总额，减除不征税收入、免税收入、各项扣除以及允许弥补的以前年度亏损后的余额，为应纳税所得额。收入总额是企业以货币形式和非货币形式从各种来源取得的收入，包括销售货物收入、提供劳务收入、转让财产收入、股息、红利等权益性投资收益、利息收入、租金收入、特许权使用费收入、接受捐赠收入以及其他收入。企业实际发生的与取得收入有关的、合理的支出，包括成本、费用、税金、损失和其他支出，准予在计算应纳税所得额时扣除。企业发生的公益性捐赠支出，在年度利润总额 12%以内的部分，准予在计算应纳税所得额时扣除。企业纳税年度发生的亏损，准予向以后年度结转，用以后年度的所得弥补，但结转年限最长不得超过 5 年。企业的应纳税所得额乘以适用税率，减除依照本法关于税收优惠的规定减免和抵免的税额后的余额，为应纳税额。

（4）税收优惠

国家对重点扶持和鼓励发展的产业和项目，给予企业所得税优惠。

① 企业的下列收入为免税收入：国债利息收入；符合条件的居民企业之间的股息、红利等权益性投资收益；在中国境内设立机构、场所的非居民企业从居民企业取得与该机构、场所有实际联系的股息、红利等权益性投资收益；符合条件的非营利组织的收入。

② 企业的下列所得，可以免征、减征企业所得税：从事农、林、牧、渔业项目的所得；从事国家重点扶持的公共基础设施项目投资经营的所得；从事符合条件的环境保护、节能节水项目的所得；符合条件的技术转让所得；《税法》第 3 条第 3 款规定的所得。

③ 民族自治地方的自治机关对本民族自治地方的企业应缴纳的企业所得税中属于地方分享的部分，可以决定减征或者免征。

④ 企业的下列支出，可以在计算应纳税所得额时加计扣除：开发新技术、新产品、新工艺发生的研究开发费用；安置残疾人员及国家鼓励安置的其他就业人员所支付的工资。

⑤ 创业投资企业从事国家需要重点扶持和鼓励的创业投资，可以按投资额的一定比例抵扣应纳税所得额。

⑥ 企业的固定资产由于技术进步等原因，确需加速折旧的，可以缩短折旧年限或者采取加速折旧的方法。

⑦ 企业综合利用资源，生产符合国家产业政策规定的产品所取得的收入，可以在计算应纳税所得额时减计收入。

⑧ 企业购置用于环境保护、节能节水、安全生产等专用设备的投资额，可以按一定比例实行税额抵免。

2. 个人所得税

个人所得税是对自然人所得征收的一种税。

（1）纳税人

个人所得税，以所得人为纳税义务人，其中的所得人包括居民和非居民两类。居民是指在中国境内有住所或者无住所而在境内居住满一年的个人；非居民则是指在中国境内无住所又不居住或者无住所而在境内居住不满一年的个人。居民负有无限纳税义务，就境内境外的全部所得纳税；非居民负有限纳税义务，仅就其来源于中国境内的所得负纳税义务。

在具体的征缴上，个人所得税主要是通过扣缴义务制，并配合以申报纳税的征缴方法来实现税款征收的。具体来说就是，个人所得税，虽然以个人为纳税义务人，但一般以支付所得的单位或个人为扣缴义务人，并由扣缴义务人在支付所得额时扣缴税收；然而，对于个人所得超过国务院规定数额的，或者个人在两处以上取得工资、薪酬所得的，或者没有扣缴义务人的，或者具有国务院规定的其他情形的，该纳税义务人则应当按照国家规定办理纳税申报。扣缴义务人也应当按照国家规定办理全员全额扣缴申报。

（2）应收所得额

个人所得的应税所得额按照以下方法计算。

① 工资、薪金所得，以每月收入额减除费用 2000 元后的余额，为应纳税所得额。

② 个体工商户的生产、经营所得，以每一纳税年度的收入总额，减除成本、费用以及损失后的余额，为应纳税所得额。

③ 对企事业单位的承包经营、承租经营所得，以每一纳税年度的收入总额，减除必要费用后的余额，为应纳税所得额。

④ 劳务报酬所得、稿酬所得、特许权使用费所得、财产租赁所得，每次收入不超过 4000 元的，减除费用 800 元；4000 元以上的，减除 20%的费用，其余额为应纳税所得额。

⑤ 财产转让所得，以转让财产的收入额减除财产原值和合理费用后的余额，为应纳税所得额。

⑥ 利息、股息、红利所得，偶然所得和其他所得，以每次收入额为应纳税所得额。

个人将其所得对教育事业和其他公益事业捐赠的部分，按照国务院有关规定从应纳税所得中扣除。

（3）税率

① 工资、薪金所得，适用超额累进税率，税率为 5%～45%。

② 个体工商户的生产、经营所得和对企事业单位的承包经营、承租经营所得，适用 5%～35%的超额累进税率。

③ 稿酬所得，适用比例税率，税率为 20%，并按应纳税额减征 30%。

④ 劳务报酬所得，适用比例税率，税率为 20%。对劳务报酬所得一次收入畸高的，可以实行加成征收，具体办法由国务院规定。

⑤ 特许权使用费所得，利息、股息、红利所得，财产租赁所得，财产转让所得，偶然所得和其他所得，适用比例税率，税率为 20%。

6.3.4 财产税、行为税和资源税

1. 财产税

财产税是指以一定财产的价格和数量为征税对象的一种税，包括房产税、城市房地产税和契税。

① 房产税是以中国境内的房产为征税对象，以房屋的评估价值或租金为计税依据而征收的一种税。房地产税的纳税人为房产的产权所有人。房产的产权属于全民所有的，纳税人为其经营管理人；房产的产权是出典的，纳税人是其承典人。房产税的税率采用比例税率，以房产原价一次性减去10%～30%后的余值作为计税价格计征的，税率为1.2%；以租金收入计征的，年税率为12%。

② 契税是指在我国境内转移土地、房屋权属，承受其权利的单位和个人缴纳的一种税。纳税主体是承受土地、房屋权属的单位和个人。征税对象包括国有土地使用权出让、土地使用权转让（出售、赠与和交换）、房屋买卖、房屋赠与、房屋交换。契税实行3%～5%的比例税率。

2. 特定行为税

指以纳税人的某些特定行为作为征税对象的一种税，包括印花税、城市建设维护税、车船使用税、屠宰税、宴席税、船舶吨位税等。

3. 资源税

指对我国境内开采规定的矿产品或者生产盐的单位和个人征收的一种税。征税范围包括矿产品和盐。资源税实行从量计征的定额幅度税率。

6.3.5 分税制

我国采取的是分税制的管理体制，区分中央税、地方税和中央地方共享税，相应地在税务机关安排上就存在国家税务局和地方税务局之分。国家税务局和地方税务局是负责税务管理的主要机关。为了保证税务机关独立行使职权，全国税务系统实行上级税务机关和同级政府双重领导、以税务机关垂直领导为主的体制。法律赋予税务机关以税务管理、税款征收、税务检查和一定的强制执行的权力。

除了各级税务机关之外，海关、财政机关也负有一定的税务管理职责。

6.3.6 税收征管法

《中华人民共和国税收征收管理法》（以下简称《税收征收管理法》）于1992年9月4日第七届全国人民代表大会常务委员会第二十七次会议通过，1995年2月28日第八届全国人民代表大会常务委员会第十二次会议通过了《关于修改〈中华人民共和国税收征收管理法〉的决定》，2001年4月28日第九届全国人民代表大会常务委员会第二十一次会议再次修订，新法于2001年5月1日起施行。另外，《中华人民共和国税收征收管理法实施细则》（以下简称《税收管理法实施细则》）由国务院制定并于

2002 年 10 月 15 日起施行。

《税收征收管理法》和《税收管理法实施细则》是我国税收征管方面的主要法律，其中详细规定了税收征收的一些基本程序和制度。

1. 税务登记制度

税务登记是纳税人向其所在地的税务机关书面登记的一种活动，它包括开业登记、变更登记和注销登记。《税收征收管理法》规定，企业、企业在外地设立分支机构和从事生产、经营的场所，个体工商户和从事生产经营的事业单位自领取营业执照之日起 30 日内，持有关证件向税务机关申报办理税务登记，税务机关审查后发给税务登记证件；如果从事生产经营的纳税人的税务登记内容发生变化，应在法定的期限内，持有关证件向税务机关办理变更或注销登记；纳税人的税务登记证件应当按照规定使用、不得转借、涂改、损毁、买卖或伪造。

2. 纳税申报制度

《税收征收管理法》规定，纳税人和扣缴义务人必须在法律法规规定的或者税务机关依法确定的申报期限内办理纳税申报，报送纳税申报表、财务会计报表以及税务机关要求的其他纳税资料。纳税人和扣缴义务人不能按期办理纳税申报或者报送代扣代缴、代收代缴税收报告表的，经税务机关核准，可以延期申报。纳税申报制度是税收征管工作的重要环节，是纳税人、扣缴义务人履行纳税的法定手续，也是税务机关办理征收工作、核实应征税额、实施税收监督的重要基础。

3. 账证管理制度

账簿是记载经济活动的记录，凭证是记账的依据。严格账簿、凭证管理是税务管理的重要内容。纳税人和扣缴义务人应当按照规定设置账簿，并依据合法有效的凭证记账。个体工商户确实不能设置账簿的，经税务机关核准可以不设置账簿。纳税人的财务、会计制度或者财务、会计处理办法，应当报送税务机关备案。如果纳税人的财务会计处理办法与税收规定相抵触，应当以有关的税收规定为准。

纳税人和扣缴义务人应当按照规定的期限保存账证资料。账证资料不得伪造、变造或是擅自销毁。

4. 税务检查制度

税务检查是指税务机关依法对纳税人的纳税情况进行检查，并纠正其违法行为而实施的监督检查活动。纳税人和扣缴义务人必须依法接受税务机关的税务检查，如实反映情况，提供有关资料，不得拒绝、隐瞒。税务机关工作人员进行税务检查时应当出示有关证件，并有责任为被检查人保守秘密。税务检查制度对于保证税法的贯彻执行有着重要的作用。

5. 税收征管的强制措施

《税收征收管理法》的一个重要特点就是加强税务机关的实施强制措施的权力。税法中的强制措施包括扣押、税收保全措施、强制执行措施和离境清税等 4 种。

6.4 会计法与审计法

6.4.1 会计与审计简述

社会经济的运行在某种意义上说就是社会资金的运行，而社会资金如何使用才能有利于调节收入分配，有利于提高经济效益、促进廉政建设、保障国民经济健康有序发展，则有赖于会计、审计的核算、监督功能的有效发挥。会计法与审计法是管理和监督社会经济活动的重要法律，作为经济领域的计算监督法，它们是经济法的重要组成部分。如果说，会计法的重点是国家对各单位内部会计事务的法治管理，那么审计法的重点则是国家从外部对各单位的会计事务进行的法治管理，两种法治管理相辅相成。

6.4.2 会计法

【案例分析 6.2】

2000 年 3～4 月的一天，时任被告单位江山造纸厂厂长的被告人杨云法，召集该厂经营副厂长、财务科长、副科长、出纳和该厂劳动服务公司的出纳到其办公室，指使上述人员共同对该厂劳动服务公司上年度（1999 年 3～4 月至当日止）的财务支出流水账、凭证等会计资料进行审核，确认无异议后，将余额结转到新账簿上，由在场人签名。之后，杨云法决定延用该厂以往的做法，将审核过的会计资料让人拿到锅炉房予以烧毁。2001 年 4 月 5 日，被告杨云法仍延用前次做法，将审核过的该厂财务和该厂劳动服务公司上年度的财务流水账、凭证等会计资料指使他们拿到锅炉房予以烧毁。被告单位江山造纸厂的劳动服务公司两次被烧毁的会计资料，涉及收入金额共计 567952.52 元。1998 年 8 月 21 日财政部、国家档案局发布的《会计档案管理办法》第 4 条规定："各单位必须加强对会计档案管理工作的领导，建立会计档案的立卷、保管、查阅和销毁等管理制度，保证会计档案妥善保管、有序存放、方便查阅、严防毁损、失散和泄密。"该办法的附表一《企业和其他组织会计档案保管期限表》规定，企业的会计凭证类和会计账簿类会计档案的保管期限是 15 年。1999 年 10 月 31 日第九届全国人民代表大会常务委员会第十二次会议修订的《会计法》第 23 条规定："各单位对会计凭证、会计账簿、财务会计报告和其他会计资料应当建立档案，妥善保管。会计档案的保管期限和销毁办法，由国务院财政部门会同有关部门制定。"据此，江山市人民法院于 2001 年 11 月 16 判决：一，被告单位江山造纸厂犯销毁会计资料罪，判处罚金 10 万元；二，被告人杨云法犯销毁会计资料罪，判处有期徒刑 1 年，缓刑 1 年，并处罚金 5 万元。

1. 会计法概述

会计是运用货币形式，通过记账、算账、报账、用账等手段，核算和分析国家机关、企业事业单位等的经济活动和财务开支，反映和监督经济过程及其成果的一种活动。会计工作的主要内容是会计核算和会计监督。会计法是调整会计关系的法律规范的总称。所谓会计关系，是指以货币计量为基本形式，按照规定程序和方法，对经济业务活动或财务收支进行真实、准确、全面、系统、连续地记录、核算、分析和监督检查的会计活动中所产生的社会经济关系。

为了规范会计行为，保证会计资料真实、完整，加强经济管理和财务管理，提高经济效益，维护社会主义市场经济秩序，1985 年 1 月 21 日第六届全国人大常委会第九次会议通过了《中华人民共和国会计法》（以下简称《会计法》），1993 年 12 月 29 日第八届全国人大常委会第五次会议予以部分修订，1999 年 10 月 31 日第九届全国人大常委会第十二次会议对其又进行了全面的修订，并于 2000 年 7 月 1 日起施行，使其更加适应市场经济的要求。国家机关、社会团体、公司、企业、事业单位和其他组织办理会计事务，必须遵守该法。个体工商户会计管理的具体办法，由国务院财政部门根据《会计法》的原则另行规定。

2. 会计法的主要规定

① 会计管理体制。会计工作的领导体制。我国《会计法》第 7 条规定："国务院财政部门主管全国的会计工作。县级以上地方各级人民政府财政部门管理本行政区域内的会计工作。"单位负责人对本单位的会计工作负责。

会计制度的制定。会计制度是会计机构、会计人员办理会计事务的基本规范。国家实行统一的会计制度。我国《会计法》第 8 条规定："国家统一的会计制度，由国务院财政部门根据本法制定并公布。"国务院有关部门可以依照《会计法》和国家统一的会计制度，制定对会计核算和会计监督有特殊要求的行业实施国家统一的会计制度的具体办法或者补充规定，报国务院财政部门审核批准。

② 会计机构和会计人员。会计机构和会计人员的设置。我国《会计法》第 36 条规定："各单位应当根据会计业务的需要，设置会计机构，或者在相关机构中设置会计人员并指定会计主管人员；不具备设置条件的，应当委托经批准设立从事会计代理记账业务的中介机构代理记账。"

国有的和国有资产占控股地位或主导地位的大中型企业必须设置总会计师。总会计师的任职资格、任免程序、职责权限由国务院规定。

从事会计工作的人员，必须取得会计从业资格证书。担任单位会计机构负责人的，除取得会计从业资格证书外，还应当具备会计师以上的专业技术职务资格，或者从事会计工作 3 年以上的经历。

③ 会计稽核制度。稽核是稽查和复核的简称。会计稽核是会计机构对会计核算工作进行的一种自我检查及核实工作，以提高会计核算工作的质量，它是做好会计核算工作的重要保证。会计机构内部应当建立稽核制度。

出纳人员不得兼任稽核、会计档案保管和收入、支出、费用、债权、债务账目的登记工作。

④ 会计人员工作交接。会计人员调动工作或者离职，必须与接管人员办清交接手续。一般会计人员办理交接手续，由会计机构负责人监交；会计机构负责人办理交接手续，由单位负责人监交，必要时主管单位可以派人会同监交。

【案例分析 6.3】

某设备厂是国有工业企业。2001 年 8 月 12 日，经厂长孙某批准，设备厂与个体工商户王某签订了一份借款合同，由设备厂借给王某人民币 5 万元，借款期限 3 个月。8 月 14 日，会计科长陈某以资金紧张、怀疑王某借款信誉为由，书面报告厂长，要求取消该借款合同。8 月 27 日，厂长批示："合同已经签订，就应当依法履行。"会计科依批示从当日销售款中支取了现金 5 万元交给王某。后王某未如期还款，并不知去向。厂长孙某以会计科工作不力为由作出如下决定：①免去陈某会计科长职务；②出纳员刘某调厂总务科工作，其出纳工作由稽核员吴某兼任；③将会计科并入计划科，由计划科长行使会计机构负责人的职权。问：该案例中，哪些做法是违反法律、法规的？

分析：在本案例中，借款合同因不具备合同主体资格要求而无效；厂长应在接到会计人员书面报告之日起 10 日内作出决定；会计科不能从本单位现金收入中直接支付现金；该工厂是国有企业，国有企业会计机构负责人的任免应当经过有关部门同意；出纳人员不能兼任稽核工作。

3. 会计核算的法律规定

会计核算是指以货币为主要计量单位，对企业、事业、机关团体等单位的经济业务进行及时、连续、系统的记录、计算、分析，如实反映财务状况的经营成果，并据以编制会计报表等活动。会计核算是会计的基本职能之一。各单位必须据实进行会计核算，充分发挥会计核算职能作用。

（1）会计核算的内容

下列经济业务事项应办理会计手续，进行会计核算：①款项和有价证券的收付；②财物的收发、增减和使用；③债权、债务的发生和结算；④资本、基金的增减；⑤收入、支出、费用、成本的计算；⑥财务成果的计算和处理；⑦其他需要办理会计手续、进行会计核算的事项。

（2）会计年度、记账本位币和记录文字

会计年度自公历 1 月 1 日起至 12 月 31 日止。会计核算以人民币为记账本位币。业务收支以人民币以外的货币为主的单位，可以选定其中一种货币作为记账本位币，但是编报的财务会计报告应当折算为人民币。

会计记录的文字应当使用中文。民族自治地区可以同时使用当地通用的一种民族文字。我国境内的外商投资企业、外国企业和其他外国组织的会计记录可以同时使用一种外国文字。

（3）会计核算的要求

会计核算总的原则是要求会计凭证、会计账簿、财务会计报告和其他会计资料必须符合国家统一的会计制度的规定，不得伪造、变造会计凭证、会计账簿及其他会计资料，不得提供虚假的财务会计报告。使用计算机进行会计核算的，其软件及其生成的会计凭证、会计账簿、财务会计报告和其他会计资料也必须符合国家统一的会计制度的规定。

4. 会计监督的法律规定

会计监督是会计的基本职能之一，加强会计监督是保证会计信息质量、发挥会计管理作用的必要措施。会计监督分为单位内部监督、国家监督和社会监督。单位内部监督是会计监督的基础。

① 单位内部监督。各单位应当建立、健全本单位内部会计监督制度，并符合下列要求：明确记账人员与经济业务事项和会计事项的审批人员、经办人员、财物保管人员的职责权限，并相互分离、相互制约；明确重大对外投资、资产处置、资金调度和其他重要经济业务事项的决策和执行的相互监督、相互制约的程序；明确财产清查的范围、期限和组织程序；明确对会计资料定期进行内部审计的办法和程序。单位负责人应当保证会计机构、会计人员依法履行职责，不得授意、指使、强令会计机构、会计人员违法办理会计事项。会计机构、会计人员对违反《会计法》和国家统一的会计制度规定的会计事项，有权拒绝办理或者按照职权予以纠正。发现会计账簿记录与实物、款项及有关资料不相符的，按照国家统一的会计制度的规定，会计机构和会计人员有权自行处理的，应当及时处理；无权处理的，应当立即向单位负责人报告，请求查明原因，作出处理。

② 国家监督。财政、审计、税务、人民银行、证券监管、保险监管等部门按照各自的职责分工，依照有关法律、行政法规的规定，对有关单位的会计工作、会计资料实施监督检查。各单位必须依法接受有关监督检查部门依法实施的监督检查，如实提供会计凭证、会计账簿、财务会计报告、其他会计资料以及有关情况，不得拒绝、隐匿、谎报。财政部门有权对会计师事务所出具审计报告的程序和内容进行监督。

③ 社会监督。根据有关法律、行政法规规定，须经注册会计师进行审计的单位，应当向受委托的会计师事务所如实提供会计凭证、会计账簿、财务会计报告和其他会计资料，以及有关情况。任何单位或个人不得以任何方式要求或者示意注册会计师及其所在的会计师事务所出具不实或不当的审计报告。任何单位和个人对违反《会计法》和国家统一的会计制度规定的行为有权检举。收到检举的部门有权处理的，应当依法按照职责分工及时处理；无权处理的，应当及时移送有权处理的部门处理。收到检举的部门、负责处理的部门应为检举人保密，不得将检举人的姓名和检举材料转给被检举单位和被检举人。

6.4.3 审计法

【案例分析 6.4】

2000 年年初，审计署文化体育审计局对我国文物局进行预算执行审计，审计查明：1997 年至 1999 年 3 月，国家文物局将故宫博物院上缴的门票收入 6332 万元，文物协调中心上缴的文物销售款 205 万元和以自筹基建名义虚列的事业费 3000 万元等，另行存入上海等地开设的 4 个银行账户，账外存款达 3 年之久，形成账外资金 9860 万元。同时在审计过程中查明：该局原资产财务计划处副处长张某，利用经管上述资金的便利，在 1997 年至 1998 年 10 月 10 次提取现金共计 26 万元，除去 2.6 万元的开销外，其余 23 万多元直到审计时才交出，而且张某将收取的 9 万多元咨询费据为己有。在文化体育审计局向有关部门办理移送手续后，张某被依法判处有期徒刑 12 年。

1. 审计法的概念

审计是指审计机关通过检查被审计单位的会计凭证、会计账簿、会计报表以及其他与财政收支有关的资料、资产，依法独立对被审计单位的经济活动的真实、合法、有效进行审查、评价的一种监督活动。审计法是调整审计关系的法律规范的总称。我国于 1994 年通过了《中华人民共和国审计法》，1997 年国务院发布了《审计法实施条例》。2006 年第十届全国人民代表大会常务委员会第二十次会议修订后的《审计法》共 7 章 54 条，包括总则、审计机关和审计人员、审计机关职责、审计机关权限、审计程序、法律责任和附则。

审计法的宗旨是加强国家的审计监督，维护国家财政经济秩序，提高财政资金使用效益，促进廉政建设，保障国民经济和社会健康发展。审计法在经济和政治方面都有着重要意义。在经济意义上，通过审计，可以查处违反财经法纪的行为，维护国家财政经济秩序。在政治意义上，通过审计，可以打击违反国家财经法纪的违法犯罪活动，教育干部群众，改进国家机关工作作风，促进廉政建设。

2. 审计机关和审计人员

审计机关是代表国家执行审计监督权的国家行政机关。审计机关具有法律规定的独立性和权威性。

国务院审计署在国务院总理领导下，主管全国的审计工作。审计长是审计署的行政首长。省、自治区、直辖市、社区的市、自治州、县、自治县、不设区的市、市辖区的人民政府的审计机关分别在省长、自治区主席、市长、州长、县长、区长和上一级审计机关的领导下，负责本行政区内的审计工作。

根据《审计法》的规定，审计人员应当具备与其从事审计工作相适应的专业知识和业务能力。审计人员依法行使审计机关的权力和职责，在执行职务时应遵守 3 项原则：①回避原则，审计人员办理审计事项，与被审计单位或者审计事项有利害关系时，应当回避；②保密原则，审计人员在执行职务中对所知悉的国家秘密、被审计单位的商业秘密，负有保密的义务；③受法律保护的原则，审计人员依法执行职务受法律保护。审计机关负责人依照法定程序任免，没有违法失职或其他不符合任职条件情况的，不得随意撤换。

3. 审计程序

审计程序是保障审计活动顺利进行，以及保障被审计对象应有权益的重要制度。只有符合审计程序规定的审计活动才具有合法性，其审计结果也才具有合法性并被社会所承认。依据《审计法》的规定，审计机关在开展审计工作时应当遵守如下审计程序。

第一，审计机关审计项目计划确定的审计事项时，应当组成审计组，并应在实施审计 3 日前，向被审计单位送达审计通知书。

第二，审计人员通过审查会计资料、查阅与审计事项有关的文件、资料，检查现金、实物、有价证券，向有关单位和个人调查等方式进行具体的审计，并取得证明材料。审计人员进行调查时，应当出示相关证件和审计通知书副本。

第三，审计组对审计事项进行审计后，向审计机关提出审计报告；审计报告报送审计机关前，应当征求被审计单位的意见；被审计单位应当自接到审计报告之日起 10 日内，将其书面意见送交审计组或者审计机关。

第四，审计机关审定审计报告，对审计事项作出评价，出具审计意见书；对违反国家规定的财政收支、财务收支行为需要依法给予处理、处罚的，在法定职权范围内作出审计决定或者向有关主管机关提出处理、处罚意见。审计机关应当自收到审计报告之日起 30 日内，将审计意见书和审计决定送达被审计单位和有关单位。审计决定自送达之日起生效。

学习回顾

宏观调控法，就是指调整国家对宏观经济进行调控的过程中所发生的各种社会经济关系的法律规范的总称。它是经济法体系中的重要部门经济法，是国家管理经济的主要法律手段之一。经过多年的努力，我国的宏观调控立法取得了很大成绩，颁布实施了《预算法》、《中国人民银行法》、《税收征收管理法》、《对外贸易法》、《价格法》等法律，制定了一批实施条例，为建立宏观调控法律体系奠定了初步基础。

预算法是指调整国家基本财政分配关系的法律准则，是财政法的核心内容，其主要内容包括国家预算的原则、体制、管理职权、预算收支范围、预算编制、预算执行和监督、预算调整，以及决算的管理监督等。

税收是国家为了实现其职能，凭借政治权力，依据法定的标准，强制地、无偿地、固定地取得财政收入时发生的一种特殊分配活动。当前我国税收包括 5 大税类，即流转税、所得税、财产税、行为税、资源税。税收征管法主要规定了税务登记制度、纳税申报制度、账证管理制度、税务检查制度及税收征管的强制措施等。

会计法是调整会计关系的法律规范的总称。本书主要介绍会计管理体制、会计机构和会计人员设置及会计稽核制度和会计核算的法律规定。

审计法是调整审计关系的法律规范的总称。宗旨是加强国家的审计监督，维护国家财政经济秩序，提高财政资金使用效益，促进廉政建设，保障国民经济和社会健康发展。

知识回顾

1. 宏观调控法应包括哪些？
2. 什么叫税法，税法的构成要素有哪些？
3. 税收可以作哪些分类，如何计算增值税、营业税和所得税？
4. 什么叫会计法，会计核算包括哪些内容和要求？

5. 什么叫审计法，我国审计法对审计程序作了哪些规定？

案例分析

A公司从2001年8月初开张，直至12月底从未办理纳税申报，税务机关多次催促，该公司总以开张不久，亏损为由拒不进行纳税申报。税务人员经过审查后，发现该公司经营不错，因此怀疑其有偷税行为。经检查该公司所有的会计资料，从该公司经营账簿上经推算的结果为：该公司确属亏损。后来有人举报，该公司有两本账。税务机关要求该公司提供真实的经营情况。从真实的材料看出，该公司确属偷税。所偷的税款涉及企业所得税、增值税、城市维护建设税等，偷税额达26.5万元，偷税数额较大。税务机关责令其补交税款及所偷税的滞纳金和罚款。该公司置之不理，经多次催交均无效。税务人员认为该公司的行为已由偷税转为抗税。问：

1. 该公司的行为违反了哪些税法规定？

2. 该公司的行为属于哪种违反税法性质的行为，是偷税还是抗税，税务机关应如何处理？

技能训练

参观税务机关的办税大厅，了解如何办理纳税手续。

第 7 讲

金融法律制度

内容提要

本讲主要介绍我国主要的金融法律，包括中国人民银行法、商业银行法、证券法、保险法、外汇管理制度和票据法等。

知识目标

1. 了解、熟悉和掌握我国金融法律的相关规定。
2. 明确违反各种金融法律应承担的各种法律责任。

实务目标

1. 运用具体法律条文分析实际情况。
2. 学会处理违反金融法律的各种案件。

学时建议

4～6 课时

导入案例

近几年来，中国人民银行A分行的业绩较为出色。在2009年的一次审计检查中，查明2009年1月1日～12月31日的会计年度中，该分行有以下几项业务：①2009年3月

22日，向建设银行A分行贷款300万人民币，期限一年；②2009年4月10日，向A市人民政府公路局贷款500万人民币，期限两年；③2009年6月3日，向建设银行再贴现人民币300万元；④2009年7月20日，向A市某信托投资公司贷款400万元人民币，期限一年；⑤2009年9月25日，向在其行开户的工商银行A分行透支100万元；⑥2009年11月8日，在公开市场上购入100万美元。本案中，中国人民银行A分行的几项业务中有哪些是合法的，哪些是违法的?并说明理由。

分析：根据《中国人民银行法》的有关规定，在上述业务中，第①、③、⑥笔业务符合法律规定，是合法业务。该法律明确规定："中国人民银行不得向非银行金融机构以及其他单位和个人提供贷款，更不允许向商业银行透支"。因此上述业务中，第②、④、⑤笔业务不符合法律规定，是违法业务。

7.1 金融法简述

7.1.1 金融与金融法

1. 金融

金融是货币流通和信用活动以及与之相联系的经济活动的总称，广义的金融泛指一切与信用货币的发行、保管、兑换、结算、融通有关的经济活动，甚至包括金银的买卖，狭义的金融专指信用货币的融通。

2. 金融法

金融法是调整金融关系的法律规范的总称。具体说，就是调整货币流通和资本信用活动中所发生的各种社会关系的法律规范的总称。

所谓的金融关系，是指金融活动中各种主体之间产生的社会关系，主要包括 5 个方面的内容，即金融领域内相关主体之间的间接金融关系、直接金融关系、金融中介服务关系、国家金融主管机关与各类金融机构、非金融机构和自然人之间的金融调控和金融监管关系。

间接金融关系以金融机构为主导，以货币市场为基础，主要表现为商业银行等金融机构对非金融机构的法人、自然人和其他社会组织吸收存款发放贷款关系。

直接金融关系以资本市场为基础，主要表现为筹资人的公司和国家与投资人的公司、企业、基金等社会组织和自然人之间的证券发行、交易关系以及产权交易关系等。

金融中介服务是指银行、证券公司等金融机构在金融市场（包括货币市场和资本市场）上，为投融资双方实现融资提供的收付结算、承销经纪、咨询代理等辅助性服务工作。

金融调控关系是指国家及其授权的金融主管机关以稳定币值、促进经济增长为目的，对有关金融变量实施调节和控制的关系。金融调控以中央银行制定和实施的货币政策为主导，通过调整货币供应量指标、市场利率水平，间接调控金融市场。

金融监管关系是国家及其授权的金融监管机关对金融机构、金融业务及金融市场实施监管而产生的关系。

7.1.2 我国主要的金融法律

我国的金融法律主要包括银行法、非银行性金融机构法、证券法、票据法、担保法、货币法、信托法、保险法、金融监管法等。其中，银行法是金融法的基本法。

7.2 银 行 法

7.2.1 银行法简述

银行法是调整以银行为中心的金融关系的法律规范的总称。它是金融法的核心，是调整金融活动的基本规范。《中华人民共和国中国人民银行法》（以下简称《中国人民银行法》）和《中华人民共和国商业银行法》（以下简称《商业银行法》），是目前我国重要的两部银行法。

银行法通过确认银行机构的法律地位，规范银行的行为，从而对整个社会金融活动起调节作用，具体而言，主要包括以下几个方面：第一，确认普通银行的法律地位，强化中央银行的地位，建立健全银行组织体系以规范银行的经营和防范风险；第二，为贯彻和客观货币政策提供法律保证，使资金融通的个体效益和社会主义益得到统一有效保护银行客户的利益；第三，维护货币、银行以及货币市场的稳定与发展，建立能够保证良好的金融秩序的法律环境，引导各种融资活动的健康发展，促进社会主义金融市场体制的完善；第四，确定和实现有效的银行监督管理及宏观调控的目标监管银行活动并保障整个金融秩序的稳定，随着社会主义市场经济的发展，银行的宏观调节作用愈来愈重要。

7.2.2 中国人民银行法

1. 中国人民银行法

中央银行法是调整中央银行因制定和实施货币政策、行使对金融业的监督管理职能而产生的银行管理关系的法律规范的总称。

我国的中央银行法是《中国人民银行法》，它是我国银行法的基本法，其他银行法及金融法均不得与《中国人民银行法》的内容相抵触。《中国人民银行法》的主要内容包括中国人民银行的性质、地位和职责、制定和执行货币政策、组织机构、业务、人民币发行与管理、监管职能、法律责任等。

2. 中国人民银行的法律地位与职责

《中国人民银行法》规定：“中国人民银行在国务院领导下，制定和执行货币政策，防范和化解金融风险，维护金融稳定。”该条规定，明确了中国人民银行的法律地位是我国的中央银行，是国家管理金融业的政府机关。中国人民银行不同于商业银行，不以营利为目的，不经营普通银行业务；中国人民银行也不同于一般国家机关，一般政府机关对同级政府负责，中国人民银行作为国务院直属的政府职能部门，直接对国务院负责。它的全部资本由国家出资，属于国家所有。

中国人民银行作为我国的中央银行，具有 3 大职能，即发行的银行、银行的银行和政府的银行，拥有资本和资产，可以依法经营业务。发行的银行是指发行人民币，指定和执行货币政策；银行的银行是指对其他商业银行以及政策性银行给予监督管理；政府的银行是指代表国家从事国际金融活动，代理国库，代表国家发行债券，掌握国家的黄金和外汇储备，并对国家提供贷款等。

《中国人民银行法》第 4 条规定，中国人民银行的主要职责有：发布与履行与其职责有关的命令和规章；依法制定和执行货币政策；发行人民币，管理人民币流通；监督管理银行间同业拆借市场和银行间债券市场；实施外汇管理，监督管理银行间外汇市场；监督管理黄金市场；持有、管理、经营国家外汇储备、黄金储备；经理国库；维护支付、清算系统的正常运行；指导、部署金融业反洗钱工作，负责反洗钱的资金监测；负责金融业的统计、调查、分析和预测；作为国家的中央银行，从事有关的国际金融活动；国务院规定的其他职责。

3. 中国人民银行的组织机构

① 行长与副行长。中国人民银行设行长一人，副行长若干人。中国人民银行行长的人选，根据国务院总理的提名，由全国人民代表大会决定；全国人民代表大会闭会期间，由全国人民代表大会常务委员会决定，由中华人民共和国主席任免。中国人民银行副行长由国务院总理任免。

② 货币政策委员会。中国人民银行设立货币政策委员会。货币政策委员会的职责、组成和工作程序，由国务院规定，报全国人民代表大会常务委员会备案。

③ 中国人民银行的分支机构。中国人民银行根据履行职责的需要设立分支机构。中国人民银行对分支机构实行统一领导和管理。中国人民银行分支机构根据中国人民银行的授权，维护本辖区的金融稳定，承办有关业务。

4. 人民币

人民币是我国的法定货币，代表着国家的财富，是国家主权的象征。以人民币支付中华人民共和国境内的一切公共的和私人的债务，任何单位和个人不得拒收。人民币的单位为元，人民币辅币单位为角、分。

人民币由中国人民银行统一印制、发行。为了维护人民币的法定地位，保障其正常流通，《中国人民银行法》规定：禁止伪造、变造人民币；禁止出售、购买伪造、变造的人民币；禁止运输、持有、使用伪造、变造的人民币；禁止故意毁损人民币；禁止在宣传品、出版物或其他商品上非法使用人民币图样。任何单位和个人均不得印制、发售代币票券，以代替人民币在市场上流通。残缺、污损的人民币，按照人民银行的规定兑换，并由人民银行负责收回、销毁。另外，我国对人民币出入国境实行限额管理。中国公民出入境，外国人入出境，每人每次携带的人民币限额为 20000 元。

【案例分析 7.1】

某夫妻由于家庭不和，吵架时一方为了出气，烧毁人民币10000余元，此事在邻里间引起不小的轰动，对此众说不一。

分析：因为家庭不和而故意烧毁人民币，这种行为已违反了《中华人民共和国中国人民银行法》，按照《中华人民共和国人民币管理条例》规定：对故意毁损人民币的行为由公安机关给予警告，并处以1万元以下罚款。

5. 中国人民银行的业务

中国人民银行的业务有制定实施货币政策、利率政策，发行货币、经理国库，经营外汇储备等。其最主要的业务是实施货币政策。

中国人民银行货币政策的目标是：稳定物价，促进经济增长，实现充分就业和平衡国际收支。《中国人民银行法》第23条规定："中国人民银行为执行货币政策，可以运用下列货币政策工具：要求金融机构按照规定的比例交存准备金；确定中央银行基准利率；为在中国人民银行开立存款账户的金融机构办理再贴现业务；向商业银行提供贷款；在公开市场上买卖国债和其他政府债券及外汇；国务院确定的其他货币政策工具。"

6. 金融监管

《中国人民银行法》规定：中国人民银行在国务院领导下，制定和实施货币政策，对金融业实施监督管理。中国人民银行作为我国金融业的监管机关，有责任、有权利对金融机构及其业务实施监督管理，以维护金融业的有序运行。

中国人民银行主要通过以下几方面实现对金融业的监管：按规定审批金融机构的设立、变更、终止及其业务范围；对金融机构的存款、贷款、结算、呆账等情况进行稽核、检查监督；对金融机构违反规定提高或降低存款利率、贷款利率的行为进行检查监督；要求金融机构按规定报送资产负债表、损益表及其他会计报表和资料；指导和监督国家政策性银行的金融业务。

7. 法律责任

① 违反人民币管理的法律责任。依据《中国人民银行法》，伪造、变造、出售伪造、变造的人民币或明知是伪造、变造的人民币而运输的，购买伪造、变造的人民币或明知是伪造、变造的人民币而持有、使用的，若构成犯罪，依法追究刑事责任；情节轻微，未构成犯罪的，由公安机关处以15日以下拘留，5000元以下的罚款。在宣传品、出版物或其他商品上非法使用人民币图样的，人民银行应责令改正，并销毁非法使用的人民币图样，没收违法所得，并处以5万元以下的罚款。对于印制、发售代币券，以代替人民币在市场上流通的，人民银行责令停止违法行为，并处以20万元的罚款。

② 违反金融监管规定的法律责任。对违反法律、行政法规有关金融监督管理规定的，人民银行应当责令停止违法行为，并依法追究行政责任；构成犯罪的，依法追究刑事责任。

③ 有关人员的法律责任。对人民银行违法向地方政府、政府部门、非银行金融机构及其他单位提供贷款、为单位和个人担保、擅自动用发行基金，负有直接责任的主管人员和其他直接责任人员；地方政府、各级政府部门、社会团体和个人强令人民银行及

其工作人员提供贷款或担保，负有直接责任的主管人员和其他直接责任人员；泄露国家秘密，贪污受贿、徇私舞弊、滥用职权、玩忽职守的银行工作人员均依法追究行政责任。构成犯罪的，依法追究刑事责任；造成损失的，应承担部分或全部损失的赔偿。

【案例分析 7.2】

某日，甲某来到某商业银行，要求汇款 1000 元给其在外地求学的儿子。当班柜员接过其面额 100 元钞票 10 张，触摸感觉有异常，仔细辨认发现有 4 张系假钞，均以 HD90 编号开头。当班柜员利用暗号示意大厅内值班保安和营业经理，保安迅速反应立即上前控制住当事人，营业经理当即报告 110。

分析：根据我国《人民银行法》规定，购买伪造、变造的人民币或者明知是伪造、变造的人民币而持有、使用，构成犯罪的，依法追究刑事责任；尚不构成犯罪的，由公安机关处 15 日以下拘留、一万元以下罚款。

7.2.3 商业银行法

商业银行法是规定商业银行的地位、性质、权利义务、组织机构以及规范经营行为的法律规范的总称。商业银行法调整的对象为我国境内所有商业银行的成立、变更、接管和清算等活动。邮政企业办理商业银行的有关业务，以及外资商业银行、中外合资银行、外国商业银行分支机构适用商业银行法的规定。

1. 商业银行

商业银行是指依照商业银行法和公司法设立的吸收公众存款、发放贷款、办理结算等业务的企业法人。商业银行以效益性、安全性、流动性为经营原则，实行自主经营，自担风险，自负盈亏，自我约束。

商业银行可以经营下列部分或全部业务：吸收公众存款；发放短期、中期和长期贷款；办理国内外结算；办理票据贴现；发行金融债券；代理发行、代理兑付、承销政府债券；买卖政府债券；从事同业拆借；买卖、代理买卖外汇；提供保险箱服务等。各商业银行的经营范围由商业银行章程规定，报国务院银行业监督管理机构批准。

商业银行的组织形式有两种：一种是有限责任公司，一种是股份有限公司。

2. 商业银行的设立和组织机构

（1）商业银行的设立条件

设立商业银行，应当经国务院银行业监督管理机构审查批准，未经国务院银行业监督管理机构批准，任何单位和个人不得从事吸收公众存款等商业银行业务，任何单位不得在名称中使用“银行”字样。设立商业银行必须具备以下条件。

① 有符合商业银行法和公司法规定的章程。其主要内容有银行的名称、住所、注册资本、经营范围、法人代表、内部管理制度、利润分配等，是体现银行性质、地位、权利能力、行为能力、责任能力以及银行对内对外关系的规范性文件。

② 有符合法定最低限额的注册资本。设立全国性商业银行的注册资本最低限额为 10 亿元人民币；城市合作商业银行的注册资本限额为 1 亿元人民币；农村合作商业银行的注册资本最低限额为 5000 万元人民币。

③ 有具备任职专业知识和业务工作经验的董事、高级管理人员。

④ 有健全的组织机构和管理制度。

⑤ 有符合要求的营业场所、安全防范措施和与业务有关的其他设施。

（2）商业银行的设立程序

① 设立商业银行的申请。设立商业银行，申请人应当向国务院银行业监督管理机构提出申请，填写正式申请表，并提交下列文件、资料：章程草案；拟任职的董事、高级管理人员的资格证明；法定验资机构出具的验资证明；股东名册及其出资额、股份；持有注册资本 5%以上的股东的资信证明和有关资料；经营方针和计划；营业场所、安全防范措施和与业务有关的其他设施的资料；国务院银行业监督管理机构规定的其他文件、资料。

② 审批。符合法定条件的由银监会颁发经营许可证并公告，并凭该许可证向工商行政管理部门办理登记，领取营业执照。

（3）设立商业银行分支机构

商业银行根据业务需要可以在中国境内外设立分支机构。设立分支机构必须经国务院银行业监督管理机构审查批准。商业银行设立分支机构，应当按照规定拨付与其经营规模相适应的营运资金额，拨付各分支机构营运资金额的总和，不得超过总行资本金总额的 60%。商业银行的分支机构不具有法人资格，在总行授权范围内开展业务。商业银行对其分支机构实行统一核算、统一调度资金、分级管理的财务制度。

3. 商业银行的变更、接管和终止

（1）商业银行的变更

商业银行的变更是指商业银行在存续期间，其组织和其他重要事项发生变化。商业银行有下列变更事项之一的，应当经国务院银行业监督管理机构批准：变更名称、变更注册资本、变更总行或分支行所在地、调整业务范围、变更持有资本总额或股份总额 5%以上的股东、修改银行章程、国务院银行业监督管理机构规定的其他变更事项。

商业银行的分立、合并适用《公司法》的规定，并应当报经中国人民银行审查批准。

（2）商业银行的接管

商业银行的接管是指当商业银行已经或者可能发生信用危机，严重影响存款人的利益时，由国务院银行业监督管理机构派遣人员进驻并在一定期限内行使其经营管理权的制度。接管的目的是对被接管的商业银行采取必要措施，以保护存款人的利益，恢复商业银行的正常经营能力。被接管的商业银行的债权债务关系不因接管而变化。

接管自接管决定实施之日起开始。自接管开始之日起，由接管组织行使商业银行的经营管理权力。接管期限届满，国务院银行业监督管理机构可以决定延期，但接管期限最长不得超过两年。国务院银行业监督管理机构既可以自己也可以委托其派出机构实施接管。接管决定规定的期限届满，或国务院银行业监督管理机构决定的接管延期届满，或接管期限届满前该商业银行已恢复正常的经营能力，或接管期限届满前该商业银行被合并或被依法宣告破产，都将导致接管的终止。

（3）商业银行的终止

商业银行的终止是指商业银行在组织上的解体和主体资格丧失，亦即从法律上消灭

了其独立的人格。商业银行终止的原因有解散、被撤销、被宣告破产。商业银行终止时，应依法成立清算组，进行清算。商业银行破产清算时，在支付清算费用、所欠职工工资和劳动保险费用后，应优先支付个人储蓄存款的本金和利息。

4. 对存款人的保护

（1）个人银行服务原则

商业银行办理个人储蓄存款业务，应当遵循存款自愿、取款自由、存款有息、为存款人保密的原则。对个人储蓄存款，商业银行有权拒绝任何单位或者个人查询、冻结、扣划，但法律另有规定的除外。

（2）存款的法律性质

存款的法律性质是，存款人通过与商业银行订立存款合同将货币借给银行，银行按合同约定的利率按时还本付息，不得拖延、拒绝支付存款本金和利息。否则丧失信用。存款合同的利率不变除了可以遵守中国人民银行对活期存款利率所作的调整外，定期储蓄约定的利率不变，借款人和银行都不得在定期储蓄期间单方面进行调整。

5. 商业银行贷款业务

贷款是指商业银行以社会公众为借款对象，以还本付息为条件出借的货币资金。商业银行贷款，应当实行审贷分离、分级审批的制度。商业银行贷款，应当与借款人订立书面合同。合同应当约定贷款种类、借款用途、金额、利率、还款期限、还款方式、违约责任和双方认为需要约定的其他事项。银行贷款业务以发放担保贷款为原则，以发放信用贷款为例外。商业银行不得向关系人发放信用贷款；向关系人发放担保贷款的条件不得优于其他借款人同类贷款的条件。所谓的关系人是指：商业银行的董事、监事、管理人员、信贷业务人员及其近亲属；前项所列人员投资或者担任高级管理职务的公司、企业和其他经济组织。

6. 违反商业银行法的法律责任

（1）商业银行侵犯存款人利益应承担的法律责任

商业银行有下列情形之一，对存款人或者其他客户造成财产损害的，应当承担支付迟延履行的利息以及其他民事责任：无故拖延、拒绝支付存款本金和利息的；违反票据承兑等结算业务规定，不予兑现，不予收付入账，压单、压票或者违反规定退票的；非法查询、冻结、扣划个人储蓄存款或者单位存款的；违反本法规定对存款人或者其他客户造成损害的其他行为。有上述规定情形的，由国务院银行业监督管理机构责令改正，有违法所得的，没收违法所得，违法所得 5 万元以上的，并处违法所得 1 倍以上 5 倍以下罚款；没有违法所得或者违法所得不足 5 万元的，处 5 万元以上 50 万元以下罚款。

（2）商业银行逃避银监会监管应当承担的法律责任

商业银行有下列情形之一，由国务院银行业监督管理机构责令改正，有违法所得的，没收违法所得，情节特别严重或者逾期不改正的，可以责令停业整顿或者吊销其经营许可证；构成犯罪的，依法追究刑事责任：未经批准设立分支机构的；未经批准分立、合并或者违反规定对变更事项不报批的；违反规定提高或者降低利率以及采用其他不正当手段，吸收存款，发放贷款的；出租、出借经营许可证的；未经批准买卖、代理买卖外汇的；未经批准买卖政府债券或者发行、买卖金融债券的；违反国家规定从事信托投资和证券经营业务、向非自用不动产投资或者向非银行金融机构和企业投资的；向关系人发放信用贷款或者发放担保贷款的条件优于其他借款人同类贷款的条件的；拒绝或者阻碍国务院银行业监督管理机构检查监督的；提供虚假的或者隐瞒重要事实的财务会计报告、报表和统计报表的；未遵守资本充足率、存贷比例、资产流动性比例、同一借款人贷款比例和国务院银行业监督管理机构有关资产负债比例管理的其他规定的。

（3）商业银行逃避人民银行监管应当承担的法律责任

商业银行有下列情形之一，由中国人民银行责令改正，有违法所得的，没收违法所得，违法所得 50 万元以上的，并处违法所得 1 倍以上 5 倍以下罚款；没有违法所得或者违法所得不足 50 万元的，处 50 万元以上 200 万元以下罚款；情节特别严重或者逾期不改正的，中国人民银行可以建议国务院银行业监督管理机构责令停业整顿或者吊销其经营许可证；构成犯罪的，依法追究刑事责任：未经批准办理结汇、售汇的；未经批准在银行间债券市场发行、买卖金融债券或者到境外借款的；违反规定同业拆借的；拒绝或者阻碍中国人民银行检查监督的；提供虚假的或者隐瞒重要事实的财务会计报告、报表和统计报表的；未按照中国人民银行规定的比例交存存款准备金的。

（4）银行工作人员的法律责任

对于银行工作人员，利用职务上的便利，索取、收受贿赂或违反国家规定收受各种名义的回扣、手续费的，贪污、挪用、侵占本行或客户资金的，玩忽职守的，泄露国家秘密和商业秘密的，对单位或个人强令其发放贷款或提供担保未予拒绝等，若构成犯罪依法追究刑事责任，未构成犯罪应给予纪律处分，造成损失应承担相应的损害赔偿。

【案例分析 7.3】

2008 年，某市新成立一家城市合作商业银行甲。为提高市场占有率，甲商业银行向该市新佳好超市投资 200 万元。问：甲商业银行此笔业务是否符合商业银行法的规定，如果不符合，则对甲商业银行应该如何处理？

分析：甲商业银行向该市新佳好超市投资 200 万元不符合法律规定。根据《商业银行法》的规定，商业银行在中华人民共和国境内不得向非银行金融机构和企业投资，该行为由国务院银行业监督管理机构责令改正，有违法所得的，没收违法所得，违法所得 50 万元以上的，并处违法所得 1 倍以上 5 倍以下罚款；没有违法所得或者违法所得不足 50 万元的，处 50 万元以上 200 万元以下罚款；情节特别严重或者逾期不改正的，可以责令停业整顿或者吊销其经营许可证；构成犯罪的，依法追究刑事责任。

7.3 证 券 法

7.3.1　证券简述

1. 证券

证券是表示一定权利的书面凭证，即以证明或设定权利为目的所作成的凭证，是一种载有一定金额的，代表各类财产的所有权或债权的凭证。证券有广义证券和狭义证券之分。广义的证券一般指财物证券、货币证券和资本证券。狭义的证券仅指资本证券。我国证券法上所规定的证券仅指资本证券，具体包括股票、公司债券、证券投资基金券和国务院依法认定的其他证券。

2. 证券的种类

① 股票。股票是指股份有限公司依法发行的表示其持有人（即股东）按其持有的份额享有相应权益和承担相应义务的可转让的书面凭证，是一种代表所有权的有价证券，具有不可偿还性、参与性、流通性等特点。

② 债券。债券是指企业、金融机构或政府依法向社会公众发行的、约定在一定期限还本付息的有价证券，具有到期偿还性、收益性、流通性等特点。

③ 证券投资基金券。证券投资基金券是指证券投资基金发起人向社会公众发行的，表明持有人对基金收益分配权和其他相关权利的有价证券。持有人按照持有份额分享利益、承担风险。

④ 经国务院依法认定的其他证券。经国务院依法认定的其他证券是指经国务院或者国务院证券监督机构根据法律或者行政法规等规定许可发行和交易的有价证券。

3. 证券的特征

① 证券具有要式性。证券必须采取书面形式或与书面形式有同等效力的形式，而且证券转让必须符合法律规定的格式和条件。

② 证券财产性权利凭证。证券体现一定的财产权利，直接关系证券相关人的物质利益，持有证券就代表拥有某种财产权利。

③ 证券具有流通性。证券可以转让和变现，证券持有人可以随时将证券转让，确保财产的充分利用，以实现自身权利。

4. 证券市场

证券市场是股票、债券及其衍生品（包括期货、期权等）发行和交易的场所。证券市场由证券发行市场和证券流通市场两部分组成。

证券发行市场又称为一级市场、初级市场，是证券发行者为扩充经营，按照一定的法律规定和发行程序，向投资者出售新证券所形成的市场。证券流通市场也称二级市场、次级市场，是指对已经发行的证券进行买卖，转让和流通的市场。

7.3.2 证券法

1. 证券法

证券法是指调整证券的发行、交易、监督和管理而产生的社会关系的法律规范的总称。证券法有狭义和广义之分，广义的证券法是指证券募集、发行、交易、服务以及对证券市场进行监督管理的法律规范的总和。狭义的证券法仅指《中华人民共和国证券法》（以下称《证券法》）。

2. 证券发行

（1）股票发行

股票发行是指符合发行条件的股份有限公司，以筹集资金为目的，依法定程序，以同一条件向特定或不特定的公众招募或出售股票的行为。

① 设立发行股票的条件。设立发行又称首次发行，是指发起人通过发行公司股票来募集经营资本，成立股份有限公司的行为。《证券法》规定，设立股份有限公司公开发行股票，应当符合《公司法》规定的条件和经国务院批准的国务院证券监督管理机构规定的其他条件，并向国务院证券监督管理机构报送募股申请和下列文件：公司章程；发起人协议；发起人姓名或者名称，发起人认购的股份数、出资种类及验资证明；招股说明书；代收股款银行的名称及地址；承销机构名称及有关的协议。聘请保荐人的应当报送保荐人出具的发行保荐书。法律、行政法规规定设立公司必须报经批准的，还应当提交相应的批准文件。

② 发行新股的条件。发行新股是指股份有限公司在成立后，基于增资目的而再次申请公开发行股票。公司公开发行新股，应当符合下列条件：具备健全且运行良好的组织机构；具有持续盈利能力，财务状况良好；最近 3 年财务会计文件无虚假记载，无其他重大违法行为；经国务院批准的国务院证券监督管理机构规定的其他条件。上市公司非公开发行新股，应当符合经国务院批准的国务院证券监督管理机构规定的条件，并报国务院证券监督管理机构核准。

公司公开发行新股，应当向国务院证券监督管理机构报送募股申请和下列文件：公司营业执照；公司章程；股东大会决议；招股说明书；财务会计报告；代收股款银行的名称及地址；承销机构名称及有关的协议。依照本法规定聘请保荐人的，还应当报送保荐人出具的发行保荐书。

公司对公开发行股票所募集到的资金，必须按照招股说明书所列资金用途使用。改变招股说明书所列资金用途，必须经股东大会作出决议。擅自改变用途而未作纠正的，或者未经股东大会认可的，不得公开发行新股。

（2）公司债券发行

公开发行公司债券，应当符合下列条件：股份有限公司的净资产不低于人民币 3000 万元，有限责任公司的净资产不低于人民币 6000 万元；累计债券余额不超过公司净资产的 40%；最近 3 年平均可分配利润足以支付公司债券一年的利息；筹集的资金投向符合国家产业政策；债券的利率不超过国务院限定的利率水平；国务院规定的其他条件。

申请公开发行公司债券，应当向国务院授权的部门或者国务院证券监督管理机构报送下列文件：公司营业执照；公司章程；公司债券募集办法；资产评估报告和验资报告；国务院授权的部门或者国务院证券监督管理机构规定的其他文件。《证券法》规定聘请保荐人的，应当报送保荐人出具的发行保荐书。

公开发行公司债券筹集的资金，必须用于核准的用途，不得用于弥补亏损和非生产性支出。

（3）发行公告

《证券法》第 25 条规定：证券发行申请经核准，发行人应当依照法律、行政法规的规定，在证券公开发行前，公告公开发行募集文件，并将该文件置备于指定场所供公众查阅。

发行人申请首次公开发行股票的，在提交申请文件后，应当按照国务院证券监督管理机构的规定预先披露有关申请文件。发行证券的信息依法公开前，任何知情人不得公开或者泄露该信息。发行人不得在公告公开发行募集文件前发行证券。

（4）证券的承销

《证券法》规定，发行人向不特定对象发行的证券，法律、行政法规规定应当由证券公司承销的，发行人应当同证券公司签订承销协议。

证券承销业务采取代销或者包销方式。证券代销是指证券公司代发行人发售证券，在承销期结束时，将未售出的证券全部退还给发行人的承销方式，这种承销方式对发行人而言风险较大，但承销费用相对较低。证券包销是指证券公司将发行人的证券按照协议全部购入或者在承销期结束时将售后剩余证券全部自行购入的承销方式。

向不特定对象发行的证券票面总值超过人民币5000万元的，应当由承销团承销。承销团应当由主承销和参与承销的证券公司组成。证券的代销、包销期限最长不得超过90日。

股票发行采用代销方式，代销期限届满，向投资者出售的股票数量未达到拟公开发行股票数量 70%的，为发行失败。发行人应当按照发行价并加算银行同期存款利息返还股票认购人。公开发行股票，代销、包销期限届满，发行人应当在规定的期限内将股票发行情况报国务院证券监督管理机构备案。

3. 证券交易

（1）一般规定

依法公开发行的股票、公司债券及其他证券，应当在依法设立的证券交易所上市交易或者在国务院批准的其他证券交易场所转让。证券交易当事人买卖的证券可以采用纸面形式或者国务院证券监督管理机构规定的其他形式。证券交易所、证券公司、证券登记结算机构必须依法为客户开立的账户保密。

（2）对相关人员的禁止规定

证券交易所、证券公司和证券登记结算机构的从业人员、证券监督管理机构的工作人员以及法律、行政法规禁止参与股票交易的其他人员，在任期或者法定限期内，不得直接或者以化名、借他人名义持有、买卖股票，也不得收受他人赠送的股票。任何人在成为前述人员时，其原已持有的股票，必须依法转让。

为股票发行出具审计报告、资产评估报告或者法律意见书等文件的证券服务机构和人员，在该股票承销期内和期满后6个月内，不得买卖该种股票。为上市公司出具审计报告、资产评估报告或者法律意见书等文件的证券服务机构和人员，自接受上市公司委托之日起至上述文件公开后5日内，不得买卖该种股票。

上市公司董事、监事、高级管理人员、持有上市公司股份5%以上的股东，将其持有的该公司的股票在买入后6个月内卖出，或者在卖出后5个月内又买入，由此所得收益归该公司所有，公司董事会应当收回其所得收益。但是，证券公司因包销购入售后剩余股票而持有5%以上股份的，卖出该股票不受6个月时间限制。

4. 证券上市

申请证券上市交易，应当向证券交易所提出申请，由证券交易所依法审核同意，并由双方签订上市协议。

（1）股票上市

① 上市条件。股份有限公司申请股票上市，应当符合下列条件：股票经国务院证券监督管理机构核准已公开发行；公司股本总额不少于人民币 3000 万元；公开发行的股份达到公司股份总数的 25%以上；公司股本总额超过人民币 4 亿元的，公开发行股份的比例为 10%以上；公司最近 3 年无重大违法行为，财务会计报告无虚假记载。

② 申请与公告。申请股票上市交易，应当向证券交易所报送下列文件：上市报告书；申请股票上市的股东大会决议；公司章程；公司营业执照；依法经会计师事务所审计的公司最近 3 年的财务会计报告；法律意见书和上市保荐书；最近一次的招股说明书；证券交易所上市规则规定的其他文件。

股票上市交易申请经证券交易所审核同意后，签订上市协议的公司应当在规定的期限内公告股票上市的有关文件，并将该文件置备于指定场所供公众查阅。

签订上市协议的公司除公告上述的文件外，还应当公告下列事项：股票获准在证券交易所交易的日期；持有公司股份最多的前 10 名股东的名单和持股数额；公司的实际控制人；董事、监事、高级管理人员的姓名及其持有本公司股票和债券的情况。

③ 暂停与终止。上市公司有下列情形之一的，由证券交易所决定暂停其股票上市交易：公司股本总额、股权分布等发生变化不再具备上市条件；公司不按照规定公开其财务状况，或者对财务会计报告作虚假记载，可能误导投资者；公司有重大违法行为；公司最近 3 年连续亏损；证券交易所上市规则规定的其他情形。

上市公司有下列情形之一的，由证券交易所决定终止其股票上市交易：公司股本总额、股权分布等发生变化不再具备上市条件，在证券交易所规定的期限内仍不能达到上市条件；公司不按照规定公开其财务状况，或者对财务会计报告作虚假记载，且拒绝纠正；公司最近 3 年连续亏损，在其后一个年度内未能恢复盈利；公司解散或者被宣告破产；证券交易所上市规则规定的其他情形。

（2）债券上市

① 上市条件。公司申请公司债券上市交易，应当符合下列条件：公司债券的期限为一年以上；公司债券实际发行额不少于人民币 5000 万元；公司申请债券上市时仍符合法定的公司债券发行条件。

② 申请与公告。申请公司债券上市交易，应当向证券交易所报送下列文件：上市报告书；申请公司债券上市的董事会决议；公司章程；公司营业执照；公司债券募集办法；公司债券的实际发行数额；证券交易所上市规则规定的其他文件。申请可转换为股票的公司债券上市交易，还应当报送保荐人出具的上市保荐书。

公司债券上市交易申请经证券交易所审核同意后，签订上市协议的公司应当在规定的期限内公告公司债券上市文件及有关文件，并将其申请文件置备于指定场所供公众查阅。

③ 暂停与终止。公司债券上市交易后，公司有下列情形之一的，由证券交易所决定暂停其公司债券上市交易：公司有重大违法行为；公司情况发生重大变化不符合公司债券上市条件；发行公司债券所募集的资金不按照核准的用途使用；未按照公司

债券募集办法履行义务；公司最近两年连续亏损。

公司有重大违法行为或未按照公司债券募集办法履行义务的情形经查实后果严重的，或者有公司情况发生重大变化不符合公司债券上市条件、发行公司债券所募集的资金不按照核准的用途使用、公司最近两年连续亏损情形之一，在限期内未能消除的，由证券交易所决定终止其公司债券上市交易。公司解散或者被宣告破产的，由证券交易所终止其公司债券上市交易。

5. 禁止的交易行为

① 内幕交易。禁止证券交易内幕信息的知情人和非法获取内幕信息的人利用内幕信息从事证券交易活动。证券交易活动中，涉及公司的经营、财务或者对该公司证券的市场价格有重大影响的尚未公开的信息，为内幕信息。

证券交易内幕信息的知情人包括：发行人的董事、监事、高级管理人员；持有公司5%以上股份的股东及其董事、监事、高级管理人员，公司的实际控制人及其董事、监事、高级管理人员；发行人控股的公司及其董事、监事、高级管理人员；由于所任公司职务可以获取公司有关内幕信息的人员；证券监督管理机构工作人员以及由于法定职责对证券的发行、交易进行管理的其他人员；保荐人、承销的证券公司、证券交易所、证券登记结算机构、证券服务机构的有关人员；国务院证券监督管理机构规定的其他人。

【案例分析 7.4】

2007 年 11 月，胡某在接受一份文件打印任务时，获知所任职的甲公司与乙银行发生重大的经济纠纷。由于甲公司资金短缺，甲公司用以抵押的办公大楼可能将被法院强制拍卖，卖价评估为 5000 万元，占甲公司固定资产比例的 35%。胡某决定抛售甲公司的 1000 股，从中获利 12 万元。2008 年 4 月，胡某又获知丙公司将收购甲公司部分股票，于是又低价买进甲公司股票 1000 股，同年 10 月，卖出该 1000 股，又获利 10 万元。

分析：胡某的行为属于内幕交易。所谓内幕交易是指单位或个人以获取利益或减少损失为目的，利用内幕信息进行证券发行和交易活动。胡某属于该行为主体的第一种，即发行人的董事、监事、高级管理人员、秘书、打字员，以及其他可与通过履行职务接触或者获得内幕信息的职员。

② 操纵证券市场。禁止任何人以下列手段操纵证券市场：单独或者通过合谋，集中资金优势、持股优势或者利用信息优势联合或者连续买卖，操纵证券交易价格或者证券交易量；与他人串通，以事先约定的时间、价格和方式相互进行证券交易，影响证券交易价格或者证券交易量；在自己实际控制的账户之间进行证券交易，影响证券交易价格或者证券交易量；以其他手段操纵证券市场。

③ 虚假表述。禁止国家工作人员、传播媒介从业人员和有关人员编造、传播虚假信息，扰乱证券市场。禁止证券交易所、证券公司、证券登记结算机构、证券服务机构及其从业人员，证券业协会、证券监督管理机构及其工作人员，在证券交易活动中作出虚假陈述或者信息误导。

④ 欺诈行为。禁止证券公司及其从业人员从事下列损害客户利益的欺诈行为：违背客户的委托为其买卖证券；不在规定时间内向客户提供交易的书面确认文件；挪

用客户所委托买卖的证券或者客户账户上的资金；未经客户的委托，擅自为客户买卖证券，或者假借客户的名义买卖证券；为牟取佣金收入，诱使客户进行不必要的证券买卖；利用传播媒介或者通过其他方式提供、传播虚假或者误导投资者的信息；其他违背客户真实意思表示，损害客户利益的行为。

⑤ 其他行为。禁止法人非法利用他人账户从事证券交易；禁止法人出借自己或者他人的证券账户。禁止任何人挪用公款买卖证券。

【案例分析 7.5】

A 公司向社会公开发行股票，与 B 证券公司签订股票承销协议。规定 B 证券公司代理发售全部向社会公开发行的股票，发行期结束后，若股票未全部售出，则剩余部分退还 A 公司。发行期将至，但股票发行状况不理想，A 公司遂与 C 证券公司签订协议，由 C 证券公司承销未售出的股票，并且 C 证券公司承诺，若承销期结束未能售完股票，则由 C 证券公司全部自行购入。

分析：①A 公司与 B 证券公司的协议属于代销协议，A 公司与 C 证券公司的协议属包销协议。②依据我国《证券法》的规定，承销协议有效期内，发行人应保证将不与其他证券公司达成或签订与该协议相似或类似的协议。本案中 A 公司在其与 B 证券公司的承销协议有效期内，又自行与 C 证券公司签订承销协议有违法律规定。B 证券公司有权要求 A 公司支付违约金并赔偿损失。B 公司可与 A 公司协商解决，协商不成的，可将争议提交证监会批准设立或指定的调解或仲裁机构调解、仲裁。

7.4 保 险 法

7.4.1 保险简述

1. 保险的概念

保险，是指投保人根据合同约定，向保险人支付保险费，保险人对于合同约定的可能发生的事故因其发生所造成的财产损失承担赔偿保险金责任，或者当被保险人死亡、伤残、疾病或者达到合同约定的年龄、期限时承担给付保险金责任的商业保险行为。

2. 保险的特征

① 保险的互助性。保险属于互助合作行为，通过多数人投保，用共同筹集的资金建立保险基金，以补偿少数人的损失，其商业机制在于集合危险，分散损失。少数投保人获得的保险赔付是以多数人缴纳保险费为基础的，由此在投保人之间形成互助共济关系。

② 保险的补偿性。保险是投保人以缴纳保险费为代价，在将来发生保险事故时，由保险人对事故损失给予补偿的一种制度。在财产保险和人身保险中，保险的补偿性表现不尽相同，前者就是对损失按照赔偿原则进行经济补偿，后者则是按约定金额进行给付。

③ 保险的射幸性。射幸性合同是指当事人一方或双方的给付义务取决于合同成立后约定的偶然事件的发生与否。在保险中，保险人是否承担赔偿或给付保险金的责任则是不确定的，取决于不确定的危险是否发生。当保险事故发生时，保险人就要承

担赔偿或给付保险金的责任，但若没有发生保险事故，则保险人只收取保险费，而无保险责任。这就是保险的射幸性。

④ 保险的自愿性。保险作为一种商业行为，通过投保人与保险人之间订立保险合同而发生，而保险合同作为合同的一种，以合同自由为最高原则，保险公司和其他人不得强制他人订立保险合同（除法律、行政法规规定必须保险的以外）。

3. 保险的要素

保险的要素是指保险得以成立的基本条件。它包括以下三个条件。

① 危险的存在。“无危险则无保险”，保险制度建立的目的就在于应付自然灾害和意外事故的发生。所以，危险的存在是构成保险的第一要件。但是并非所有的危险都属于保险的范围之内，只有具备一定条件的危险，保险人才予以承保。

② 多数人参加保险。它强调保险是多数人在经济上的互助共济关系，由众多的社会成员参加保险，通过缴纳保险费以积聚巨额的保险基金，当少数成员因遭受危险导致损失时给予其足额、及时的补偿。基于众人协力这一条件，参加保险的人越多，每个人的负担就越小，危险的分散就越广泛，保险基金就越稳定，从而参加保险者的损失补偿就越有保障。

③ 补偿或给付。是指对危险事故造成的损失予以经济补偿。保险不能消灭危险，保险的功能在于使投保人以缴纳保险费为代价，在未来保险事故发生后，由保险人对事故损失进行补偿或给付约定数额的金钱。

7.4.2 保险法

1. 保险法的概念

保险法是调整保险关系的法律规范的总和。《中华人民共和国保险法》（以下简称《保险法》）于 1995 年 6 月 30 日在第八届全国人民代表大会常务委员会第十四次会议上通过，于 2002 年 10 月 28 日全国第九届全国人民代表大会常务委员会第三十次会议第一次修订，2009 年 2 月 28 日第十一届全国人民代表大会常务委员会第七次会议第二次修订，自 2009 年 10 月 1 日施行。

2. 保险合同

（1）保险合同的概念

保险合同是指投保人和保险人约定保险权利义务的协议。其具体含义是：保险合同的当事人只能是投保人和保险人；保险合同当事人之间的关系是关于保险权利与义务的关系，即依保险合同，投保人向保险人支付保险费，保险人则在约定的保险事故发生或者约定的保险事件出现或者期限届满时，履行赔偿或者给付保险金的义务；保险合同是当事人意思表示一致的结果。

（2）保险合同的订立与生效

① 保险合同的订立。订立保险合同，须经投保和承保两个阶段。投保是投保人向保险人提出保险请求的单方意思表示，是订立保险合同的要约；承保是保险人承诺投保人的保险要约的意思表示，是保险人的单方法律行为，是订立保险合同的承诺。

订立保险合同，由投保人提出保险要求，经保险人同意承保，并就保险合同的条款达成协议，保险合同成立。

② 保险合同的形式。保险合同是非要式合同，但实务中保险合同多采用书面形式。保险合同一般由投保单、保险单、保险凭证或者暂保单或者其他书面文件构成。

投保单是投保人向保险人提出的，订立保险合同的书面要约。保险合同成立后，保险人应当及时向投保人签发保险单或者其他保险凭证，并在保险单或者其他保险凭证中载明当事人双方约定的合同内容。

保险单是保险人与投保人订立保险合同的正式书面形式。保险单必须明确完整地记载保险双方的权利义务内容，是保险合同双方当事人履行合同的依据。

保险凭证是简化了的保险单，与保险单具有同等效力。

暂保单，是一种临时保险单，是正式保险单发出前的一种临时保险合同。从法律效力上看，暂保单与保险单具有相同的效力，但暂保单的期限较短，正式保险单一经交付，暂保单自动失效。

经投保人和保险人协商一致，保险合同也可以采取其他书面形式订立。

③ 保险合同的生效。依法成立的保险合同，自成立时生效。投保人和保险人可以对合同的效力约定附条件或者附期限。保险合同成立后，投保人按照约定交付保险费，保险人按照约定的时间开始承担保险责任。除《保险法》另有规定或者保险合同另有约定外，保险合同成立后，投保人可以解除合同，保险人不得解除合同。

（3）人身保险合同

人身保险合同是以人的寿命和身体为保险标的，以被保险人的生、死、残疾、健康为事故的保险合同。依照人身保险合同，投保人向保险人支付保险费，保险人对被保险人在保险期间内因保险事故遭受人身伤亡，或者在保险期届满时符合约定的给付保险金条件时，应当向被保险人或者受益人给付保险金。

（4）财产保险合同

财产保险合同是以财产及其有关利益为保险标的的保险合同，是投保人与保险人约定财产保险权利义务的协议。

3. 保险公司

保险公司是指经过保险监督管理机构核准经营保险业而设立的，专营保险业务的股份有限公司和国有独资公司。公司是我国保险法确认的唯一的保险业组织形式。

（1）保险公司的设立

设立保险公司应当具备下列条件：主要股东具有持续盈利能力，信誉良好，最近 3 年内无重大违法违规记录，净资产不低于人民币两亿元；有符合本法和《中华人民共和国公司法》规定的章程；有符合本法规定的注册资本，注册资本的最低限额为人民币两亿元且必须为实缴货币资本；有具备任职专业知识和业务工作经验的董事、监事和高级管理人员；有健全的组织机构和管理制度；有符合要求的营业场所和与经营业务有关的其他设施；法律、行政法规和国务院保险监督管理机构规定的其他条件。

设立保险公司，必须经保险监督管理机构批准。审批部门对设立保险公司的条件进行实质审查。经批准设立的保险公司，由批准部门颁发经营保险业务许可证，并凭经营保险业务许可证向工商行政管理机关办理登记，领取营业执照。

（2）保险公司的变更、终止与清算

保险公司的变更是指保险公司的名称、组织机构、业务范围等方面的变化。《保险法》规定，保险公司有下列情形之一的，应当经保险监督管理机构批准：变更名称；变更注册资本；变更公司或者分支机构的营业场所；撤销分支机构；公司分立或者合并；修改公司章程；变更出资额占有限责任公司资本总额 5%以上的股东，或者变更持有股份有限公司股份 5%以上的股东；国务院保险监督管理机构规定的其他情形。

保险组织的终止是指保险公司的消灭。保险公司依法终止其业务活动，应当注销其经营保险业务许可证。保险公司终止的原因主要有解散、撤销、被销经营保险业务许可证、破产。

保险公司终止时，除因合并、分立而解散的，应当依法成立清算组进行清算。股份有限保险公司由股东会成员组成清算组，国有独资保险公司由国家授权投资的机构或者部门确定清算组成员。保险公司违反法律、行政法规，被保险监督管理机构吊销经营保险业务许可证而终止的，由保险监督管理机构依法组织清算组，进行清算。保险公司因破产而解散的，由人民法院组织保险监督管理机构等有关部门和有关人员成立清算组，进行清算。

经营人寿保险业务的公司除因分立、合并或者被依法撤销外，不得解散。人寿保险业务是以人的生命或身体为保险标的的保险业务，具有长期性、储蓄性的特点。经营人寿保险业务的保险公司，确因经营有人寿保险业务的保险公司被依法撤销或者被依法宣告破产的，其持有的人寿保险合同及责任准备金，必须转让给其他经营有人寿保险业务的保险公司；不能同其他保险公司达成转让协议的，由国务院保险监督管理机构指定经营有人寿保险业务的保险公司接受转让。

4. 保险代理人和保险经纪人

保险代理人是根据保险人的委托，向保险人收取佣金，并在保险人授权的范围内代为办理保险业务的机构或者个人。保险经纪人是基于投保人的利益，为投保人与保险人订立保险合同提供中介服务，并依法收取佣金的单位。

保险代理人、保险经纪人在办理保险业务活动中不得有下列行为：欺骗保险人、投保人、被保险人或者受益人；隐瞒与保险合同有关的重要情况；阻碍投保人履行本法规定的如实告知义务，或者诱导其不履行本法规定的如实告知义务；承诺向投保人、被保险人或者受益人给予保险合同规定以外的其他利益；利用行政权力、职务或者职业便利以及其他不正当手段强迫、引诱或者限制投保人订立保险合同。

【案例分析 7.6】

2009 年春节期间，刘某为刚满 7 岁的儿子买了价值 200 元的烟花爆竹。某日，刘某夫妇出门走亲访友，只剩儿子独自在家。由于淘气，刘某的儿子遂将其藏在储物室的烟花爆竹翻出，在屋内玩耍不慎引起火灾，造成家庭财产遭受不同程度的损坏，损失约为 40000 元。所幸，刘某投保家庭财产保险，遂向保险公司提出索赔。

分析：保险公司应及时赔付刘先生的损失，根据我国《保险法》规定，本案例中被保险人刘某并非故意造成火灾的发生，并且刘某夫妇出门前已将烟花爆竹藏起来，已尽到预防的责任，既然本案的财产损失不是被保险人及其家属的故意行为造成的，保险公司应该承担赔偿责任。

7.5 外汇管理法

7.5.1 外汇简述

1. 外汇的概念及种类

外汇有动态和静态两种含义。动态意义上的外汇，是指人们将一种货币兑换成另一种货币，清偿国际间债权债务关系的行为。这个意义上的外汇概念等同于国际结算。静态意义上的外汇又有广义和狭义之分：广义的静态外汇是指一切用外币表示的资产；狭义的外汇是指以外币表示的可用于国际之间结算的支付手段。

根据《中华人民共和国外汇管理条例》(以下简称《外汇管理条例》)的规定，外汇主要包括以下几类：①外国货币，包括钞票、铸币等；②外币支付凭证，包括票据、银行存款凭证、邮政储蓄凭证等；③外国有价证券，包括政府公债、国库券、公司债券、股票、息票等；④特别提款权；⑤其他外汇资产。

2. 汇率

汇率又称汇价、外汇牌价或外汇行市，是指将一种货币兑换成另一种货币的比价关系，即以一国货币表示另一国货币的价格。经济学上将汇率区分为名义汇率和实际汇率。名义汇率是指两国间货币的相对比价；而实际汇率是指两国间商品的相对价格，是用来表示两国在进行贸易时，商品是按照什么比例进行交换的。根据货币比价变动情况不同，汇率可分为固定汇率、浮动汇率和联合浮动汇率。人民币汇率实行以市场供求为基础的、有管理的浮动汇率制度。

3. 外汇管理

外汇管理又称为外汇管制，是指一个国家为了保持本国的国际收支平衡，对外汇的买卖、借贷、转让、收支、国际清偿、外汇汇率和外汇市场实行一定限制措施的管理制度。其目的在于保持本国的国际收支平衡，限制资本外流，防止外汇投机，促进本国经济的健康发展。

外汇管理主要分为3种管理类型：一是严格型，对贸易、非贸易收支和资本项目下的收支都实行严格限制，发展中国家多属于此类；二是部分的外汇管理，对经常项目的收支，原则上不加限制，但对资本项目的收支加以一定限制，一些发达的工业国家属于此类；三是宽松型，对经常项目的收支和资本项目的收支都不加限制，允许外汇自由兑换、自由出入国境，实行金融自由。

我国自外汇管理体制改革以来，从严格的外汇管理向部分的外汇管理发展，最终使人民币成为可兑换的货币。我国外汇管理坚持 3 项基本制度：一是国际收支统计申报制度，我国境内凡有国际收支活动的单位和个人，都必须进行国际收支统计申报；二是境内禁止外币流通，并不得以外币计价结算；三是检举制度，任何单位和个人都有权检举、揭发违反外汇管理的行为。依《外汇管理条例》规定，国务院外汇管理机构及其分支机构，依法履行外汇管理职责。

7.5.2 我国外汇管理制度

我国从新中国成立以来一直实行外汇管制。随着改革开放和经济的不断发展，颁布了一系列的外汇管理法规，形成了以《中华人民共和国外汇管理条例》为主，包括其他外汇管理法规、行政规章和其他规范性文件的相对完善的外汇管理法律体系。目前，我国外汇管理的职能部门是国家外汇管理局及其各分局。

1. 经常项目的外汇管理

经常项目是指国际收支中经常发生的交易项目，包括贸易收支、劳务收支、单方面资产转移等。它是整个国际收支中最大的项目。

我国对经常项目下的外汇收入实行银行结汇制，境内机构的经常项目外汇收入必须汇回国内，并按照国家关于结汇、售汇及付汇管理的规定卖给外汇指定银行，或者经批准在外汇指定银行开立外汇账户。境内机构原则上不得将经常项目外汇账户中的外汇资金转作定期存款，确因需要转作定期存款的，必须凭法定的文件向开户行所在地的外汇局申请。境内机构的经常项目用汇，可按国家关于结汇、售汇及付汇管理的规定，持有效凭证和商业单据向外汇指定银行购汇支付。境内机构的出口收汇和进口付汇，应当按照国家关于出口收汇核销管理和进口付汇核销管理的规定办理核销手续。

对于个人所有的外汇，可自行持有，也可以存入银行或卖给外汇指定银行。外汇管理局对居民个人购汇实行指导性限额及核销管理，购汇金额在规定限额以内的，居民个人凭规定的证明材料直接到银行办理；购汇金额在限额以上的，居民个人凭相应的证明材料向外汇局申请，然后再凭外汇局的核准件和相应的证明材料到银行办理。外国驻华机构和来华人员的合法人民币收入，需要汇出境外的，可以凭有关的证明材料和凭证到外汇指定银行兑付。驻华机构和来华人员由境外汇入或者携带入境的外汇，可以自行保存、存入银行或者卖给外汇指定银行，也可以凭有效凭证汇出或者携带出境。

2. 资本项目外汇管理

资本项目指资本的输出、输入，所反映的是本国和外国之间以货币表示的债权债务的变动，也就是一国为了某种经济目的在国际经济交易中发生的资本跨国界的收支项目。资本项目具体包括直接投资、各类贷款、证券投资等。

境内机构的资本项目外汇收入，除国务院另有规定外，应当调回国内，在外汇指定银行开立外汇账户；经外汇管理机关批准，可以卖给外汇指定银行。

外商投资企业的投资各方以现汇方式投入的资本金，可以存入资本金账户，资本金账户支出仅限于有关用途的经常项目的支出及经外汇局批准的资本项目的支出。

外商投资企业可以根据业务需要，自主决定借入境内外外汇贷款。境外借款合同签订 15 天内，企业持外汇贷款合同副本到外汇局办理外债登记手续，并领取逐笔登记的《外债登记证》。

借款单位调入境外借款时，凭《外债登记证》，外汇局核法的“开户通知书”到外汇指定银行开立外汇贷款专用账户。

外商投资企业下列范围的外汇未经外汇局批准不得结汇：

① 境外法人或自然人作为投资汇入的外汇；

② 外商投资企业中外双方以现汇投入的资本金；

③ 境外借款及发行外币债券、股票取得的外汇；

④ 其他资本项目的外汇收入。

外债指中国境内的机关、团体、企业、事业单位、金融机构或者其他机构对中国境外的国际金融组织、外国政府、金融机构、企业或者其他机构用外国货币承担的具有契约性偿还义务的全部债务，包括国际金融组织贷款、外国政府贷款、外国银行和金融机构贷款、买方信贷、外国企业贷款、发行外币债券、国际金融租赁、延期付款、补偿贸易中直接以现汇偿还的债务、其他形式的对外债务。对于国际金融组织贷款和外国政府贷款由国家统一对外举借；国家对国有商业银行以及境内中资企业举借的中长期商业贷款实行余额管理；外商投资企业举借的中长期外债累计发生额和短期外债累计发生额之和应当控制在审批部门批准的项目总投资和注册资本之间的差额之内。在差额范围内，外商投资企业可以自行举借外债，超出差额的，须经原审批部门重新核定项目总投资。外债资金的使用应当符合国家的相关规定，同时，国家外债管理部门应当根据国家法律对外债和对外担保实施监管。

外商投资企业经营期满或因其他原因无法继续经营而依法终止的，应当依法进行清理并照章纳税。清理纳税后的剩余财产属于外方投资者所有的人民币，可以向外汇指定银行购汇或携带出境；属于中方投资者所有的外汇，应全部卖给外汇指定银行。

3. 金融机构的外汇业务管理

（1）金融机构经营外汇业务管理

根据《中华人民共和国外汇管理条例》的相关规定，我国对金融机构经营外汇业务进行管理：金融机构经营外汇业务必须报经国家外汇管理机构批准，并领取经营外汇业务许可证；应按规定为客户开立账户，办理有关外汇业务；应按规定缴存外汇存款准备金，遵守外汇资产负债比例管理的规定，并建立呆账准备金；外汇指定银行办理结汇业务所需的人民币资金，应当使用自有资金；金融机构的资本金、利润以及因本外币资产不匹配需要进行人民币与外币间转换的，应当经外汇管理机关批准。

（2）金融机构经营外汇业务的监督管理

金融机构经营外汇业务，应自觉接受外汇管理机关的检查、监督，同时，应当向外汇管理机关报送外汇资产负债表、损益表以及其他财务会计报表和资料。

【案例分析 7.7】

2006 年 9 月，李某从香港某出版公司获得稿酬 5000 美元，由于急需人民币，决定将美元兑换成人民币。10 月 12 日，正好到香港旅游的陈某需要将手中大量人民币兑换成美元，在此交易中，李某准备以高于国家外汇牌价进行兑换时被人发现并举报，并让有关部门抓住，经查，李某的职业就是倒卖外汇。

分析：李某、陈某的行为属于扰乱金融秩序的行为，根据我国《外汇管理条例》的规定：私自买卖外汇、变相买卖外汇、倒买倒卖外汇或者非法介绍买卖外汇数额较大的，由外汇管理机关给予警告，没收违法所得，处违法金额 30%以下的罚款；情节严重的，处违法金额 30%以上等值以下的罚款；构成犯罪的，依法追究刑事责任。

4. 违反外汇管理的法律责任

违反外汇管理的行为，一般包括逃汇行为、套汇行为、扰乱金融行为、违反外债管理行为、违反外汇账户管理行为、违反外汇核销管理行为以及违反外汇经营管理行为等。

（1）套汇及其法律责任

套汇是指利用不同的外汇市场，不同的货币种类，不同的交割时间以及一些货币汇率和和利率上的差异，进行从低价一方买进，高价一方卖出，从中赚取利润的外汇买卖。主要表现为：违反国家规定，以人民币支付或者以实物偿付应当以外汇支付的进口货款或者其他类似支出；以人民币为他人支付在境内的费用，由对方付给外汇；未经外汇管理机关批准，境外投资者以人民币或者境内所购物资在境内进行投资；以虚假或者无效的凭证、合同、单据等向外汇指定银行骗购外汇及非法套汇的其他行为。

对套汇者，由外汇管理机关给予警告，强制收兑，并处非法套汇金额 30%以上 3 倍以下的罚款；构成犯罪的，依法追究刑事责任。

（2）逃汇及其法律责任

逃汇是指境内机构或个人违反国家外汇管理规定，逃避我国外汇管理，将应该卖给国家的外汇私自保存、转移、买卖、使用、存放境外，或将外汇、外汇资产私自携带、托带或邮寄出境的行为。主要表现为：违反国家规定，擅自将外汇存放在境外；不按照国家规定将外汇卖给外汇指定银行；违反国家规定将外汇汇出或者携带出境；未经外汇管理机关批准，擅自将外币存款凭证、外币有价证券携带或者邮寄出境及其他逃汇行为。

对逃汇行为者，由外汇管理机关责令限期调回外汇，强制收兑，并处逃汇金额 30%以上 5 倍以下的罚款；构成犯罪的，依法追究刑事责任。

（3）扰乱金融的法律责任

扰乱金融是指行为人违反外汇管理法律、法规规定，未经批准非法经营外汇业务，私自买卖外汇，扰乱金融秩序的行为。属于扰乱金融的行为有：未经国家外汇管理机关批准擅自经营外汇业务或超越批准范围扩大经营外汇业务，或未经批准擅自向境外发行外汇的有价证券或借贷外汇，擅自提供对外担保或有其他违反外债管理行为；擅自在境内、境外开立外汇账户、出借、串用、转让外汇账户的，擅自改变外汇账户用途的；伪造、涂改、出借、转让或重复使用进出口核销单证的，或未按规定办理核销手续的；私自买卖外汇、变相买卖外汇或倒卖倒买外汇，非法以外汇在境内计价结算，擅自以外汇作质押等。

对于扰乱金融的行为，管汇机构视行为方式和程度，分别给予责令改正、警告、通报批评、没收非法所得、处以罚款以及强制收兑等处罚。如果构成犯罪，移送司法机关追究刑事责任。

7.6 票据法（附录）

7.6.1 票据简述

1. 票据的概念

票据是出票人签发的，由自己或委托他人于见票时或到期日无条件支付一定金额给收款人或持票人的有价证券，票据有广义和狭义之分。广义的票据是指商业活动中的一切票证，包括各种有价证券和凭证，如股票、债券、本票、提货单、车船票、借据等。狭义的票据仅指汇票、本票和支票。我国票据法所指的票据是狭义的票据。

2. 票据的法律特征

票据作为一种有价证券，有以下特征。

① 票据的无因性。票据的持票人行使票据权利时，无须说明其取得票据的原因，只要占有票据就可以行使票据权利，即使取得票据的原因关系无效，对票据关系也不发生影响。

② 票据的有价性。票据与一定的财产权利或价值结合在一起，并以一定货币金额表示其价值。票据的权利与票据不可分开，票据的权利随票据的制作而发生，随票据的出让而转移，占有票据即占有票据的价值，不占有票据就不能主张票据权利。

③ 票据的要式性。票据的格式是由法律规定的，必须根据法律规定的必要形式制作，票据才能有效。如我国《票据法》规定了汇票、本票、支票必须记载的事项，未记载规定事项的，票据无效。

④ 票据的流通性。票据在到期前，可以通过背书方式转让而流通。票据的流通性是票据的基本特征。票据若不能流通，就不能成其为票据。

⑤ 票据的文义性。票据上的权利义务必须以票据上的文字记载为准。有关票据债权人或票据债务人，均应当对票据上所记载的文义负责，不得以任何方式或理由变更票据上文字记载的意义。

⑥ 票据的设权性。票据是创设权利，而不是证明已经存在的权利。票据一经作成，票据上的权利便随之而确立。

⑦ 票据的债权性。票据所创设的权利是金钱债权，票据持有人可以对票据记载的金额向票据的特定债务人行使请求付款权。

3. 票据的功能

实践中，票据的功能大致有以下几方面。

① 汇兑功能。即异地支付，通常由汇款人将款项交存银行，由银行作为出票人

将签发的银行汇票寄往异地或交持票人持往异地，持票人向异地银行兑取现金或凭此办理转账结算。这比使用现金汇兑方便、安全、节省费用。

② 支付与结算功能。汇票和支票是委托他人付款，本票则是出票人自己付款，这是票据最原始的作用。它代替现金，既安全、迅速、准确，又加速了资金的周转，提高了资金的使用效益。

③ 融资功能。票据的融资作用主要是通过票据贴现来实现的。所谓票据贴现，是指资金的需求者，将自己手中未到期的票据向银行或融资公司要求变现，银行或融资公司按票面金额扣除贴现日以后的利息后付款给持票人，到票据到期时再向出票人收款。

④ 信用功能。这是票据的核心功能。现代商品交易中，信用交易是大量存在的。卖方通常不能在交付货物的同时，获得价金的支付。如果这时买方向卖方签发票据，就可以将普通商业信用转化为票据信用，把一般债权转化为票据债权，以获得更大的资金效益。票据的信用功能，已成为票据最主要的功能，在商品经济发展中，发挥着巨大的作用。

7.6.2 票据法

1. 票据法的概念

票据法有广义与狭义之分。广义的票据法是指涉及票据关系调整的各种法律规范，既包括专门的票据法律、法规，也包括其他法律、法规中有关票据的规范。一般意义上所说的票据法是指狭义的票据法，即专门的票据法规范，它是规定票据的种类、形式和内容，明确票据当事人之间的权利义务，调整因票据而发生的各种社会关系的法律规范。本书中所讲的票据法，仅是狭义的票据法，1995 年 5 月 10 日第八届全国人民代表大会常务委员会第十三次会议通过《中华人民共和国票据法》，根据 2004 年 8 月 28 日第十届全国人民代表大会常务委员会第十一次会议《关于修改〈中华人民共和国票据法〉的决定》修正，并于 2004 年 8 月 28 日实施。

2. 票据行为

票据行为是指能产生票据债权债务关系的法律行为。

① 出票。出票是按法定形式制作成票据交付给收款人的行为，票据上的一切权利义务均因出票而产生。出票行为包括两个内容：作成票据并在票据上签字；将票据交付给收款人。

② 背书。背书是持票人为转让票据而在票据背面或粘单上记载有关事项并签章的票据行为。作出背书的人称为背书人；通过背书取得票据者为被背书人。依《票据法》，背书应连续，以背书转让的票据，后手应对其直接前手背书的真实性负责。背书不得附有条件，背书时附有条件的，所附条件不具有汇票上的效力。背书人在背书后，便承担保证其后手所持票据付款或承兑的责任。背书人在汇票上记载“不得转让”字样，其后手再背书转让的，原背书人对其后手的被背书人不承担保证责任。将票据金额的一部分转让的背书或者将汇票金额分别转让给两人以上的背书无效。

③ 承兑。承兑是指承兑是指汇票付款人承诺在汇票到期日支付汇票金额的票据行为。付款人在汇票上签字承兑后，即承担到期付款的法律责任。承兑是汇票特有的票据行为，但见票即付的汇票无须承兑。承兑的方式通常是持票人在汇票正面记载“承兑”字样，签上自己的名字，并注明承兑的日期。其中最重要的是付款人的签名，无付款人签名，则汇票不能认为已被承兑。

④ 保证。保证是指票据债务人以外的第二人担保票据债务履行的行为。票据的债务人包括出票人、背书人和承兑人，都可成为被保证的对象，保证使保证人与被保证人之间产生票据法律关系。保证人的责任以被保证人的责任为限，因此被保证人不同，保证人的责任也不同。保证不得附有条件，附有条件的，不影响保证责任。保证人与被保证人对持票人承担连带责任。保证人为两人以上的，保证人之间承担连带责任。

⑤ 付款。付款是指汇票承兑人或付款人、本票出票人和支票付款人向持票人支付票据金额并收回票据的行为。付款行为的作出，持票人的票据债权实现，票据的流通过程结束，票据上的全部债务人的责任解除，票据的债权债务关系消灭。

3. 票据权利

票据权利是指持票人向票据债务人请求支付票据金额的权利，主要包括付款请求权和追索权。付款请求权指持票人对主债务人所享有的、依票据而请求支付票据金额的权利。付款请求权是第一次请求权，持票人必须首先向主债务人行使第一次请求权，而不能越过它直接行使追索权。追索权，又称偿还请求权，是指持票人行使付款请求权遭到拒绝或有其他法定原因时，向其前手请求偿还票据金额及其他法定款项的权利。被追索人是负有偿还票据金额及其他法定款项义务的人，包括出票人、背书人、保证人、承兑人等。

【案例分析 7.8】

某银行接受 A 公司的委托签发了一张金额为 4600 元人民币的银行本票，收款人为某电脑公司的经理刘某。刘某将票据背书转让给了黄某。黄某将票据金额改写为 4.6 万元人民币后转让给了某商店，商店又将该票据背书转让给了某超市。当该超市向付款银行提示付款时，付款银行以票据上有瑕疵为由退票。

分析：（1）该行为属于票据变造，即无变更权的人对票据上的除签章外的有关事项进行变更的行为，如变更票据金额、到期日、付款地等。（2）如向变造前签章的人主张权利，只能依据原记载事项，不足部分只能向变造人请求赔偿；如果向变造人或变造后的签章人主张权利，则有可能实现票据的全部权利。（3）变造行为属于严重的违法行为，黄某除承担票据责任外，还须承担相应的民事责任、行政责任或刑事责任。

4. 汇票

汇票是出票人签发的，委托付款人在见票时或者在指定日期无条件支付确定的金额给收款人或者持票人的票据。汇票关系中有 3 个基本当事人：出票人、付款人和收款人。其中出票人和付款人为票据义务人，收款人为票据权利人。根据汇票当事人身份的不同，分为银行汇票和商业汇票；根据汇票付款期限的不同，可以分为即期汇票和远期汇票；根据汇票付款是否需要附随其他单据，汇票可以分为光单汇票和跟单汇票。

（1）汇票的出票

出票是指出票人签发票据并将其交付给收款人的票据行为。汇票必须记载下列事项：表明“汇票”的字样；无条件支付的委托；确定的金额；付款人名称；收款人名称；出票日期；出票人签章。汇票上未记载上述规定事项之一的，汇票无效。

汇票未记载事项的认定：汇票上记载付款日期、付款地、出票地等事项的，应当清楚、明确，汇票上未记载付款日期的为见票即付。汇票上未记载付款地的，付款人的营业场所、住所或者经常居住地为付款地。汇票上未记载出票地的，出票人的营业场所、住所或者经常居住地为出票地。

（2）汇票的承兑

承兑是指汇票付款人承诺在汇票到期日支付汇票金额的票据行为。汇票的付款人可以依自己的意思，决定是否进行承兑，不受出票人指定其为付款人的限制。付款人承兑汇票，不得附有条件；承兑附有条件的，视为拒绝承兑。

定日付款或者出票后定期付款的汇票，持票人应当在汇票到期日前向付款人提示承兑。提示承兑是指持票人向付款人出示汇票，并要求付款人承诺付款的行为。见票后定期付款的汇票，持票人应当自出票日起一个月内向付款人提示承兑。汇票未按照规定期限提示承兑的，持票人丧失对其前手的追索权。

（3）汇票的背书转让

背书是指在票据背面或者粘单上记载有关事项并签章的票据行为。票据法上的汇票转让是通过背书方式进行的。一般在汇票的背面，事先印制好背书栏，载明表示将票据权利转让给被背书人的文句，而留出背书人及被背书人的空白，供背书人进行背书时填写。票据法一般不限制背书次数，在背书栏或票据背面写满时，可以在票据上“粘单”，进行背书。粘单上的第一记载人，应当在汇票和粘单的粘接处签章。背书应当由背书人签章并记载背书日期。如果未记载背书日期，视为在汇票到期日前背书，而且背书也必须记载被背书人名称。

汇票在一定情形下，背书将受到限制：①出票人在汇票上记载“不得转让”字样的，汇票不得转让；②背书人在汇票上记载“不得转让”字样，其后手再背书转让的，原背书人对后手的被背书人不承担保证责任。

（4）汇票的付款

票据付款是仅指付款人或承兑人在票据到期时，对持票人所进行的票据金额的支付。持票人应当按照下列期限提示付款：见票即付的汇票，自出票日起一个月内向付款人提示付款；定日付款、出票后定期付款或者见票后定期付款的汇票，自到期日起 10 日内向承兑人提示付款；持票人未按规定的期限提示付款的，在作出说明后，承兑人或者付款人仍应当继续对持票人承担付款责任；通过委托收款银行或者通过票据交换系统向付款人提示付款的，视同持票人提示付款。

5. 本票

本票是出票人签发的，承诺自己在见票时无条件支付确定金额给收款人或者持票人的票据。本票包括银行本票、商业本票和个人本票，我国票据上的本票是指银行本票。本票具有以下特征。

① 本票是票据的一种，具有一切票据所共有的性质。

② 本票是自付证券，它是由出票人自己对收款人支付并承担绝对付款责任的票据。

③ 无须承兑，本票均为即期本票，无远期本票。

根据《中华人民共和国票据法》规定，本票要求具备以下的必要项目：标明其为“本票”的字样；无条件支付承诺；出票人签字；出票日期和地点；确定的金额；收款人或共指定人姓名。

6. 支票

支票是出票人签发的，委托办理支票存款业务的银行或者其他金融机构在见票时无条件支付确定的金额给收款人或者持票人的票据。

支票必须记载下列事项：表明“支票”的字样；无条件支付的委托；确定的金额；付款人名称；出票日期；出票人签章；异地支票在票面右下角必须记载 12 位的银行机构代码，同城为 6 位。支票上未记载前款规定事项之一的，支票无效。

【案例分析 7.9】

A 公司在银行的支票存款共有 200 万元人民币，该公司签发了一张面额为 300 万元的转账支票给 B 公司。之后 A 公司再没有向开户银行存款。

分析：(1) 出票人所签发的支票是否为空头支票，应以持票人依该支票向付款银行提示付款之时为准，而不能以出票人签发支票时为准。(2) 付款人不是票据上的当然债务人，支票中的付款人在支票存款中足以支付时才有法定的付款义务。(3) A 公司作为出票人必须按照签发的支票金额承担保证向该持票人付款的责任。此外，持票人有权要求出票人赔偿支票金额 2%的赔偿金。

学习回顾

金融法是调整金融关系的法律规范的总称。我国的金融法律主要包括银行法、非银行性金融机构法、证券法、票据法、担保法、货币法、信托法、保险法、金融监管法等。

银行法是调整以银行为中心的金融关系的法律规范的总称。它是金融法的核心，是调整金融活动的基本规范。中央银行法是调整中央银行因制定和实施货币政策、行使对金融业的监督管理职能而产生的银行管理关系的法律规范的总称。商业银行法是规定商业银行的地位、性质、权利义务、组织机构以及规范经营行为的法律规范的总称。

证券是表示一定权利的书面凭证，即以证明或设定权利为目的所作成的凭证，是一种载有一定金额的，代表各类财产的所有权或债权的凭证。证券法是指调整证券的发行、交易、监督和管理而产生的社会关系的法律规范的总称。

保险，是指投保人根据合同约定，向保险人支付保险费，保险人对于合同约定的可能发生的事故因其发生所造成的财产损失承担赔偿保险金责任，或者当被保险人死亡、伤残、疾病或者达到合同约定的年龄、期限时承担给付保险金责任的商业保险行为。保险法是调整保险关系的法律规范的总和。

动态意义上的外汇，是指人们将一种货币兑换成另一种货币，清偿国际间债权债务关系的行为。静态外汇是指一切用外币表示的资产（广义），是指以外币表示的可用于国际之间结算的支付手段（狭义）。我国从新中国成立以来一直实行外汇管制。

随着改革开放和经济的不断发展，我国颁布了一系列的外汇管理法规，形成了以《中华人民共和国外汇管理条例》为主，包括其他外汇管理法规、行政规章和其他规范性文件的相对完善的外汇管理法律体系。

票据是出票人签发的，由自己或委托他人于见票时或到期日无条件支付一定金额给收款人或持票人的有价证券。我国票据法所指的票据是汇票、本票和支票。

知识巩固

1. 设立商业银行必须具备哪些条件？
2. 证券具备哪些特征？
3. 证券相关人员禁止进行什么交易行为？
4. 设立保险公司需要具备什么条件？
5. 票据具有哪些功能？

案例分析

1. 某股份有限公司董事会根据公司的实际情况，决定以发行债券的方式向社会筹集资金用于扩大生产经营活动和偿还债务，为此特制定了一个发行债券的方案，该方案有关要点如下。

（1）根据会计师事务所的审计结果，本公司的净产金额已经达到4500万元，在此条件下，此次发行债券金额计划为1800万元（不包括前次发行的500万元债券）。

（2）此次发行债券筹集的资金部分用于扩大生产经营规模，部分用于偿还前次发行债券应该偿还而尚未偿还的本息。

（3）为了保证本次债券的发行成功，本公司发行的债券利率将高于国务院限定的利率水平一个百分点。

（4）本公司利润最近几年呈上升趋势，近3年的可分配利润分别为：120万元、180万元、280万元。由此看来，在发行债券之后的一年，本公司的可分配利润足以支付本次发行债券的利息。

问题：分别根据证券法对上述要点进行分析，说明各要点是否存在问题，为什么？

2. A公司为防止其采暖锅炉发生爆炸造成巨额财产损失，遂于2007年11月向甲保险公司投保了为期一年的财产保险，保险金额为1亿元，相等于保险价值。甲保险公司承保后，将保险金额的40%向乙保险公司再保险。A公司投保后，担心甲保险公司赔付能力不足，又于2007年12月向丙保险公司投保了为期一年的财产保险，保险金额仍为1亿元。丙保险公司承保后，将保险金额的20%向丁保险公司再保险。A公司在丙保险公司投保时，向其说明了已向甲保险公司投保的事实，随后又向甲保险公司说明了向丙保险公司投保的事实，甲保险公司与丙保险公司均未表示反对。2008年5月，

A公司的锅炉发生爆炸，造成严重经济损失。于是，A公司要求甲、乙、丙、丁4家保险公司支付保险金。

问题：本案应如何处理，为什么？

3. 天益公司采购员万某需携带5万元金额的支票到A市采购原料。该支票由天益公司刘某负责填写，由该公司财务主管加盖了财务章及财务人员的印鉴，收款人一栏则授权万某填写。以上记载均有支票存根记录为证。万某携该支票到A市某私营企业购买了价值5万元的原料，该私营企业老板董某是万某的朋友，其见该支票上的笔迹为万某所为，以自己最近资金周转陷入困境为由，请求万某帮忙将支票上的金额改为15万元以渡难关。万某碍于朋友情面而应允，使用董某提供的涂改剂将金额改成了15万元，因此，从外观上看不出涂改的痕迹。其后，董某为支付货款将该支票背书转让给了某化工厂。此事败露后，天益公司起诉某化工厂和董某，要求返还多占用的10万元票款。

请问：（1）本案中万某的行为在票据法上属于什么性质的行为，为什么？

（2）本案应如何处理，为什么？

技能训练

根据生活中的经验教训，探讨现行（车险、财险、人身险）等保险合同中常见的问题及解决方案。

第8讲

经济争议解决法律制度

内容提要

本讲主要介绍仲裁的概念和特征，仲裁的基本原则，以及我国的仲裁制度；诉讼的概念和特征，诉讼的管辖权，诉讼程序以及涉外诉讼的特别规定；行政复议制度；经济法律文书等。

知识目标

1. 了解仲裁、诉讼和行政复议的相关程序。
2. 掌握法律文书的撰写要求。

实务目标

1. 学会撰写各种法律文书。
2. 能够运用仲裁、诉讼和行政复议的相关法律规定处理相关案件。

学时建议

6～8课时

导入案例

甲公司和乙公司签订了一份购销合同，合同中约定如果双方发生争议时，提交惠州仲裁委员会进行仲裁。现因为在履行合同过程中，围绕对方是否违约发生了争议，于是甲公司准备向法院提起起诉。甲公司能否直接向法院起诉？如果惠州仲裁庭裁决乙公司应承担违约责任，乙公司不服，对于该裁决，乙公司能否向人民法院上诉或申请重新处理，为什么？如果乙公司拒不履行仲裁庭的裁决，甲公司应当向哪个机关请求执行该裁决？

分析：（1）本案中甲公司不能直接向法院起诉。因为合同中约定如果双方发生争议时，提交惠州仲裁委员会进行仲裁。由于当事人已达成仲裁协议，一方向人民法院起诉的，人民法院不予受理。因此，如果甲公司直接向人民法院起诉，法院会告知原告向惠州仲裁机构申请仲裁。（2）对该裁决乙公司不能向法院上诉或申请重新处理。因为仲裁实行一裁终局制度，裁决作出后，当事人就同一纠纷再申请仲裁或向人民法院起诉的，仲裁委员会或人民法院不予受理。只有在裁决被人民法院依法裁定撤销或不予执行时，当事人就该纠纷可以重新达成的仲裁协议申请仲裁，也可以向人民法院起诉。（3）当事人应履行仲裁裁决，一方当事人不履行的，另一方当事人可以依照民事诉讼法的有关规定向当地人民法院申请执行。受理申请的人民法院应执行。所以甲公司在乙公司拒不履行仲裁庭的裁决时，应当向当地人民法院而不是仲裁委员会申请执行该裁决。

8.1 仲 裁

8.1.1 仲裁简述

1. 仲裁的概念与特征

仲裁指争议双方在争议发生前或争议发生后达成协议，自愿将争议交给仲裁机构作出裁决，双方有义务执行的一种解决争议的方法。

仲裁具有以下特征。

① 自愿性。仲裁以双方当事人的自愿为前提，任何一方当事人仅凭自己单方的意愿是无法将争议提交仲裁解决的。即当事人之间的纠纷是否提交仲裁，交与谁仲裁，仲裁庭如何组成，由谁组成，以及仲裁的审理方式、开庭形式等都是在当事人自愿的基础上，由双方当事人协商确定的。因此，当事人的自愿性是仲裁最突出的特点。

② 专业性。民商事纠纷往往涉及特殊的知识领域，会遇到许多复杂的法律、经济贸易和与之相关的技术性问题，因此，由具有一定专业水平和能力的专家担任仲裁员对当事人之间的纠纷进行裁决是仲裁公正性的重要保障。根据我国仲裁法的规定，仲裁机构有专家组成的仲裁员名册供当事人进行选择，专家仲裁由此成为民商事仲裁的重要特点之一。

③ 保密性。仲裁以不公开审理为原则，以防止泄露当事人不愿公开的商业秘密，仲裁由此表现出极强的保密性。

④ 终局性。仲裁实行一裁终局制。裁决作出后，当事人就同一纠纷再申请仲裁或者向人民法院起诉的，仲裁委员会或者人民法院不予受理。任何一方当事人不履行裁决所确定的义务，另一方当事人有权向人民法院申请强制执行。

⑤ 独立性。仲裁机构独立于行政机构和其他机构，仲裁机构之间也无隶属关系。仲裁庭依法独立进行，不受行政机关、社会团体和个人的干涉，也不受仲裁机构的干涉。

2. 仲裁的适用范围

仲裁的适用范围：一是发生纠纷的双方当事人必须是民事主体，包括国内外法人、自然人和其他合法的具有独立主体资格的组织；二是仲裁的争议事项应当是当事人有权处分的；三是仲裁范围必须是合同纠纷和其他财产权益纠纷。

根据仲裁法的规定，有两类纠分不能仲裁：一是婚烟、收养、监护、扶养、继承纠纷不能仲裁；二是行政争议不能裁决。仲裁法还规定：劳动争议和农业集体经济组织内部的农业承包合同纠纷的仲裁，由国家另行规定，也就是说解决这类纠纷不适用仲裁法。

8.1.2 仲裁原则

仲裁的基本原则是指经济纠纷仲裁活动中，仲裁机构以及双方当事人及其参与人必须遵循的准则。主要包括以下原则。

1. 自愿原则

自愿原则是仲裁制度中的基本原则，也是世界各国和国际仲裁活动中普遍遵守的原则，该原则主要体现在以下几方面。

① 是否以仲裁的方式解决纠纷，以双方当事人的共同意愿为前提。仲裁机构对案件的管辖权和裁决权，来源于当事人双方的共同授权，仲裁机构不能受理没有书面仲裁协议（仲裁条款）的仲裁申请。

② 仲裁机构由双方当事人自愿决定。我国《仲裁法》第 6 条规定：“仲裁委员会应当由当事人协议选定。仲裁不实行级别管辖和地域管辖。”当事人在选择、约定仲裁机构时，不因当事人所在地、纠纷发生地等因素而受到地域管辖的限制；也不因争议标的额的大小、案件的复杂程度如何而受到级别管辖的制约。

③ 仲裁组织和仲裁员由双方当事人协议选择。组成仲裁庭的仲裁员由当事人在仲裁员名册中自主选定，也可以委托仲裁委员会主任代为指定，仲裁庭的组成形式也可以由当事人约定。

④ 仲裁事项由当事人双方自主决定。当事人可以约定交由仲裁解决的争议事项。仲裁机构应当尊重当事人的选择，对当事人在协议中没有交由自己处理的争议，不能主动审理和裁决。

⑤ 开庭和裁决的程序由双方当事人自主决定。当事人还可以约定审理方式、开

庭形式等有关的程序事项。

2. 仲裁独立的原则

仲裁的独立指的是从仲裁机构的设置到仲裁纠纷解决的整个过程，都具有依法的独立性。仲裁法确立的仲裁独立的原则主要表现在以下方面。

① 仲裁依法独立进行，不受行政机关、社会团体和个人的干涉。

② 仲裁协会、仲裁委员会和仲裁庭 3 者之间相对独立。仲裁协会，属于仲裁委员会的自律性组织。仲裁委员会按地域分别设立，相互之间没有隶属关系。仲裁庭对案件独立审理和裁决，仲裁委员会不能干预。虽然法院经法定程序，可以撤销仲裁裁决但并不意味着仲裁附属于法院，受法院干涉。

3. 以事实为依据，符合法律规定、公平合理解决纠纷的原则

以事实为依据，就是在仲裁审理过程中，要客观、全面、深入地查清与纠纷有关的事实情况，了解纠纷发生的原因、发展经过、现实状况以及各方的争执所在。

符合法律规定，就是仲裁庭在查清事实的基础上，应当根据相关法律规定确认各方当事人的权利与义务。

公平合理，就是仲裁庭在仲裁纠纷时应当公平、公正，仲裁员应公正、公平地对待双方当事人。

8.1.3　我国的仲裁制度

1. 仲裁协会

中国仲裁协会是社会团体法人，经民政部门登记后成立。中国仲裁协会实行会员制，各仲裁委员会是中国仲裁协会的法定会员。中国仲裁协会以团体会员为主，也可以接纳个人会员。

中国仲裁协会是仲裁委员会的自律性组织，指导、协调仲裁委员会的工作。中国仲裁协会根据仲裁法和民事诉讼法的有关规定制定仲裁规则以及其他仲裁规范性文件。同时，中国仲裁协会对仲裁委员会及其组成人员、仲裁员的违纪行为进行监督。

2. 仲裁委员会

（1）仲裁委员会的设立

仲裁委员会是常设性仲裁机构，一般在直辖市，省、自治区人民政府所在地的市设立，也可以根据需要在其他设区的市设立，不按行政区划层层设立。

仲裁委员会由市的人民政府组织有关部门和商会统一组建，并应经省、自治区、直辖市的司法行政部门登记。依法可以设立仲裁委员会的市只能组建一个统一的仲裁委员会，不得按照不同专业设立专业仲裁委员会或者专业仲裁庭。

仲裁委员会应当具备下列条件：有自己的名称、住所和章程；有必要的财产；有该委员会的组成人员；有聘任的仲裁员。

（2）仲裁员委员会人员的组成

仲裁委员会由主任 1 人，副主任 2～4 人和委员 7～11 人组成。仲裁委员会的主任、副主任和委员由法律、经济贸易专家和有实际工作经验的人员担任。仲裁委员会的组成人员中法律、经济贸易专家不得少于 1/3。仲裁委员会应当从公道正派的人员中聘任仲裁员。仲裁员应当符合下列条件：①从事仲裁工作满 8 年的；②从事律师工作满 8 年的；③曾任审判员满 8 年的；④从事法律研究，教学工作并具有高级职称的；⑤具有法律知识，从事经济贸易等专业工作并具有高级职称或具有同等专业水平的。

仲裁委员会根据不同专业设置仲裁员名册，便于当事人挑选仲裁员。平时仲裁委员会没有什么工作的，只有发生仲裁争议的时候才进行仲裁裁决的。费用的负担是在仲裁协议中约定的。

3. 仲裁规则

仲裁规则是指仲裁时所适用的程序法，即当事人和仲裁员进行仲裁的行动准则。

仲裁规则应依据仲裁法和民事诉讼法的有关规定加以制定。根据仲裁法的规定，我国仲裁委员会的仲裁规则的制定分为两种情况：国内仲裁委员会的仲裁规则，由中国仲裁协会统一制定，在中国仲裁协会制定仲裁规则之前，各仲裁委员会可以按照仲裁法和民事诉讼法的有关规定制定仲裁暂行规则；涉外仲裁委员会的仲裁规则由中国国际商会制定。

仲裁规则主要包括以下内容：仲裁管辖；仲裁组织；仲裁的申请、答辩和反请求程序；仲裁庭的组成；仲裁的审理和裁决程序；仲裁委员会、仲裁庭和当事人的权利义务；仲裁语文、翻译、送达、仲裁费用等。

4. 仲裁协议

（1）仲裁协议的概念与类型

仲裁协议是指双方当事人在自愿、协商、平等互利的基础之上将他们之间已经发生或者可能发生的争议提交仲裁解决的书面文件，是申请仲裁的必备材料。《仲裁法》规定，仲裁协议应以书面形式订立，口头方式达成的仲裁的意思表示无效。仲裁协议包括合同中订立的仲裁条款、以其他书面方式在纠纷发生前或者纠纷发生后以书面方式达成的仲裁协议和其他有关书面文件中包含的仲裁协议。

仲裁条款是指双方当事人在签订的合同中订立的，将今后可能因该合同所发生的争议提交仲裁的条款。仲裁条款虽然作为主合同的一部分，但其在性质上、效力上均独立于主合同，其效力有独立的确定性，不受主合同变更、解除、终止、无效等情形的影响。仲裁条款是仲裁实践中最常见的仲裁协议的形式。

仲裁协议书是指在争议发生之前或争议发生之后，双方当事人在自愿的基础上订立的，同意将可能发生或已经发生的争议提交仲裁的一种独立的协议。

（2）仲裁协议的主要内容

《仲裁法》第16条规定，一份完整、有效的仲裁协议应当包括下列内容。

① 请求仲裁的意思表达。请求仲裁的意思表达必须是双方当事人的真实意思表示，必须是双方当事人共同的意思表示，仲裁协议中当事人请求仲裁的意思表达要明确。

② 仲裁事项。即当事人提交仲裁的具体争议事项。

③ 选定的仲裁委员会。对于仲裁委员会的选定，原则上，双方当事人应当在仲裁协议中选定某一仲裁委员会进行仲裁，但如果当事人约定了两个以上的仲裁委员会，只要这一约定是明确的，当事人选择约定的仲裁机构之一，即可进行仲裁。

（3）仲裁协议的效力

仲裁协议所具有的法律约束力就是仲裁协议的效力，具体包括对双方当事人的约束力、对法院的约束力以及对仲裁机构的约束力。

对双方当事人而言，仲裁协议的法律效力表现为约束双方当事人对纠纷解决方式的选择权。仲裁协议一经有效成立，双方当事人都受到他们所签订的仲裁协议的约束。在纠纷发生后，当事人只能向仲裁协议中确定的仲裁机构申请仲裁的方式解决该纠纷，而丧失了就该纠纷向法院提起诉讼的权利。如果一方当事人违背仲裁协议，就仲裁协议规定范围内的争议事项向法院起诉，另一方当事人有权在首次开庭前依据仲裁协议要求法院停止诉讼程序，法院应当驳回当事人的起诉。

对法院而言，仲裁协议的法律效力表现为仲裁协议排除法院的管辖权。《仲裁法》规定，双方当事人达成仲裁协议，一方向人民法院起诉的，人民法院不予受理，但仲裁协议无效的除外。当事人达成仲裁协议，一方向人民法院起诉未声明有仲裁协议，人民法院受理后，另一方在首次开庭前提交仲裁协议的，人民法院应当驳回起诉，但仲裁协议无效的除外；另一方在首次开庭前未对人民法院受理该案提出异议的，视为放弃仲裁协议，人民法院应当继续审理。

对仲裁机构而言，仲裁协议的法律效力表现为授予仲裁机构仲裁管辖权并限定仲裁的范围。仲裁协议是仲裁委员会受理仲裁案件、仲裁庭审理和裁决仲裁案件的依据。我国仲裁法规定“没有仲裁协议，一方申请仲裁的，仲裁委员会不予受理。”仲裁机构只能对当事人在仲裁协议中约定的争议事项进行仲裁，而对仲裁协议约定范围以外的其他争议无权仲裁。

5. 仲裁程序

仲裁程序是指双方当事人将所发生的争议根据仲裁办议的规定提交仲裁时应办理的各项手续。它包括以下几个程序。

（1）申请与受理

申请是仲裁程序开始的首要手续。当事人申请仲裁应当符合下列条件：①有仲裁协议；②有具体的仲裁请求、事实和理由；③属于仲裁委员会受理的范围。此外，当事人还应当向仲裁委员会递交仲裁协议、仲裁申请书及其副本。仲裁申请书应当载明下列事项：①当事人的姓名、性别、年龄、职业、工作单位和住所，法人或者其他组织的名称、住所和法定代表人或者主要负责人的姓名、职务；②仲裁申请所根据的事实和理由；③证据和证据来源，证人姓名和住所。

仲裁委员会在收到仲裁申请书之日起5日内，经审查认为符合受理条件的，应当受理，并通知当事人；认为不符合受理条件的，应当书面通知当事人不予受理，并说明理由。如果仲裁委员会在审查中发现仲裁申请书有欠缺，应当让申请人予以完备；如果认为仲裁协议需要补充，也应当让当事人补充协议。当事人弥补仲裁申请书的欠缺或者补充仲裁协议后，仲裁委员会自其递交经完备的仲裁申请书或者补充仲裁协议之日起5日内予以受理。

（2）开庭前的准备工作

仲裁委员会受理仲裁申请后，应当在仲裁规则规定的期限内将仲裁规则和仲裁员名册送达申请人和被申请人，并通知被申请人在规定的期限内提交答辩书。未提交答辩书的，不影响仲裁程序的进行。仲裁委员会应当根据当事人的选择或者委托指定，依法组成仲裁庭。仲裁庭组成后，仲裁委员会应将仲裁庭组成情况书面通知当事人。仲裁庭人员应当认真阅读、研究案卷材料，分析案情，提前做好开庭审理工作，并按仲裁规则的规定，提前将开庭的时间通知申请人、被申请人和双方的代理人。

① 仲裁庭的组成。当事人收到仲裁委员会的仲裁规则和仲裁员名册后，应约定仲裁庭的组成形式，并在仲裁规则规定的期间内予以确定。对于仲裁庭的组成形式，当事人既可以约定由3名仲裁员组成合议仲裁庭，也可以约定由一名仲裁员组成独任仲裁庭。如果当事人没有在仲裁规则规定的期限内约定仲裁庭的组成方式的，则由仲裁委员会主任指定。

② 仲裁员的确定。当事人约定由3名仲裁员组成仲裁庭的，应当各自选定或者各自委托仲裁委员会主任指定一名仲裁员，第3名仲裁员由当事人共同选定或者共同委托仲裁委员会主任指定。第3名仲裁员是首席仲裁员。当事人约定由一名仲裁员成立仲裁庭的，应当由当事人共同选定或者共同委托仲裁委员会主任指定仲裁员。当事人没有在仲裁规则规定的期限内选定仲裁员的，由仲裁委员会主任指定。

③ 仲裁员的回避与更换。仲裁员如果符合法定回避情形的，应退出仲裁案件的审理，即仲裁员的回避。根据仲裁法的规定，仲裁员有下列情形之一的必须回避，当事人也有权提出回避申请：是本案当事人或者当事人、代理人的近亲属；与本案有利害关系；与本案当事人、代理人有其他关系，可能影响公正仲裁的；私自会见当事人、代理人，或者接受当事人、代理人的请客送礼的。

仲裁员因回避不能履行职责的，应当依照仲裁法的规定重新选定或者指定仲裁员。重新选定或者指定仲裁员后，当事人可以请求已进行的仲裁程序重新进行，但是否准许，由仲裁庭决定。仲裁庭也可以自行决定已进行的仲裁程序是否重新进行。

（3）仲裁审理

仲裁审理是仲裁庭依照法定程序和方式，对双方当事人交付仲裁的争议事项作出裁决的活动。仲裁审理有开庭审理和书面审理两种方式。

① 开庭审理。仲裁法规定：仲裁应当开庭进行。开庭审理是仲裁审理的主要方式。所谓开庭审理是指在仲裁庭的主持下，在双方当事人和其他仲裁参与人的参加下，按照法定程序，对案件进行审理并作出裁决的方式。仲裁法规定：仲裁不公开进行。当事人协议公开的，可以公开进行，但涉及国家秘密的除外。

仲裁委员会应当在仲裁规则规定的期限内将开庭日期通知双方当事人。当事人有正当理由的，在规定时间内可以申请延期开庭，是否延期由仲裁庭决定。申请人经书面通知无正当理由不到庭，或者未经仲裁庭许可中途退庭的，视为撤回仲裁申请；被申请人经书面通知，无正当理由或者未经仲裁庭许可中途退庭的，可以缺席裁决。在庭审中，实行谁主张谁举证的原则。仲裁庭认为有必要收集的证据，可以自行搜集。所有证据应当在开庭时出示，并经相互质证，最后由仲裁庭审定。当事人在仲裁过程中有权进行辩论，辩论终结时，首席仲裁员或独任仲裁员应当征询当事人的最后意见。

② 书面审理。仲裁法规定，当事人协议不开庭的，仲裁庭可以根据仲裁申请书、答辩书以及其他材料作出裁决，即进行书面审理。书面审理是开庭审理的必要补充。

（4）仲裁的和解、调解与裁决

① 仲裁和解指仲裁当事人通过协商，自行解决已提交仲裁的争议事项的行为。当事人申请仲裁后，可以自行和解。达成和解协议的，可以请求仲裁庭根据和解协议作出裁决书，也可以撤回仲裁申请。当事人达成和解协议，撤回仲裁申请后反悔的，可以根据仲裁协议申请仲裁。

② 仲裁调解指在仲裁庭主持下，仲裁当事人在自愿协商、互谅互让基础上达成协议，从而解决纠纷的一种制度。仲裁庭在作出裁决前，可以先行调解。当事人自愿调解的，仲裁庭应当调解。调解不成的，应当及时作出裁决。调解达成协议的，仲裁庭应当制作调解书或者根据协议的结果制作裁决书。调解书与裁决书具有同等法律效力。调解书要写明仲裁请求和当事人协议的结果，并由仲裁员签名，加盖仲裁委员会印章。仲裁调解书经双方当事人签收后即发生法律效力。如果在调解书签收前当事人反悔的，仲裁庭应当及时作出裁决。

③ 仲裁裁决指仲裁庭对当事人之间所争议的事项作出的终局裁决。仲裁实行一裁终局制度，裁决自作出之日起发生法律效力。独任仲裁庭进行的审理，由独任仲裁员作出仲裁裁决；合议仲裁庭进行的审理，则由 3 名仲裁员集体作出仲裁裁决。合议仲裁庭裁决应当按照多数仲裁员的意见作出，少数仲裁员的不同意

见可以记入笔录。仲裁庭不能形成多数意见时，裁决应当按照首席仲裁员的意见作出。

裁决书应当写明仲裁请求、争议事实、裁决理由、裁决结果、仲裁费用的负担和裁决日期。当事人协议不愿写明争议事实和裁决理由的，可以不写。裁决书由仲裁员签名，加盖仲裁委员会印章。对裁决持不同意见的仲裁员，可以签名，也可以不签名。

对裁决书中的文字、计算错误或者仲裁庭已经裁决但在裁决书中遗漏的事项，仲裁庭应当补正；当事人自收到裁决书之日起 30 日内，可以请求仲裁庭补正。

仲裁裁决书自作出之日起发生法律效力。其法律效力体现为：当事人不得就已经裁决的事项再申请仲裁或向人民法院提起诉讼；对当事人发生法律拘束力，当事人应当履行裁决，如果一方当事人不自动履行，另一方当事人有权向人民法院申请强制执行，受申请的人民法院应当执行；仲裁机构、其他任何单位和个人不得随意变更已生效的仲裁裁决。

6. 撤销仲裁裁决

当事人提出证据证明裁决有下列情形之一的，可以向仲裁委员会所在地的中级人民法院申请撤销裁决：①没有仲裁协议的；②裁决的事项不属于仲裁协议的范围或者仲裁委员会无权仲裁的；③仲裁庭的组成或者仲裁的程序违反法定程序的；④裁决所根据的证据是伪造的；⑤对方当事人隐瞒了足以影响公正裁决的证据的；⑥仲裁员在仲裁该案时有索贿受贿，徇私舞弊，枉法裁决行为的。

人民法院经组成合议庭审查核实裁决有上述情形之一的或认定该裁决违背社会公共利益的，应当裁定撤销。

当事人申请撤销裁决的，应当自收到裁决书之日起 6 个月内提出。人民法院应当在受理撤销裁决申请之日起两个月内作出撤销裁决或者驳回申请的裁定。人民法院受理撤销裁决的申请后，认为可以由仲裁庭重新仲裁的，通知仲裁庭在一定期限内重新仲裁，并裁定中止撤销程序。仲裁庭拒绝重新仲裁的，人民法院应当裁定恢复撤销程序。

7. 仲裁裁决的执行与不予执行

仲裁裁决的执行是指人民法院经当事人申请，采取强制措施将仲裁裁决书中的内容付诸实现的行为和程序。当事人应当履行仲裁裁决，一方当事人不履行的，另一方当事人可以依照民事诉讼法的有关规定向人民法院申请执行。受申请的人民法院应当执行。人民法院执行仲裁裁决的条件是：①必须有当事人向有管辖权的人民法院提出申请，由有权的当事人向被执行人住所地或被执行人财产所在地的人民法院申请强制执行；②必须在法定期限内提出，双方或一方当事人是公民的为一年，双方是法人或者其他组织的为 6 个月。上述期限，从仲裁裁决书规定履行期间的最后一日起计算，仲裁裁决书规定分期履行的，从规定的每次履行期间的最后一日起计算。如果无正当理由超过申请执行期限的，申请人就失去了要求人民法院强制执行的权利。

8.2 诉　讼

8.2.1 诉讼与诉讼法

1. 诉讼

（1）概念

诉讼是指司法机关在当事人和其他诉讼参与人的参加下，以审理、判决、执行等方式解决民事纠纷的活动，以及由这些活动产生的各种诉讼关系的总和。

（2）特点

① 民事诉讼的公权性。民事诉讼既不同于人民调解委员会以调解方式解决纠纷，也不同于仲裁委员会以仲裁方式解决纠纷，它是以司法方式解决平等主体之间的纠纷，是由法院代表国家行使审判权解决民事争议。

② 民事诉讼的强制性。民事诉讼的强制性既表现在案件的受理上，又反映在裁判的执行上。调解、仲裁均建立在当事人自愿的基础上，只要有一方不愿意选择上述方式解决争议，调解、仲裁就无从进行。民事诉讼则不同，只要原告起诉符合民事诉讼法规定的条件，无论被告是否愿意，诉讼均会发生。

③ 民事诉讼的最终性。这一方面是指一方当事人依法向人民法院起诉后，另一方当事人就无权再向其他部门要求解决；另一方面是指在民事诉讼中，法院作出的判决、裁定或在法院主持下达成的调解协议一旦生效，纠纷的解决便告终结。

2. 诉讼法

（1）概念

诉讼法是国家制定的规范司法机关和诉讼参与人的各种诉讼活动以及由此产生的各种诉讼关系的法律规范的总称。

（2）民事诉讼法的基本原则

① 当事人诉权平等原则。在民事诉讼中，当事人平等地享有和行使诉讼权利。

② 诉讼权利义务同等原则和对等原则。诉讼权利义务同等原则是指一国自然人、法人和其他组织在他国进行民事诉讼，同他国自然人、法人和其他组织同等地享有该国法律所规定的诉讼权利，并同等地承担该国法律所规定的诉讼义务。诉讼权利义务对等原则，是指一国司法机关如果对他国自然人、法人和其他组织的诉讼权利加以限制的，他国司法机关可以对该国自然人、法人和其他组织的诉讼权利同样加以限制。

③ 法院调解自愿与合法原则。法院调解自愿与合法原则是指人民法院审理民事案件，应当根据自愿和合法的原则进行调解；调解不成的，应当及时判决。

④ 辩论原则。在人民法院主持下，当事人有权就案件事实和争议的问题，各自陈述其主张和根据，互相进行反驳和答辩。

⑤ 处分原则。当事人有权在法律许可的范围内自由支配自己的民事权利和诉讼权利。

⑥ 支持起诉原则。机关、社会团体、企业事业单位对损害国家、集体或者个人民事权益的行为，可以支持受损害的单位或者个人向人民法院起诉。

8.2.2 诉讼的管辖权

诉讼管辖权是指各级法院之间和同级法院之间受理第一审民事案件的分工和权限。

（1）级别管辖

级别管辖是指按照人民法院组织系统划分上下级人民法院之间受理第一审民事案件的分工和权限。根据我国民事诉讼法规定：基层人民法院管辖第一审民事案件。但下列民事案件第一审由中级人民法院管辖：重大涉外案件；在本辖区的有重大影响的案件；最高人民法院确定由中级人民法院管辖的案件。此外，高级人民法院管辖在本辖区有重大影响的第一审民事案件。最高人民法院管辖下列第一审民事案件：在全国有重大影响的案件；认为应当由本院审理的案件。

（2）地域管辖

地域管辖是指按照各法院的辖区和民事案件的隶属关系来划分诉讼管辖。具体又可分为以下几种情况。

① 一般地域管辖。即“原告就被告”的原则，由被告住所地法院管辖，被告住所地与经常居住地不一致的，由经常居住地法院管辖。公民的住所地是指该公民的户籍所在地。经常居住地是指公民离开住所至起诉时已连续居住满一年的地方，但公民住院就医的地方除外。

② 特殊地域管辖。特殊地域管辖又称特别地域管辖，是指以被告住所地、诉讼标的所在地、法律事实所在地为标准确定的管辖。在特殊地域管辖中至少有两个以上的法院都有管辖权，且当事人可以选择其中一个法院进行起诉。

（3）专属管辖

专属管辖是指法律强制规定某类案件只能由特定法院管辖，其他法院无权管辖，也不允许当事人协议变更管辖。与其他法定管辖相比，专属管辖具有优先性、排他性与强制性。

根据民事诉讼法的有关规定，专属管辖的案件有：因不动产纠纷提起的诉讼，由不动产所在地人民法院管辖；因港口作业中发生纠纷提起的诉讼，由港口所在地人民法院管辖；因继承遗产纠纷提起的诉讼，由被继承人死亡时的住所地或者主要遗产所在地人民法院管辖。

（4）共同管辖、选择管辖与合并管辖

共同管辖是指两个以上的法院对同一个诉讼案件都有合法的管辖权的情况。选择管辖是指当事人可以在两个以上有管辖权的法院之中选择其一作为纠纷案件的管辖法院。两个以上人民法院都有管辖权的诉讼，原告可以向其中一个人民法院起诉；原告向两个以上有管辖权的人民法院起诉的，由最先立案的人民法院管辖。合并管辖，又称牵连管辖，是对某个案件有管辖权的法院，基于另外案件与该案件存在某种牵连关系，有必要进行合并审理而获得对该另外案件管辖权的管辖。

（5）协议管辖

协议管辖是指双方当事人在合同纠纷发生之前或发生之后，以协议的方式选择解决他们之间纠纷的管辖法院。民事诉讼法第 25 条规定：合同的双方当事人可以在书面合同中协议选择被告住所地、合同履行地、合同签订地、原告住所地、标的物所在地人民法院管辖，但不得违反本法对级别管辖和专属管辖的规定。

（6）对仲裁协议的效力提出异议的管辖

当事人以协议选择国内仲裁机构仲裁后，一方对仲裁协议的效力有异议请求法院作出裁决的，由该仲裁委员会所在地的中级人民法院管辖。当事人对仲裁委员会没有约定或者约定不明的，由被告所在地的中级人民法院管辖。

（7）移送管辖

移送管辖是指人民法院受理案件后，发现自己对此案无管辖权，便移送给有管辖权的人民法院受理；在特定情况下，下级人民法院将自己有管辖的案件，报请上级人民法院审理；上级人民法院将自己有管辖权的案件，交给下级人民法院管辖。受移送的人民法院认为受移送的案件依照规定不属于本院管辖的，应当报请上级人民法院指定管辖，不得再自行移送。

（8）裁定管辖

裁定管辖是指人民法院之间因管辖权发生争议，或者有管辖权的人民法院由于特殊原因不能行使审判权，由它们共同的上级人民法院指定某一人民法院管辖。

8.2.3 诉讼程序

民事诉讼按照审判方式的不同，可分为普通程序和简易程序。普通程序按照审级不同，可分为一审、二审等。

1. 简易程序

简易程序是基层人民法院和它的派出法庭审理简单的民事案件所适用的一种独立的第一审判程序。简易程序由审判员一人独任审理，程序简便。法院适用简易程序审理案件，应当在立案只日起 3 个月内审结。

简易程序只适用于事实清楚，权利义务关系明确，争议不大的简单民事案件。不能适用简易程序的范围：起诉时被告下落不明的；发回重审的；共同诉讼中一方或者双方当事人人数众多的；法律规定应当适用特别程序、审判监督程序、督促程序、公示催告程序和企业法人破产程序的；人民法院认为不宜适用简易程序进行审理的。

2. 一审普通程序

一审普通程序是指人民法院审理当事人起诉案件通常所适用的程序。它是法院审理民事案件的最基本的程序，在整个民事诉讼程序中占有十分重要的地位，也是二审程序、审判监督程序和执行程序的基础。

经济纠纷诉讼的一审普通程序，包括起诉和受理、审理前准备、开庭审理、调解或判决几个阶段。

（1）起诉与受理

起诉是指当事人就民事纠纷向人民法院提起诉讼，请求人民法院依照法定程序进行审判的行为。起诉必须符合下列条件：原告是与本案有直接利害关系的公民、法人和其他组织；有明确的被告；有具体的诉讼请求和事实、理由；属于人民法院受理民事诉讼的范围和受诉人民法院管辖。

受理是指人民法院通过对当事人的起诉进行审查，对符合法律规定条件的，决定立案审理的行为。

人民法院对起诉审查以后，针对不同情况作出不同的处理：人民法院认为起诉符合法定条件的，应当在7日内立案并通知当事人；人民法院认为起诉不符合法定条件的，应当在7日内裁定不予受理，原告对不予受理裁定不服的，可以提起上诉。如果人民法院在立案后，发现起诉不符合法定条件的，裁定驳回起诉，当事人对驳回起诉的裁定不服，可以提起上诉。

（2）审理前准备

① 送达起诉状副本和答辩状副本。人民法院应当在立案之日起5日内将起诉状副本送达被告，原告口头起诉的案件，也应当在立案后5日内以书面形式将口头起诉的内容告知被告。被告应当在收到起诉状副本之日起15日内提出答辩状。被告提出答辩状的，人民法院应当在收到之日起5日内将答辩状副本发送原告。被告不提出答辩状的，不影响人民法院审理。

② 告知当事人合议庭组成人员及诉讼权利义务。人民法院对决定受理的案件，应当在受理案件通知书和应诉通知书中向当事人告知有关的诉讼权利义务，或者口头告知。合议庭组成人员确定后，应当在3日内告知当事人。

人民法院审理第一审民事案件，由审判员、人民陪审员共同组成合议庭或者由审判员组成合议庭，合议庭的成员人数，必须是单数。陪审员在执行陪审职务时，与审判员有同等的权利义务。

③ 审阅诉讼材料，调查收集必要的证据。人民法院在受理案件后，应当审阅原告提交的起诉状、被告提交的答辩状以及各自的证据和其他诉讼材料，初步了解案情，掌握双方当事人争执的问题和矛盾的焦点，并确定当事人提供的证据是否充分，是否需要人民法院调查、收集必要的证据，案件应当适用的有关法律。根据原告的起诉状和被告答辩意见，认真做好证据的搜集工作，必要时，也可以委托外地

法院进行调查，受委托的人民法院接到委托书后，应在30日内完成调查。

④ 当事人的追加。在审理前的准备工作中，如果人民法院发现应当参加诉讼的当事人没有参加诉讼，应当通知其参加诉讼，或者由当事人向人民法院申请追加。

（3）开庭审理

根据民事诉讼法的规定：人民法院审理民事案件，除涉及国家秘密、个人隐私或者法律另有规定的以外，应当公开进行。离婚案件，涉及商业秘密的案件，当事人申请不公开审理的，可以不公开审理。

开庭审理分为开庭预备、法庭调查、法庭辩论、评议和宣判4个阶段。

① 开庭预备。开庭审理前，书记员应当查明当事人和其他诉讼参与人是否到庭，宣布法庭纪律。开庭审理时，由审判长核对当事人，宣布案由，宣布审判人员、书记员名单，告知当事人有关的诉讼权利义务，询问当事人是否提出回避申请。

② 法庭调查。法庭调查按照下列顺序进行：当事人陈述；告知证人的权利义务，证人作证，宣读未到庭的证人证言；出示书证、物证和视听资料；宣读鉴定结论；宣读勘验笔录。

③ 法庭辩论。指民事纠纷当事人及诉讼代理人就案件的有关事实和法律适用等问题提出自己的看法和处理意见，并相互辩驳对方观点的诉讼活动。法庭辩论按照下列顺序进行：首先原告及其诉讼代理人发言；其次被告及其诉讼代理人答辩；再次第三人及其诉讼代理人发言或者答辩；第三是互相辩论；最后由审判长按照原告、被告、第三人的先后顺序征询各方最后意见。

④ 评议和宣判。合议庭人员在法庭调查和法庭辩论的基础上，认定案件事实，确定法律适用，宣告案件审理结束。

宣判有两种方式，一种是当庭宣判，一种是定期宣判。当庭宣判的，应当在10日内发送判决书；定期宣判的，宣判后立即发给判决书。宣告判决时，必须告知当事人上诉权利、上诉期限和上诉的法院。

（4）审理期限

人民法院适用普通程序审理的案件，应当在立案之日起6个月内审结。有特殊情况需要延长的，由本院院长批准，可以延长6个月；还需要延长的，报请上级人民法院批准。

（5）延期审理、诉讼中止和诉讼终结

有下列情形之一的，可以延期开庭审理：必须到庭的当事人和其他诉讼参与人有正当理由没有到庭的；当事人临时提出回避申请的；需要通知新的证人到庭，调取新的证据，重新鉴定、勘验，或者需要补充调查的；其他应当延期的情形。

有下列情形之一的，中止诉讼：一方当事人死亡，需要等待继承人表明是否参加诉讼的；一方当事人丧失诉讼行为能力，尚未确定法定代理人的；作为一方当事人的法人或者其他组织终止，尚未确定权利义务承受人的；一方当事人因不可抗拒的事由，不能参加诉讼的；本案必须以另一案的审理结果为依据，而另一案尚未审结的；其他应当中止诉讼的情形。中止诉讼的原因消除后，恢复诉讼。

有下列情形之一的，终结诉讼：原告死亡，没有继承人，或者继承人放弃诉讼权利的；被告死亡，没有遗产，也没有应当承担义务的人的；离婚案件一方当事人死亡的；追索赡养费、扶养费、抚育费以及解除收养关系案件的一方当事人死亡的。

3. 二审程序

第二审程序又称上诉审程序，是上级人民法院根据上诉人的上诉，就第一审人民法院尚未发生法律效力的判决或裁定认定的事实和适用法律进行审理时，所应当遵循的步骤和方式、方法。

（1）提起上诉的条件和程序

当事人提起上诉应符合下列条件：①上诉人和被上诉人须为一审程序中具有实体权利的当事人，包括一审程序中的原告、被告、共同诉讼人、诉讼代表人、有独立请求权的第三人和一审法院判决其承担责任的无独立请求权的第三人；②提起上诉的对象必须是依法允许上诉的判决和裁定，具体包括地方各级法院适用普通程序和简易程序审理后作出的一审判决，二审法院发回原审法院重审的案件所作的判决，一审法院对案件再审所作的判决，不予受理的裁定、驳回起诉的裁定和对管辖权有异议的裁定；③必须在法定期间内提起上诉，当事人不服判决的上诉期间为15日，不服裁定的上诉期间为10日；④上诉必须提交上诉状。

（2）上诉案件的审理

① 上诉案件的审理范围。二审法院审理上诉案件时，应当围绕上诉请求的有关事实和适用法律进行审查，但判决违反法律禁止性规定、侵害社会公共利益或者他人利益的除外。被上诉人在答辩中要求变更或者补充第一审判决内容的，第二审人民法院可以不予审查。

② 上诉案件的审理方式。二审法院审理上诉案件，应当由审判员组成合议庭进行审理，不能采用独任制，也不能有陪审员参加合议庭。二审法院审理上诉案件，原则上应开庭审理，经过阅卷和调查，询问当事人，在事实核对清楚后，合议庭认为不需要开庭审理的，也可以进行判决、裁定。二审法院审理上诉案件，可以在本院进行，也可以到案件发生地或原审法院所在地进行。

（3）上诉案件的裁判

二审人民法院对上诉案件经过审理，按下列情形分别处理。

① 判决驳回上诉，维持原判。二审人民法院对上诉案件经过审理，认为原判决认定事实清楚，适用法律正确的，判决驳回上诉，维持原判。

② 依法改判。二审法院依法改判的情形有两种：一是原判决认定事实清楚，但适用法律错误的，应在原判决认定事实的基础上，适用正确的法律规定，作出新判决；二是原判决认定事实错误，或原判决认定事实不清、证据不足，可在查清事实后改判。

③ 发回重审。发回重审的情形也有两种：一是二审法院经审理，认为原判决认定事实错误，或原判决认定事实不清、证据不足的，裁定撤销原判决，发回重审；二是原判决违反法定程序，可能影响案件正确判决的，应裁定撤销原判决，发回原审法院重审。当事人对重审案件的判决、裁定，可以上诉。

④ 人民法院依照第二审程序审理的案件，认为依法不应由人民法院受理的，可以由第二审人民法院直接裁定撤销原判，驳回起诉。

二审法院对不服一审法院裁定的上诉案件的处理，一律使用裁定。对原裁定认定事实清楚，适用法律正确的，应裁定驳回上诉，维持原裁定；原裁定认定事实不清，适用法律有误的，应撤销原裁定，依法作出正确的裁定；第二审人民法院查明第一审人民法院作出的不予受理或驳回起诉裁定有错误的，应在撤销原裁定的同时，指令第一审人民法院立案受理。

我国实行两审终审制，二审法院的判决、裁定是终审的判决、裁定，一经生效，当事人不得再上诉。

（4）上诉案件的审理期限

人民法院审理对判决的上诉案件，应当在第二审立案之日起 3 个月内审结，有特殊情况需要延长的，由本院院长批准。人民法院审理对裁定的上诉案件，应当在第二审立案之日起 30 日内作出终审裁定。该期限不得延长。

4. 审判监督程序

审判监督程序又称再审程序，是指有监督权的机关或组织，或者当事人认为法院已经发生法律效力的判决、裁定确有错误，发动或申请再审，由人民法院对案件进行再审的程序。

（1）基于审判监督权的再审

各级人民法院院长对本院已经发生法律效力的判决、裁定，发现确有错误，认为需要再审的，应当提交审判委员会讨论决定。最高人民法院对地方各级人民法院已经发生法律效力的判决、裁定，上级人民法院对下级人民法院已经发生法律效力的判决、裁定，发现确有错误的，有权提审或者指令下级人民法院再审。

（2）基于检察监督权的再审

最高人民检察院对各级人民法院已经发生法律效力的判决、裁定，上级人民检察院对下级人民法院已经发生法律效力的判决、裁定，发现人民法院有下列情形的，应当提出抗诉：有新的证据，足以推翻原判决、裁定的；原判决、裁定认定的基本事实缺乏证据证明的；原判决、裁定认定事实的主要证据是伪造的；原判决、裁定认定事实的主要证据未经质证的；对审理案件需要的证据，当事人因客观原因不能自行收集，书面申请人民法院调查收集，人民法院未调查收集的；原判决、裁定适用法律确有错误的；违反法律规定，管辖错误的；审判组织的组成不合法或者依法应当回避的审判人员没有回避的；无诉讼行为能力人未经法定代理人代为诉讼或者应当参加诉讼的当事人，因不能归责于本人或者其诉讼代理人的事由，未参加诉讼的；违反法律规定，剥夺当事人辩论权利的；未经传票传唤，缺席判决的；原判决、裁定遗漏或者超出诉讼请求的；据以作出原判决、裁定的法律文书被撤销或者变更的。

地方各级人民检察院对同级人民法院已经发生法律效力的判决、裁定，发现有上述情形之一的，应当提请上级人民检察院向同级人民法院提出抗诉。

（3）基于当事人诉权申请的再审

有权提出申请再审的，只能是原审中的当事人，即原审中的原告、被告、有独立请求权的第三人和判决其承担义务的无独立请求权的第三人以及上诉人和被上诉人。申请再审的对象是已经发生法律效力的判决、裁定和调解书。当事人申请再审，应当在判决、裁定发生法律效力后两年内提出。

因当事人申请裁定再审的案件由中级人民法院以上的人民法院审理。最高人民法院、高级人民法院裁定再审的案件，由本院再审或者交其他人民法院再审，也可以交原审人民法院再审。

（4）再审案件的审判程序

因当事人申请裁定再审的案件由中级人民法院以上的人民法院审理。最高人民法院、高级人民法院裁定再审的案件，由本院再审或者交其他人民法院再审，也可以交原审人民法院再审。

人民法院按照审判监督程序再审的案件，发生法律效力的判决、裁定是由第一审法院作出的，按照第一审程序审理，所作的判决、裁定，当事人可以上诉；发生法律效力的判决、裁定是由第二审法院作出的，按照第二审程序审理，所作的判决、裁定，是发生法律效力的判决、裁定；上级人民法院按照审判监督程序提审的，按照第二审程序审理，所作的判决、裁定是发生法律效力的判决、裁定。

5. 执行程序

执行是指人民法院的执行组织依照法定的程序，对发生法律效力的法律文书确定的给付内容，以国家的强制力为后盾，依法采取强制措施，迫使义务人履行义务的行为。

执行必须符合下列条件：①执行根据必须已经发生法律效力；②执行根据必须具有给付内容；③负有义务的一方当事人拒不履行法律文书确定的义务。

执行权统一由人民法院行使。

申请执行的期限是：双方或一方当事人是个人的为一年；双方是企业事业单位、机关、团体的为 6 个月。从法律文书规定期限的最后一日起计算。

执行的具体措施有：扣留、提取、划拨被执行人的收入或银行、信用社存款，查封、扣押、冻结、拍卖、变卖被执行人的财产等。对于人民法院发生的协助执行通知书，有关单位和个人必须办理。

8.2.4 涉外诉讼的特别规定

1. 一般原则

在中华人民共和国领域内进行涉外民事诉讼，适用我国《民事诉讼法》第四编的特别规定。民事诉讼法第四编没有规定的，适用《中华人民共和国民事诉讼法》的其他有关规定。

中华人民共和国缔结或者参加的国际条约同民事诉讼法有不同规定的，适用该国际条约的规定，但中华人民共和国声明保留的条款除外。

对享有外交特权与豁免的外国人、外国组织或者国际组织提起的民事诉讼，应当依照中华人民共和国有关法律和中华人民共和国缔结或者参加的国际条约的规定办理。

人民法院审理涉外民事案件，应当使用中华人民共和国通用的语言、文字。当事人要求提供翻译的，可以提供，费用由当事人承担。

外国人、无国籍人、外国企业和组织在人民法院起诉、应诉，需要委托律师代理诉讼的，必须委托中华人民共和国的律师。

在中华人民共和国领域内没有住所的外国人、无国籍人、外国企业和组织委托中华人民共和国律师或者其他人代理诉讼，从中华人民共和国领域外寄交或者托交的授权委托书，应当经所在国公证机关证明，并经中华人民共和国驻该国使领馆认证，或者履行中华人民共和国与该所在国订立的有关条约中规定的证明手续后，才具有效力。

2. 管辖

因合同或其他财产权益纠纷，对在我国领域内没有住所的被告提起的诉讼，可由在我国领域内的合同签订地、合同履行地、诉讼标的物所在地、侵权行为地、可供扣押财产所在地或其他代表机构住所地人民法院管辖。当事人也可以用书面协议选择与争议有实际联系的地点的法院管辖，选择我国人民法院管辖的，不得违反关于级别管辖和专属管辖的规定。在我国履行中外合资经营企业合同、中外合作经营企业合同和中外合作勘探开发自然资源合同时，发生纠纷提出的诉讼，应由我国人民法院管辖。

3. 诉讼期间

涉外经济纠纷案件规定了较长的诉讼期间，即凡在我国领域内没有住所的被告、当事人或被上诉人，提出答辩状或上诉状的期间均为 30 日。

4. 司法协助

人民法院作出的发生法律效力的判决、裁定，如果被执行人或其财产不在我国领域内，当事人可以直接向有管辖权的外国法院申请承认和执行，也可由人民法院依照我国缔结或参加的国际条约的规定，或按照互惠原则，请求外国法院承认和执行。

8.3 行政复议制度

8.3.1 行政复议简述

1. 行政复议的概念及特点

行政复议是指公民、法人或者其他组织认为行政机关的具体行政行为侵犯其合法权益，依法请求行政复议机关对具体行政行为进行审查并作出裁决的法律制度。

行政复议的特点如下。

① 提出行政复议的人，必须是认为行政机关行使职权的行为侵犯其合法权益的法人和其他组织。

② 当事人提出行政复议，必须是在行政机关已经做出行政决定之后。

③ 当事人对行政机关的行政决定不服，只能按法律规定，向有行政复议权

的行政机关申请复议。

④ 行政复议，以书面审查为主，以不调解为原则。行政复议的结论做出后，即具有法律效力。只要法律未规定复议决定为终局裁决的，当事人对复议决定不服的，仍可以按行政诉讼法的规定，向人民法院提请诉讼。

2. 行政复议的基本原则

① 合法原则是任何行政复议机关履行行政复议职责时都必须遵守的原则，行政复议机关在处理行政复议案件时，必须以事实为根据，以法律为准绳。合法性原则是克服行政复议中可能的袒护和取得公众信任的根本保证，也是其他基本原则的基础。

② 公开原则是行政合理性原则的核心内容，在整个行政复议过程中，应当保证复议申请人的权利通过公开原则得到实际上的保障。行政复议工作中最大的公开就是听取申请人的陈述和申辩，必要时还可以召开听证会。

③ 公正原则是对行政复议活动过程和结果的基本要求，是评价行政复议正当性的重要准则。由于行政复议工作是在行政系统内部运作的监督工作，行政复议机关履行行政复议职责，应当遵循公正原则。

④ 便民原则是指行政复议应当将减少当事人的讼累和支出作为基本活动准则。行政复议应当尽量使当事人在复议中以最少的付出获得最有效的权利救济。例如不收费、当事人选择复议机关、结案时间比较短等都是这一原则的体现。

3. 行政复议的范围

根据行政复议法的规定，有下列情形之一的，公民、法人或者其他组织可以依照本法申请行政复议。

① 对行政机关作出的警告、罚款、没收违法所得、没收非法财物、责令停产停业、暂扣或者吊销许可证、暂扣或者吊销执照、行政拘留等行政处罚决定不服的。

② 对行政机关作出的限制人身自由或者查封、扣押、冻结财产等行政强制措施决定不服的。

③ 对行政机关作出的有关许可证、执照、资质证、资格证等证书变更、终止、撤销的决定不服的。

④ 对行政机关作出的关于确认土地、矿藏、水流、森林、山岭、草原、荒地、滩涂、海域等自然资源的所有权或者使用权的决定不服的。

⑤ 认为行政机关侵犯了合法的经营自主权的。

⑥ 认为行政机关变更或者废止农业承包合同，侵犯其合法权益的。

⑦ 认为行政机关违法集资、征收财物、摊派费用或者违法要求履行其他义务的。

⑧ 认为符合法定条件，申请行政机关颁发许可证、执照、资质证、资格证等证书，或者申请行政机关审批、登记有关事项，行政机关没有依法办理的。

⑨ 申请行政机关履行保护人身权利、财产权利、受教育权利的法定职责，行政机关没有依法履行的。

⑩ 申请行政机关依法发放抚恤金、社会保险金或者最低生活保障费，行政机关没有依法发放的。

⑪ 认为行政机关的其他具体行政行为侵犯其合法权益的。

行政机关的下列行为，不能申请行政复议。

① 行政机关作出的行政处分或者其他人事处理决定。

② 行政机关对民事纠纷作出的调解或者其他处理。

③ 公安、国家安全等机关依照刑事诉讼法的明确授权实施的行为。

④ 行政机关针对不特定对象发布的能反复适用的规定。

⑤ 不具有强制力的行政指导行为。

⑥ 驳回当事人对行政行为提起申诉的重复处理行为。

⑦ 其他不符合行政复议法规定的行为。

8.3.2　我国的行政复议制度

1. 行政复议参加人与行政复议机关

（1）行政复议参加人

行政复议参加人是指为维护自己合法权益而以自己的名义参加行政复议活动的当事人以及与当事人地位相似的人。行政复议参加人包括申请人、申请人（公民）的法定代理人、被申请人、第三人和共同申请人、共同被申请人以及申请人、第三人的委托代理人。

行政复议申请人是申请行政复议的公民、法人或者其他组织。有权申请行政复议的公民死亡的，其近亲属可以申请行政复议；有权申请行政复议的公民为无民事行为能力人或者限制民事行为能力人的，其法定代理人可以代为申请行政复议；有权申请行政复议的法人或者其他组织终止的，承受其权利的法人或者其他组织可以申请行政复议。同申请行政复议的具体行政行为有利害关系的其他公民、法人或者其他组织，可以作为第三人参加行政复议。申请人、第三人可以委托代理人代为参加行政复议。

行政复议被申请人是指作出被申请复议的具体行政行为的行政机关。根据行政活动职权与职责相一致的原则，行政机关与被申请复议的具体行政行为之间的直接关系是确定被申请人的根据。

① 独立被申请人。作出具体行政行为的一级人民政府和它的工作部门是独立被申请人。

② 共同被申请人。以共同名义作出具体行政行为的若干行政机关是共同被申请人。

③ 继续行使被撤销行政机关权限的被申请人。作出被申请具体行政行为的行政机关在申请提出时已经被撤销，继续行使其权限的行政机关是被申请人。

④ 法定授权的组织作为被申请人。法律、法规授权的组织作出具体行政行为，公民、法人或者其他组织不服提出行政复议，该法定授权组织为被申请人。

⑤ 派出机关和派出机构作为被申请人。行政机关的派出机关和以自己的名义作出具体行政行为的派出机构，该派出机关和派出机构为被申请人。

（2）行政复议机关

行政复议机关是指依照法律的规定，有权受理行政复议申请，依法对具体行政行为进行审查并作出裁决的行政机关。

具体行政复议案件由哪个行政机关管辖，按照行政复议法规定，一是向作出具体行政行为的行政机关的上一级地方人民政府申请行政复议。二是作出具体行政行为的是县级以上地方各级人民政府工作部门的，当事人可以作出选择向该部门的本级人民政府申请行政复议，或向上一级主管部门申请行政复议。三是对国务院部门或者省级人民政府的具体行政行为不服的，向作出该具体行政行为的国务院部门或者省级人民政府申请行政复议；对行政复议决定不服的，当事人可以作出选择向人民法院提起行政诉讼，或向国务院申请裁决，由国务院依法作出最终裁决。四是对海关、金融、国税、外汇管理等实行垂直领导的行政机关和国家安全机关的具体行政行为不服的，向其上一级主管部门申请行政复议。

行政复议法还规定了几种特别情况：对法律、法规授权的组织的具体行政行为不服的，分别向直接管理该组织的地方人民政府、地方人民政府工作部门或者国务院部门申请行政复议；对两个以上行政机关以共同的名义作出的具体行政行为不服的，向其共同上一级行政机关申请行政复议；对被撤销的行政机关在撤销前所作出的具体行政行为不服的，向继续行使其职权的行政机关的上一级行政机关申请行政复议；县级以上的地方人民政府依法设立的派出机关作为被申请人时，由设立该派出机关的人民政府作为行政复议机关。

2. 行政复议申请与受理

（1）行政复议的申请

公民、法人或者其他组织认为具体行政行为侵犯其合法权益的，可以自知道该具体行政行为之日起60日内提出行政复议申请，但是法律规定的申请期限超过60日的除外；因不可抗力或者其他正当理由耽误法定申请期限的，申请期限自障碍消除之日起继续计算。“知道”的法定途径有两种，当场交付的按照交付的时间计算；其他方式送达的按照送达的具体方式计算。其他情况应当由行政复议机关根据具体情况确定。

申请人申请行政复议，可以书面申请，也可以口头申请；口头申请的，行政复议机关应当当场记录申请人的基本情况、行政复议请求、申请行政复议的主要事实、理由和时间。

（2）行政复议的受理

行政复议机关应当在收到行政复议申请后的5日内，对申请进行审查并作出有关受理的决定。对不符合法律规定的申请决定不予受理，并书面告知申请人；对符合法律规定但是不属于本机关受理的行政复议申请，应当告知申请人向有关行政机关提出；除了前面两种情形以外，行政复议申请自行政复议机关负责法制工作的机构收到之日起即为受理。

公民、法人或者其他组织依法提出行政复议申请，行政复议机关无正当理由不予受理的，上级行政机关应当责令其受理；必要时，上级行政机关也可以直接受理。

县级地方人民政府收到属于其他行政复议机关受理的行政复议申请，应当自接到该行政复议申请之日起7日内，转送有关行政复议机关，并告知申请人。

3. 行政复议的审理

行政复议原则上采取书面审查的办法，但是申请人提出要求或者行政复议机关负责法制工作的机构认为有必要时，可以向有关组织和人员调查情况，听取申请人、被申请人和第三人的意见。书面审查方式就是行政复议机关根据书面材料查清案件事实并作出行政复议决定的方式。当事人以书面形式提出自己的申请意见和答辩意见，以书面形式提交和运用证据。

行政复议机关负责法制工作的机构应当自行政复议申请受理之日起7日内，将行政复议申请书副本或者行政复议申请笔录复印件发送被申请人。被申请人应当自收到申请书副本或者申请笔录复印件之日起10日内，提出书面答复，并提交当初作出具体行政行为的证据、依据和其他有关材料。

行政复议期间具体行政行为不停止执行，但是，有下列情形之一的，可以停止执行：①被申请人认为需要停止执行的；②行政复议机关认为需要停止执行的；③申请人申请停止执行，行政复议机关认为其要求合理，决定停止执行的；④法律规定停止执行的。

4. 行政复议的决定

行政复议决定是指复议机构对案件进行审查，提出意见，经行政复议机关的负责人审查同意或集体讨论通过后，就有关具体行政行为是否合法、适当所作出书面裁决。

行政复议的决定有以下几种。

① 维持决定。具体行政行为认定事实清楚，证据确凿，适用依据正确，程序合法，内容适当的，决定维持。

② 履行决定。复议机关经过审查，认定被申请人没有履行法律、法规规定的职责，从而做出责令其在一定期限内履行法定职责的决定。

③ 变更决定。行政复议机关经过对具体行政行为的审查，认为该具体行政行为违法或不当，做出改变原具体行政行为的决定。变更决定实际上是复议机关直接做出了一个新的具体行政行为。变更决定所变更的是原具体行政的内容，如原具体行政行为程序违法，复议机关就无直接变更的理由。

④ 撤销决定。撤销决定指复议机关经过对具体行政行为的审查，认为具体行政行为违法或不当，作出否定具体行政行为的决定。撤销决定可以全部撤销，也可以部分撤销；可以简单撤销，也可以撤销并责令重新作出具体行政行为。

⑤ 确认违法决定。确认决定指复议机关经审查有关行政机关的不作为行为或事实行为，宣布该行为违法的复议决定。

⑥ 责令被申请人赔偿的决定。公民、法人或其他组织在申请行政复议时可以一并提出行政赔偿请求，行政复议机关对符合国家赔偿法的有关规定应当予以赔偿的，在决定撤销、变更或改变原具体行政行为同意赔偿时，应当同时决定被申请人依法给予赔偿。可以单独作出这种决定，也可以同其他决定一并作出。

【案例分析 8.1】

甲出售一批大豆给乙，双方约定，甲于1999年11月4日在其农场向乙交付大豆，乙于一个月后向甲付款。一个月后，乙没有付款，而甲也忙于其他事物无暇顾及。2001年7月4日甲因车祸受伤成了植物人，因对由谁担任其监护人发生争议，迟至2001年8月4日才确定由丙担任甲之监护人。2002年2月3日丙清理甲的财产时，发现尚有乙的欠款没有追回，遂向乙主张权利，因乙认为该债务诉讼时效期间已过不愿偿还而发生纠纷。甲对乙的付款请求权的诉讼时效期间从何时起算，甲对乙的付款请求权是否已过诉讼时效期间不受保护，为什么？

分析:（1）从1999年12月4日开始计算。因为在本案中，甲出售一批大豆给乙，双方约定，甲于1999年11月4日在其农场向乙交付大豆，乙于一个月后向甲付款。甲享有的付款请求权为约定履行期限届满之日，即1999年12月3日，因此，其诉讼时效期间计算应从1999年的12月4日起两年内行使付款请求权。

（2）根据我国《民法通则》第139条规定，诉讼时效期间的最后6个月内，因不可抗力和其他障碍不能行使请求权的，诉讼时效中止。本案中，2001年7月4日甲因车祸受伤成了植物人，因对由谁担任其监护人发生争议迟至2001年8月4日才确定由丙担任甲之监护人。该障碍发生在诉讼时效进行的最后6个月内，故发生诉讼时效中止的效力，也就是说，从2001年7月4日至2001年8月4日这一诉讼时效进行中的期间不计算在诉讼时效期间之内。诉讼时效期间从2001年8月4日起继续计算。按照这一计算，权利人甲对付款义务人乙的请求权的诉讼时效至2002年1月3日届满，现甲的监护人丙代理甲于2002年2月3日主张权利，因超过诉讼时效期间，其请求权不应受法律保护。

8.4 经济法律文书

8.4.1 法律文书简述

1. 法律文书的概念

法律文书是指我国公安机关（含国家安全机关）、检察院、法院、监狱或劳改机关以及公证机关、仲裁机关依法制作的处理各类诉讼案件和非诉讼案件的法律文书和案件当事人、律师及律师事务所自书或代书的具有法律效力或法律意义的文书的总称。常用的法律文书有民商裁决文书、行政裁决文书、刑事裁决文书、仲裁法律文书、公证法律文书、诉讼法律文书和非诉法律文书等。

2. 法律文书的特点

法律文书的特点体现在制作的合法性，形式的程式性，内容的法定性，语言的精确性，使用的实效性。形式的程式性特点主要表现在结构固定化和用语成文化两个方面。它具体表现在以下方面：叙事必须真实，说理以法为据，明确适用法律。

8.4.2 法律文书的撰写要求

在撰写法律文书时要求：遵循格式，写全事项；主旨鲜明，阐述精当；叙事清楚，材料真实；依法说理，折服有力；语言精确，朴实庄重。

法律文书在叙述事实时要求：写清事实的基本要素，关键情节具体叙述，因果关系交代清楚，争执焦点抓准记清，财物数量记叙确切，叙述事实平实有序，材料选择真实典型。

法律文书叙述事实主要应写明的要素：民事、行政类案件的案情叙述则围绕当事人各方的纠纷事实来记叙，包括纠纷的内容及其发生的时间、地点、涉及的人物，纠纷的发展过程（起因、过程、结局），各方的争执意见以及证据。刑事案件法律文书叙述事实时要求写明作案（指构成犯罪的事实）的时间、地点、作案人和被害人，作案的目的、动机、情节、手段、造成的后果、作案人的态度以及证据等。

法律文书阐述理由时的基本要求：列举事实证据确凿；分析受理以法为据；据案引法，据法论理；前后照应，通领全文。

8.4.3 民事诉讼文书

民事诉讼文书是指民事纠纷诉讼当事人在整个诉讼活动过程中所制作的各种具有法律意义的文件。各种诉讼文书都必须按照最高人民法院统一规定的格式和要求书写。

1. 民事起诉状

（1）民事起诉状的概念

民事诉状是指是指公民、法人或其他组织，在认为自己的合法权益受到侵害或者与他人发生争议时，向人民法院提交的请求人民法院依法裁判的法律文书。任何民事法律关系主体认为自己的权益被侵犯或与他人发生纠纷时，都依法享有起诉的权利。要行使这种权利就要制作民事起诉状，并提交给有管辖权的人民法院。

（2）民事起诉状的结构和内容

民事起诉状的基本格式是由首部、正文和尾部（含附项）3 部分构成。

① 首部。首部包括标题、原告和被告的身份等内容。

标题应居中写为“民事起诉状”。原告和被告的身份事项，按照原告、被告的顺序分别写明其身份事项，如果同案原告为两人以上，应一一写明。如果同案被告有两人以上，应按责任大小的顺序一一写明。

原告如果是具有民事行为能力的公民，应注明当事人的姓名、性别、出生年月、民族、职业、工作单位和住所（包括户籍所在地与住所地，如户籍与实际居住地不一致的，应注明现居住地址和起住时间）、联系电话、邮政编码。

原告如果是无民事行为能力的公民，应注明当事人或者限制民事行为能力的人，还应写明法定代理人的姓名、性别、年龄、职业、工作单位、住址、同当事人的关系。代理人是律师的，只写姓名、职务及代理律师所在的律师事务所名称。

原告如果为法人或其他组织的应注明其单位全称、地址、邮政编码，另起一行写法人或主要负责人的姓名、职务、联系电话，还应写明企业性质、工商登记核准号、经营范围和方式、开户银行和账号。

② 正文。正文是诉状的主体部分，由诉讼请求、事实与理由 3 部分组成。

诉讼请求是原告请求人民法院依法解决问题的具体内容，即起诉人所要达到的目的和要求。有多项诉讼请求的，可以按顺序列举为一、二、三……诉讼请求应经过慎重考虑后提出，要明确具体，简明扼要，合理合法。

事实部分应写明原告、被告双方民事法律关系存在的事实，以及双方发生民事纠纷的事实或被告侵权的事实及其证据。明确交代被告人犯罪的时间、地点、目的、手段、情节、结果。这是人民法院审查并决定是否受理案件的依据，也是解决双方纠纷问题的前提。写作时，要围绕当事人之间争执的焦点，一般以时间为顺序或把纠纷的焦点综合归纳来写，既要如实地写明案情，又要重点详细地叙述被告侵权的行为后果。特别是要把纠纷的焦点和各自的观点写清楚。

证据是说明事实，它决定着诉讼胜负的关键。要根据证据的“客观性、关联性、法律性”3 要素，凡能支持诉讼的真实性、可靠性的证据都要向法院提供，包括书证、物证、视听资料、证人证言等。对证据的书写，一般是在叙述事实时就列举证据。可在叙述事实时，用括号加以说明，也可在叙述事实之后，单列一段来交代证据。要写明证据的名称、件数或证据线索，应写明证据来源和可靠程度。有证人的，应写明证人的姓名、职业、住址、所能证明的问题，以便人民法院调查。有物证的，应写明是什么样的物证，现在何处。列举书证，要附上证据原件或复印件，并注明材料的出处。原告如认为证据有可能丢失或以后难以取得证据时，在起诉时可以申请证据保全。

理由包括认定案件事实上的理由和提出法律依据的理由。应根据案情和相应的法律、法规和政策，阐明原告对案情性质的分析、被告造成的危害和后果、被告应付的责任，以及如何解决纠纷的看法。在引用法律法规和政策规定时，应引用到条、款、项。

③ 尾部。尾部包括接受诉讼的人民法院名称、署名、起诉日期和附项。

民事起诉状的基本格式

民事起诉状

原告：（名称）__________地址：______________________电话：__________

法定代表人：姓名：______________________职务：______________________

委托代理人：姓名______________性别：____________年龄：__________

民族：______职务：________工作单位：________________________________

住址：____电话：__________

被告：（名称）__________地址：______________________电话：__________

法定代表人：姓名____________________职务：__________________

委托代理人：姓名：___________性别：____________年龄：__________

民族：___________职务：__________工作单位：__________________________

住址：____电话：__________

诉讼请求________________

事实与理由________________

证据和证据来源、证人姓名和住址________________

此致

________人民法院

具状人（姓名）

年 月 日

附：合同副本____份。

本诉状副本____份。

其他证明文件____份。

2. 民事上诉状

（1）民事上诉状的概念

民事上诉状是指诉讼当事人、有独立请求权的第三人和被人民法院判决承担法律责任的无独立请求权的第三人在上诉期限内不服第一审判决裁定，请求上一级人民法院撤销、变更原审判决或裁定而写的法律文书。

上诉权是民事纠纷诉讼当事人的一项重要诉讼权利，任何人不得以任何理由进行限制或予以剥夺。向上一级人民法院上诉，必须提交民事上诉状。

（2）民事上诉状的结构和内容

民事起诉状的基本格式是由首部、正文和尾部（含附项）3部分构成。

① 首部。应写明文书名称，上诉人和被上诉人的基本情况，案由。案由应写明上诉人提出上诉的判决，裁定的案件名称、制作法院、制作时间及判决、裁定的编号，并表明上诉的态度。

② 正文。应写明上诉请求；上诉理由。

上诉请求的内容应当概括、准确、有针对性地请求第二审法院撤销、变更原审法院的哪几条判决或裁定，要求重新作出判决或裁定。

上诉理由是上诉状中最重要的部分。理由是否充分、有无法律依据，直接关系到上诉的胜败。上诉理由针对一审判决，一般可从3个方面提出，即认定事实方面，适用法律方面和适用程序方面。

③ 尾部。应写明致送人民法院的名称；附项；上诉人签名；上诉日期。

民事上诉状的基本格式

民事上诉状

上诉人：（原审原、被告）________地址：________电话：________

法定代表人：姓名：________职务：________

被上诉人：（原审原、被告）地址：________电话：________

法定代表人：姓名：________职务：________

上诉请求________________

____

事实与理由 ____

____

证据和证据来源、证人姓名和住址

此致

______________________ 人民法院

具状人（姓名）

年 月 日

附：合同副本____份。

本诉状副本____份。

其他证明文件____份。

3. 民事答辩状

(1) 民事答辩状的概念

民事答辩状是民事被告、被上诉人针对原告或上诉人的起诉或上诉，阐述自己认定的事实和理由，予以答复和辩驳的一种法律文书。

(2) 民事答辩状的结构和内容

民事答辩状由首部、正文、尾部 3 部分组成。

① 首部。首先居中写明标题“民事答辩状”。其次写答辩人的基本情况，应写明答辩人的姓名、性别、出生年月日、民族、职业、工作单位和职务、住址等。如答辩人系无诉讼行为能力人，应在其项后写明其法定代理人的姓名、性别、出生年月日、民族、职业、工作单位和职务、住址，及其与答辩人的关系。答辩人是法人或其他组织的，应写明其名称和所在地址、法定代表人（或主要负责人）的姓名和职务。如答辩人委托律师代理诉讼，应在其项后写明代理律师的姓名及代理律师所在的律师事务所名称，然后写答辩缘由，应写明答辩人因××一案进行答辩。

② 正文。首先写明答辩的理由，应针对原告或上诉人的诉讼请求及其所依据的事实与理由进行反驳与辩解。被上诉人的答辩主要从实体方面针对上诉人的事实、理由、证据和请求事项进行答辩，全面否定或部分否定其所依据的事实和证据，从而否定其理由和诉讼请求。其次写答辩请求，答辩请求是答辩人在阐明答辩理由的基础上针对原告的诉讼请求向人民法院提出应根据有关法律规定保护答辩人的合法权益的请求。再列举证据，答辩中有关举证事项，应写明证据的名称、件数、来源或证据线索；有证人的，应写明证人的姓名、住址。

③ 尾部。写明致送人民法院的名称、答辩人签名、答辩时间，附项主要应当写明答辩状副本份数和有关证据情况。

民事答辩状格式

民事答辩状

答辩人（姓名）：________ 性别________出生年月日________ 民族________

职业________工作单位和职务________________住址________________________

因________________诉我________________________一案，答辩如下：

____

此致

______人民法院

答辩人：____________

______年___月___日

附：答辩书副本____份。

其他证明文件____份。

4. 申请执行书

（1）申请执行书的概念

申请执行书是根据已生效的民事判决书（或裁定书或调解书）而享有民事权利的一方当事人，在对方当事人拒绝履行义务的情况下，向有管辖权的人民法院提出申请，要求开始执行的一种法律文书。

（2）申请执行书的结构和内容

① 申请执行人、法定代表人、代理人的姓名、性别、年龄、民族、籍贯、职业、工作单位、住址。

② 申请执行事项，应写明申请执行的法律依据，要求执行的具体内容。

③ 申请执行的理由。举出要求对方当事人履行义务的事实根据和法律根据，说明这一要求的正当性、合法性。

④ 对方当事人的基本情况及其拒不履行义务的情况。

⑤ 对方当事人履行义务的能力。

⑥ 结尾。写明申请书交送法院名称、申请人姓名和申请时间。

学习回顾

仲裁指争议双方在争议发生前或争议发生后达成协议，自愿将争议交给仲裁机构作出裁决，双方有义务执行的一种解决争议的方法。仲裁具有自愿性、专业性、保密性、终局性、独立性等特征。仲裁协议是指双方当事人在自愿、协商、平等互利的基础之上将他们之间已经发生或者可能发生的争议提交仲裁解决的书面文件，是申请仲裁的必备材料。一份完整、有效的仲裁协议应当包括下列内容：请求仲裁的意思表达；仲裁事项；选定的仲裁委员会。双方当事人达成仲裁协议，一方向人民法院起诉的，人民法院不予受理。

诉讼是指司法机关在当事人和其他诉讼参与人的参加下，以审理、判决、执行等方式解决民事纠纷的活动，以及由这些活动产生的各种诉讼关系的总和。诉讼具有公权性、强制性、最终性等特征。

诉讼管辖权是指各级法院之间和同级法院之间受理第一审民事案件的分工和权限。民事诉讼按照审判方式的不同，可分为普通程序和简易程序。而普通程序按照审级不同，可分为一审、二审等。

行政复议是指公民、法人或者其他组织认为行政机关的具体行政行为侵犯其合法权益，依法请求行政复议机关对具体行政行为进行审查并作出裁决的法律制度。

法律文书是指我国公安机关（含国家安全机关）、检察院、法院、监狱或劳改机关以及公证机关、仲裁机关依法制作的处理各类诉讼案件和非诉讼案件的法律文书和案件当事人、律师及律师事务所自书或代书的具有法律效力或法律意义的文书的总称。常用的法律文书有民商裁决文书、行政裁决文书、刑事裁决文书、仲裁法律文书、公证法律文书、诉讼法律文书和非诉法律文书等。

知识巩固

1. 仲裁协议应包括哪些内容？
2. 简述法院的诉讼管辖权。
3. 撰写民事起诉状应包括哪些内容？

技能训练

举办模拟法庭，审判某一经济合同纠纷案件。

训练目的：进一步巩固相关实体法和程序法的学习内容，增强运用法律解决实际问题的能力。

训练内容：选择经济合同纠纷案例，扮演不同角色，组建模拟法庭，双方各自收集证据，写出相关法律文书并开庭审判。

训练步骤：选择经济合同纠纷案例；由学生扮演书记员、法官、检察官、律师、案件的当事人、其他诉讼参与人等；各自开展证据收集；组成模拟法庭；模拟开庭审判。

训练成果：形成各种证据；撰写出相应的法律文书；整理出案件案卷。

第9讲

社会保障法律制度（附录）

内容提要

本讲主要介绍劳动法的产生与发展以及我国劳动立法的情况，重点介绍现行的劳动法与劳动合同法，并简要介绍环境保护的重要意义以及我国现行的主要环境保护法律。通过本讲内容，希望学生树立劳动维权意识和环境保护意识。

知识目标

1. 了解劳动法的产生、发展和《中华人民共和国劳动法》规定的劳动者的权利与义务。
2. 熟悉劳动合同签订的形式和条款。
3. 懂得劳动争议的处理程序和劳动合同的变更与解除。
4. 了解和掌握环境保护法的相关法律规定。

实务目标

1. 能够正确判断劳动关系，合理运用法律武器维权。
2. 学会撰写和签订劳动合同。

学时建议

4～6课时

导入案例

小刘是某外国语大学2008届硕士研究生，因外语能力出众被某机关下属的出国留学中介公司看中。小刘还未毕业就被该公司聘为留学顾问。当时，公司沿用了国家机关的习惯，与小刘口头约定见习期一年（2008年2月～2009年2月）。2008年7月，小刘拿到硕士研究生的毕业证书，要求提高工资待遇，遭到公司的拒绝。刘某的工作态度发生转变，对工作任务一拖再拖，甚至出现了严重失误。公司当即决定与小刘解除劳动关系。于是，小刘要求公司向其支付从入职之日到离职之日期间未签订书面劳动合同的双倍工资。公司对小刘的这个要求感到困惑：见习期内需要签订劳动合同吗？如果需要签订合同，合同应该从何时生效呢？

见习期是对应届高校毕业生进行业务适应及考核的一种制度，我国自20世纪50年代起以行政规章的形式开始实行见习期制度。随着时间的推移和市场经济的发展，虽然国家并没有明文废止见习期制度，但高校毕业生由国家分配工作的制度已经基本消亡，由计划经济的“指令分配”变为市场经济的“供需见面及双向选择”。高校毕业生与企业通过市场招聘等双向选择建立的劳动关系，受现行劳动法律法规和保障政策的调整，用人单位无法以见习期制度为由免除法定义务和责任。从2008年1月1日起，凡是中国境内的企业与劳动者建立劳动关系，都应当按照《中华国民共和国劳动合同法》的规定，自用工之日起一个月内订立书面的劳动合同。

分析：本案中，该公司应当按照法律规定在法定期限内与小刘签订书面劳动合同。但是，小刘在取得毕业证前，属于在校学生，不是广义劳动法中合法的劳动者主体，双方形成的是劳务关系而不是劳动关系。对劳务关系的建立形式我国目前尚无明确的法律规定，所以在此期间公司与小刘可以不签订书面合同。小刘取得毕业证后，即具备了劳动者的主体资格，公司与刘某之间的关系由“劳务关系”转变为“劳动关系”。公司应当自双方具备劳动关系条件之日起一个月内与小刘签订书面劳动合同。否则，按照《劳动合同法》的规定，公司将可能承担不订立书面劳动合同而向劳动者支付双倍工资的法律责任。

9.1 劳动法

9.1.1 劳动法简述

1. 劳动法的产生和发展

现代劳动立法起源于 1802 年英国的《学徒健康与道德法》，该法把每天的工作时间限定为 12 小时。1867 年，英国通过立法将“10 小时的限制”适用于所有规定规模的工厂和作坊。1901 年，英国制定的《工厂和作坊法》，对劳动时间、工资给付日期、地点以及建立以生产额多少为比例的工资制等都做了详细的规定。1839 年，德国颁布了《普鲁士工厂矿山条例》。1841 年，法国颁布了《童工、未成年工保护法》，1912

年制定了《劳工法》。20 世纪初，西方国家相继颁布了劳动法规。从此，劳动法从民法中分离出来，成为独立的法律部门。

【知识链接 9.1】

1880 年，美国工人游行集会要求 8 小时工作制。1884 年，联邦贸易组织通过了一项解决方案，以立法的形式规定从 1886 年 5 月 1 日开始执行每日 8 小时工作制。但此后，工人们仍然被强迫每天工作至少 10 小时，这使得该项立法有名存实亡的危险，而各地的联邦首脑对该立法也表现出十分冷淡和不友好的态度，于是一场为争取 8 小时工作的罢工开始了。1886 年 5 月 1 日，美国芝加哥的 20 多万工人为争取实行 8 小时工作制而举行大罢工，经过艰苦的流血斗争，终于获得了胜利。为纪念这次伟大的工人运动，1889 年 7 月第二国际宣布将每年的 5 月 1 日定为国际劳动节。从此，每年的 5 月 1 日就成为全世界无产队级、劳动人民的共同节日。

第一次世界大战后，由于无产阶级斗争的高涨，西方国家陆续制定了很多保护劳动者利益、限制资本家权益的劳动法，如德国在 1918 年颁布了《工作时间法》，明确规定对产业工人实行 8 小时工作制。

十月革命后，俄国在 1918 年颁布了第一部《劳动法典》，1922 年又重新颁布了更完备的《俄罗斯联邦劳动法典》，体现了工人阶级地位的转变和国家对劳动和劳动者的态度。《俄罗斯联邦劳动法典》以法典的形式使劳动法彻底脱离了民法的范畴。

20 世纪 60 年代，西方国家的劳动立法出现了新的趋势。在工人运动的压力下，各主要国家相继颁布了一些改善劳动条件和劳动待遇的法律，如法国颁布了关于改善劳动条件、男女同工同酬、限制在劳动方面种族歧视的法律。日本于 1976 年重新修订了《劳动标准法》，还制定了关于最低工资、劳动安全与卫生、职业训练、女工福利等方面的法律。

20 世纪 70 年代以后，前苏联的劳动立法也有了很大的变化。1970 年颁布了《苏联和各加盟共和国劳动立法纲要》，各加盟共和国又根据这个立法纲要颁布了自己的劳动法典。经过近两个世纪的发展历程，劳动法越来越受到人们的重视，在世界各国的法律体系中已经占有了重要的地位。

2. 我国的劳动立法

中国共产党领导的革命根据地产生了真正代表职工利益的劳动立法。1931 年，中华工农兵苏维埃第一次全国代表大会通过了《中华苏维埃共和国劳动法》。抗日战争时期，各边区政府也曾公布过许多劳动法令。1948 年，第六次全国劳动大会通过了《关于中国职工运动当前任务的决议》，对解放区的劳动问题提出了全面的建议，对调整劳动关系提出了基本原则。

新中国成立后，我国的劳动立法有了新的飞跃。1950 年，中央人民政府公布了《中华人民共和国工会法》，劳动部公布了《关于劳动争议解决程序的规定》。1951 年，我国公布了《中华人民共和国劳动保险条例》。1952 年，我国又发布了《关于劳动就业问题的决定》。1954 年，公布《国营企业内部劳动规则纲要》。1956 年，我国公布了《关于工资改革的决定》、《工厂安全卫生规程》、《建筑安装工程安全技术规程》和

《工人职员伤亡事故报告规程》等重要法律文件。

在全面进行社会主义建设阶段，我国的劳动立法有了新进展。1958 年，国务院公布了《关于工人、职员退休处理的暂行规定》等 4 项重要规定。文革期间，劳动立法基本处于停滞状态。1978 年，国务院发布了《关于实行奖励和计件工资制度的通知》。1982 年，国务院发布了《矿山安全条例》、《矿山安全监察条例》、《锅炉压力容器安全监察暂行条例》等 3 项法律文件。1982 年，国务院发布了《企业职工奖惩条例》。1986 年，国务院发布了《国营企业实行劳动合同制暂行规定》、《国营企业招用工人暂行规定》、《国营企业辞退违纪职工暂行规定》和《国营企业职工待业保险暂行规定》。1986 年，中共中央、国务院联合发布了《全民所有制工业企业职工代表大会条例》。1987 年，国务院发布了《国营企业劳动争议处理暂行规定》，同年劳动部发布了《关于禁止招用童工的通知》。1988 年，国务院颁布了《女职工劳动保护规定》。1992 年，七届全国人大五次会议通过了新的《中华人民共和国工会法》。1992 年，全国人民代表大会常委会通过了《中华人民共和国矿山安全法》。1993 年，国务院颁布了《企业劳动争议处理条例》。1994 年，国务院发布了《关于职工工作时间的规定》。1994 年，《中华人民共和国劳动法》的颁布标志中国劳动法制进入了一个新的历史阶段。

9.1.2 劳动法

广义的劳动法是调整劳动关系以及与劳动关系密切联系的一切关系的法律。狭义的劳动法是指《中华人民共和国劳动法》。(以下简称《劳动法》)

1. 我国《劳动法》概述

《中华人民共和国劳动法》于 1994 年 7 月 5 日第八届全国人大常委会第八次会议通过，1995 年 1 月 1 日起实施。其立法宗旨是为了协调劳资关系，保障劳动者的劳动权利，提升劳动者在社会中的地位。《劳动法》共 13 章 107 条，其内容主要包括：劳动者的主要权利和义务，劳动就业方针政策及录用职工的规定，劳动合同的订立、变更与解除程序的规定，集体合同的签订与执行办法，工作时间与休息时间制度，劳动报酬制度，劳动卫生和安全技术规程，女职工与未成年工的特殊保护办法，职业培训制度，社会保险与福利制度，劳动争议的解决程序，对执行劳动法的监督、检查制度以及违反劳动法的法律责任等。此外，还包括工会参加协调劳动关系的职权的规定。

劳动法的适用范围：在中华人民共和国境内的企业、个体经济组织、民办非企业单位等组织与劳动者建立劳动关系，适用本法。国家机关、事业组织、社会团体和与其建立劳动合同关系的劳动者，依照本法执行。

2. 劳动者的权利与义务

《劳动法》规定的劳动者在劳动关系中有以下权利。

① 平等就业权。平等就业权是指具有劳动能力的公民，有获得职业的权利。这是劳动者依据《劳动法》享有的最重要的权利。公民的平等就业权是公民享有其他各项权利的基础。如果公民的平等就业权不能实现，其他一切权利就会失去基础。

【知识链接 9.2】

国家人事部和卫生部公布了政府部门录用公务员的全国统一体检标准，宣布《公务员录用体检通用标准（试行）》于 2007 年 10 月 19 日起正式实行，首次对公务员体检健康标准予以明确限定。

这次颁布的新标准取消了在身体、外貌方面的具体规定。并明确了肝炎的乙肝病毒携带者可以担任公务员。另外，妇科病、色盲等多种疾病在新标准中也都没有被作为录用为公务员的限制条款。

卫生部官员介绍说，这次规定了 50 多种疾病不能录取为公务员，比以前地方的标准有所放宽。与以往各地各部门执行的体检标准相比，《体检通用标准》呈现 4 大特点：一是取消相貌等外在因素的限制；二是对残疾未作表述；三是规定了复检的程序；四是对乙肝问题作出了科学的表述，即"各种急慢性肝炎，不合格。乙肝病原携带者，经检查排除肝炎的合格"。

② 选择职业权。选择职业权是指劳动者根据自己的意愿选择适合自己才能、爱好的职业的的权利。劳动者拥有自由选择用人单位和工作岗位的权利，有利于劳动者充分发挥自己的特长，促进社会生产力的发展。选择职业权是社会进步的一个标志。

③ 劳动报酬权。劳动者付出劳动，依照合同及国家有关法律取得报酬，是劳动者的权利。而及时足额地向劳动者支付劳动报酬是用人单位的义务。用人单位违法这些应尽的义务，劳动者有权依法要求有关部门追究其责任。

【知识链接 9.3】

2004 年 9 月，劳动和社会保障部、建设部联合发布了《建设领域农民工工资支付管理暂行办法》，对预防和解决建筑业企业拖欠或克扣农民工工资问题，制订了法律规范。

在该暂行办法中规定：企业应当根据劳动合同约定的农民工工资标准等内容，按照依法签订的集体合同或劳动合同约定的日期按月支付工资，并不得低于当地最低工资标准；企业应将工资直接发放给农民工本人，严禁发放给"包工头"或其他不具备用工主体资格的组织和个人；业主或工程总承包企业未按合同约定与建设工程承包企业结清工程款，致使建设工程承包企业拖欠农民工工资的，由业主或工程总承包企业先行垫付农民工被拖欠的工资，先行垫付的工资数额以未结清的工程款为限；企业因被拖欠工程款导致拖欠农民工工资的，企业追回的被拖欠工程款，应优先用于支付拖欠的农民工工资等。

④ 劳动安全卫生保护权。劳动安全卫生保护权是对劳动者生命安全和身体健康最直接的保护。用人单位有防止工伤事故和职业病发生的义务。

例如，《劳动法》规定：劳动者在劳动过程中必须严格遵守安全操作规程；劳动者对用人单位管理人员违章指挥、强令冒险作业，有权拒绝执行；对危害生命和身体健康的行业，有权提出批评、检举和控告。《劳动法》还规定：对年满 16 周岁未满 18 周岁的未成年工，不得安排其从事矿山井下、有毒有害、国家规定的第四级体力劳动强度的劳动和其他禁忌从事的劳动。用人单位应对未成年工定期进行健康检查。对经期、孕期的女工，不得安排从事高空、低温、冷水作业和国家规定的第三组体力劳动强度的劳动，不得安排孕期禁忌从事的劳动。

⑤ 休息权。我国宪法规定，劳动者有休息的权利，国家发展劳动者休息和休养的设施，规定职工的工作时间和休假制度。

例如，《劳动法》规定：劳动者每日工作时间不得超过 8 个小时，平均每周工作时间 40 小时，用人单位应当保证劳动者每周至少休息一日。用人单位在公休日以及法律、法规规定的其他休假日期间，应当依法安排劳动者休假。女工在生育期间享受不少于 90 天的产假。为了使以上劳动者休息、休假的权利能够得以充分实现，国家还提供了各种物质保证，如增设疗养院、休养所、公共文化设施、游乐场所、旅游景点等。

⑥ 社会保险、福利权。社会保险是指国家通过法律强制实施，为劳动者在年老、疾病、生育、失业以及遭受职业伤害的情况下，提供必要的物质帮助的制度。《劳动法》规定的劳动保险包括养老保险、医疗保险、工伤保险、失业保险、生育保险等。社会福利是指政府为社会成员举办的各种公益性事业及为各类残疾人、生活无保障人员提供生活保障的事业。

例如，我国宪法明确规定：公民在年老、患病或丧失劳动能力的情况下有从国家和社会获得物质帮助的权利；国家保障残疾军人的生活，抚恤烈士家属，优待军人家属；国家帮助安排盲、聋、哑和其他残废人的生活。

⑦ 职业技能培训权。职业技能是指劳动者能够掌握和运用专门技术的能力。公民要实现自己的劳动权，必须拥有一定的职业技能，而要获得这些职业技能，必须经过专门的职业培训。如果劳动者没有职业技能培训的权利，平等就业权也就成为一句空话。

⑧ 请求权。当劳动者与用人单位发生劳动争议时，劳动者可以通过申请调解、仲裁、提起诉讼等方式维护自身权益。因此，劳动者的合法权益一旦受到侵犯，就要理直气壮、据理力争，依法到有关部门进行申诉，这是法律赋予劳动者的权利。

⑨ 其他权利。劳动者除了上述各种基本权利以外，还享有一些其他权利，如参与民主管理企业的权利，与用人单位平等协商的权利，依法参加和组织工会的权利等。

根据《劳动法》的规定，劳动者应依法履行下列义务：完成劳动任务的义务；不断提高职业技能；执行劳动安全卫生规程；遵守劳动纪律和职业道德等。

3. 工作时间与休息休假

工作时间是指劳动者根据国家规定，在一昼夜之内或一周之内用于完成本职工作的时间。休息休假是指劳动者在任职期间，根据国家规定，不从事劳动和工作而自行支配的休息时间和法定节假日。

工作日的种类主要包括以下一些。

（1）标准工作日

标准工作日即劳动者每日工作时间不超过 8 小时，每周工作 40 小时。

（2）缩短工作日

缩短工作日是指少于标准工作日的时间（适用于从事有毒有害工作、条件艰苦工作、过度紧张工作、特别繁重体力劳动等）。

（3）延长工作日

延长工作日是指超过标准工作日的工作时间（适用于季节性、突击性的工作）。

① 限制延长工作时间的主要规定：用人单位由于生产经营需要，经与工会和劳动者协商后可以延长工作时间，一般每日不得超过一小时；因特殊原因需要延长工作时间的，在保障劳动者身体健康的条件下延长的工作时间每日不得超过 3 小时，但每月不得超过 36 小时。

② 特殊情况下，延长工作时间不受上述限制的规定：发生自然灾害、事故或其他原因，威胁到劳动者生命健康和财产安全，需要紧急自理的；因生产设备、交通运输线路、公共设施发生故障，影响生产和公众利益，必须及时抢修的。

③ 延长工作时间的补偿待遇规定：安排劳动者延长工作时间的，支付不低于工资的 150%的工资报酬；休息日安排劳动者工作又不能安排补休的，支付不低于 200%的工资；法定休假日安排劳动者工作的，支付不低于工资的 300%的工资。

④ 对违反工时的法律责任：用人单位违反劳动法规定，延长劳动者工作时间的，由劳动行政部门给予警告，责令改正，并处以罚款；用人单位拒不支付劳动者延长工作时间工资报酬的，由劳动部门责令支付劳动者的工资报酬、经济补偿，并责令支付赔偿金。

（4）不定时工作日。指每天无固定工作时间的工作。

休息休假的种类主要包括：一个工作日内的休息时间，两个工作日之间的休息时间，公休假日，法定节日，探亲假（探望配偶者，每年双方中给予一方探亲假一次，为 30 日；未婚职工探望父母者，原则上每年一次，为 20 日），年休假（指职工每年享有保留职务和工资的一定期限连续休息的假期）。

【知识链接 9.4】

国家人力资源和社会保障部公布的《企业职工带薪年休假实施办法》，于 2008 年 9 月 18 日正式实施。在该办法中规定：职工连续工作满 12 个月以上的，享受带薪年休假；职工在同一或者不同用人单位工作期间，以及依照法律、行政法规或者国务院规定视同工作期间，应当计为累计工作时间；职工依法享受的探亲假、婚丧假、产假等国家规定的假期以及因工伤停工留薪期间不计入年休假假期；用人单位经职工同意不安排年休假或者安排职工年休假天数少于应休年休假天数，应当在本年度内对职工应休未休年休假天数，按照其日工资收入的 300%支付未休年休假工资报酬，其中包含用人单位支付职工正常工作期间的工资收入。其中，职工累计工作满 1 年不满 10 年的，年休假 5 天；满 10 年不满 20 年的，年休假 10 天；满 20 年的，年休假 15 天。

4. 工资

工资是指基于劳动关系，用人单位根据劳动者提供的劳动数量和质量，按照劳动合同约定支付的货币报酬。工资总额的构成包括计时工资、计件工资、奖金、津贴和补贴、加班加点工资和特殊情况下支付的工资。不列入工资总额的范围包括：根据国务院发布的有关规定颁发和支付的各种奖金，购买劳动保护用品的支出，职工出差费用，职工福利费用，劳动保险费用等。

工资立法的基本原则包括：按劳分配原则，同工同酬原则，在经济发展的基础上逐步提高工资水平的原则等。

我国的工资制度主要有以下一些。

① 等级工资制。等级工资制是指根据劳动者的技术等级或职务等级划分工资级别，按等级发放工资的制度。等级工资制可以保证按劳分配原则和效益公平原则的贯彻实施，促进劳动者学习技术和钻研业务的积极性和主动性。

② 效益工资制。效益工资制是指企业工资总额同企业经济效益挂钩的制度。实行效益工资制，将劳动者的工资与企业效益和自身贡献相联系，有利于提高劳动者的工作积极性。

③ 最低工资制度。最低工资是指用人单位对单位时间劳动必须按法定最低标准支付的工资。《劳动法》规定：最低工资具体标准由省、自治区、直辖市人民政府规定，报国务院备案。

【知识链接 9.5】

最低工资标准一般采取月最低工资标准和小时最低工资标准两种形式，月最低工资标准适用于全日制就业劳动者，小时最低工资标准适用于非全日制就业劳动者。

确定最低工资标准一般要考虑的因素有：当地城镇居民生活费用支出、职工个人缴纳社会保险费、住房公积金、职工平均工资、失业率、经济发展水平等。

截至 2008 年，除西藏外，我国内地其余省、自治区、直辖市人民政府均正式颁布实施了当地的最低工资标准。以月最低工资标准为例，如：

2008 年 7 月 1 日，台湾 1 万 8 千元新台币，约合 4000 元人民币；

2008 年 7 月 1 日，深圳特区内 1000 元人民币，特区外为 900 元人民币；

2008 年 4 月 1 日，上海 960 元人民币；

2008 年 2 月 20 日，广州 860 元人民币；

2008 年 7 月 1 日，北京 800 元人民币；

2008 年 1 月 1 日，沈阳 600 元人民币。

特殊情况下的工资是指依法或按协议在非正常工作情况下支付给职工的工资。其种类主要有以下一些。

（1）履行国家和社会义务期间的工资。如依法行使选举权和被选举权，当选代表出席乡、区以上政府、党派、工会、青年团、妇女联合会等组织召开的会议，出任人民法庭证明人，不脱产工会基层委员会委员因工会活动占用的生产或工作时间，其他依法参加的社会活动等。

（2）加班工资。

（3）婚假、丧假、年休假、探亲假工资。

（4）停工期间的工资。如劳动者因本身过失造成的停工不发给过失者津贴，非因劳动者本身过失造成的停工一般按本人标准工资 75%发给停工津贴，非劳动者本人过失造成的停工（试用新机器、新工具，试行先进经验及合理化建议期间）按本人标准工资 100%发给停工津贴。

（5）企业依法破产时劳动者的工资。

5. 劳动争议处理

劳动争议是指劳动关系双方当事人因劳动问题引起的纠纷。

劳动争议受理的范围包括以下一些。

① 因企业开除、除名、辞退职工和职工辞职、自动离职发生的争议。

② 因执行国家有关工资、保险、福利、培训、劳动保护的规定发生的争议。

③ 因履行劳动合同发生的争议。

④ 法律、法规规定应当按照本条例处理的其他劳动争议。

劳动争议处理的程序（见图 9-1）:《劳动法》规定劳动争议发生后，当事人可以向本单位劳动争议调解委员会申请调解；调解不成，当事人一方要求仲裁的，可以向劳动争议仲裁委员会申请仲裁。当事人一方也可以直接向劳动争议仲裁委员会申请仲裁。对仲裁裁决不服的，可以向人民法院提起诉讼。其中，用人单位的劳动争议调解委员会由职工代表、用人单位代表和工会代表组成，该委员会主任由工会代表担任。

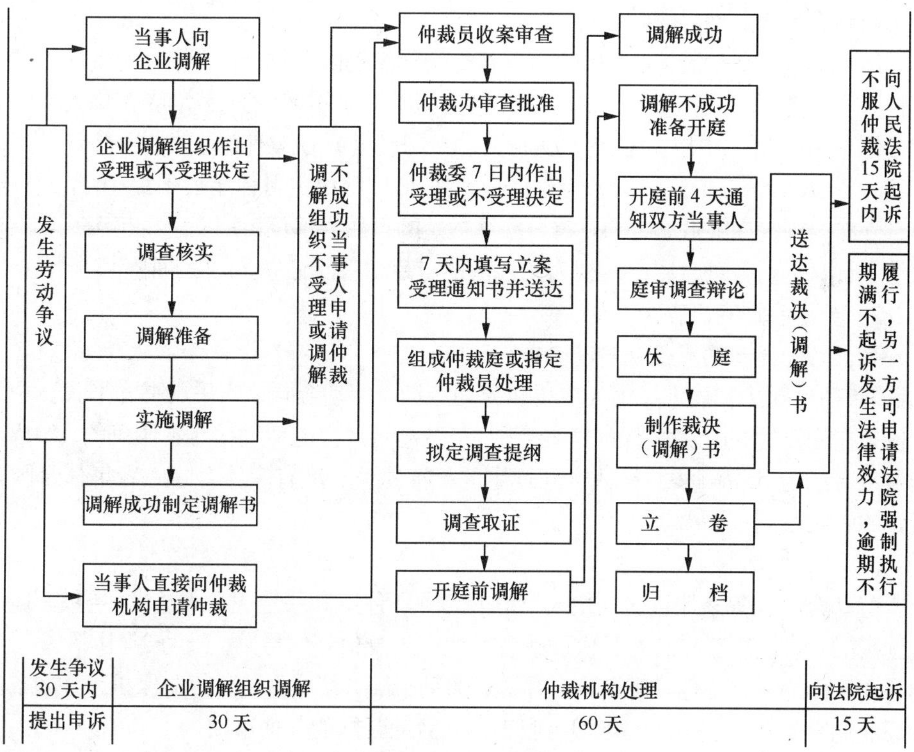

图 9-1　劳动争议处理程序图

9.1.3　劳动合同法

《中华人民共和国劳动合同法》（以下简称《劳动合同证》）于 2007 年 6 月 29 日第十届全国人大常委会第二十八次会议通过，自 2008 年 1 月 1 日起施行。劳动合同法共分 8 章 98 条，其立法宗旨是为了完善劳动合同制度，明确劳动合同双方当事人的权利和义务，保护劳动者的合法权益，构建和发展和谐稳定的劳动关系。

1. 劳动合同概述

劳动合同是指劳动者与用人单位之间为确立劳动关系，依法协商达成双方权利、义务的协议。

《劳动合同法》的适用范围：中华人民共和国境内的企业、个体经济组织、民办非企业单位等组织（即用人单位）与劳动者建立劳动合同关系，适用本法。国家机关、事业单位、社会团体和与其建立劳动合同关系的劳动者，依照本法执行。

订立劳动合同应遵循合法、公平、平等自愿、协商一致、诚实信用的原则。

劳动合同分为固定期限劳动合同、无固定期限劳动合同和以完成一定工作任务为期限的劳动合同 3 种。

① 固定期限劳动合同，是指用人单位与劳动者约定合同终止时间的劳动合同。

② 无固定期限劳动合同，是指用人单位与劳动者约定无确定终止时间的劳动合同。

③ 以完成一定工作任务为期限的劳动合同，是指用人单位与劳动者约定以某项工作的完成为合同期限的劳动合同。

用人单位与劳动者协商一致，可以订立无固定期限劳动合同。除劳动者提出订立固定期限劳动合同外，应当订立无固定期限劳动合同的情形有：劳动者在用人单位连续工作满 10 年的；用人单位初次实行劳动合同制度或者国有企业改制重新订立劳动合同时，劳动者在该用人单位连续工作满 10 年且距法定退休年龄不足 10 年的；连续订立二次固定期限劳动合同且符合法律规定的。用人单位自用工之日起满一年不与劳动者订立书面劳动合同的，视为用人单位与劳动者已订立无固定期限劳动合同。

2. 劳动合同的订立

（1）劳动合同的形式

《劳动合同法》规定：用人单位和劳动者订立劳动合同，应采用书面形式。用人单位未在用工的同时订立书面劳动合同，与劳动者约定的劳动报酬不明确的，新招用的劳动者的劳动报酬按照集体合同规定的标准执行；没有集体合同或者集体合同未规定的，实行同工同酬。

（2）劳动合同条款

劳动合同必备条款包括：用人单位的名称、住所和法定代表人或者主要负责人，劳动者的姓名、住址和居民身份证或者其他有效身份证件号码，劳动合同期限，工作内容和工作地点，工作时间和休息休假，劳动报酬，社会保险，劳动保护、劳动条件和职业危害防护，法律、法规规定应当纳入劳动合同的其他事项。

劳动合同除了必备条款外，用人单位与劳动者可以约定试用期、培训、保守秘密、补充保险和福利待遇等其他事项。

（3）试用期

指劳动者从报到上班、岗前培训、岗位熟悉到正式胜任工作岗位所需的时间。试用期包含在劳动合同期限内。劳动者在试用期的工资不得低于本单位相同岗位最低档工资或者劳动合同约定工资的 80%，并不得低于用人单位所在地的最低工资标准。

《劳动合同法》规定：劳动合同期限 3 个月以上不满一年的，试用期不得超过 1 个月；劳动合同期限一年以上不满 3 年的，试用期不得超过两个月；3 年以上固定期限和无固定期限的劳动合同，试用期不得超过 6 个月。

同一用人单位与同一劳动者只能约定一次试用期。

以完成一定工作任务为期限的劳动合同或者劳动合同期限不满 3 个月的，不得约定试用期。

3. 劳动合同的履行和变更

（1）劳动合同的履行

用人单位与劳动者应当按照劳动合同的约定，全面履行各自的义务。用人单位应当向劳动者及时足额支付劳动报酬。用人单位拖欠或者未足额支付劳动报酬的，劳动者可以依法向当地人民法院申请支付令，人民法院应当依法发出支付令。

用人单位不得强迫或者变相强迫劳动者加班。用人单位安排加班的，应当按照国家有关规定向劳动者支付加班费。

劳动者拒绝用人单位管理人员违章指挥、强令冒险作业的，不视为违反劳动合同。劳动者对危害生命安全和身体健康的劳动条件，有权对用人单位提出批评、检举和控告。

（2）劳动合同的变更

用人单位变更名称、法定代表人、主要负责人或者投资人等事项，不影响劳动合同的履行。用人单位发生合并或者分立等情况，原劳动合同继续有效，劳动合同由承继其权利和义务的用人单位继续履行。用人单位与劳动者协商一致，可以变更劳动合同约定的内容。变更劳动合同，应当采用书面形式。

4. 劳动合同的解除与终止

（1）劳动合同的解除

用人单位与劳动者协商一致，可以解除劳动合同。劳动者提前30日以书面形式通知用人单位，可以解除劳动合同。劳动者在试用期内提前3日通知用人单位，可以解除劳动合同。

用人单位有下列情形之一的，劳动者可以解除劳动合同：

① 未按照劳动合同约定提供劳动保护或者劳动条件的；

② 未及时足额支付劳动报酬的；

③ 未依法为劳动者缴纳社会保险费的；

④ 用人单位的规章制度违反法律、法规的规定，损害劳动者权益的；

⑤ 因非法订立劳动合同致使劳动合同无效的；

⑥ 法律、行政法规规定劳动者可以解除劳动合同的其他情形。

【案例分析9.1】

王某大学毕业后被分配到某公司从事科研工作，后来公司出资10万元派其到国外培训。回国后，王某与公司签订了为期12年的劳动合同。合同约定，公司出资培训过的人员服务期限不得少于10 年。两年后，王某欲另谋高就，向单位提出辞职申请。单位不同意，为此双方发生争议，王某辞职未成后拒绝上班，致使公司损失20万元。公司为此申请仲裁，要求王某继续履行合同并赔偿培训费及直接经济损失。在该案中，王某虽然按照法定程序提出辞职，但违反了劳动合同的约定。因此，王某可以辞职，但给公司造成的经济损失应承担赔偿责任。正确的做法是：王某辞职不成，应该请求法律的支持，在未辞职前应该继续上班。

用人单位以暴力、威胁或者非法限制人身自由的手段强迫劳动者劳动的，或者用人单位违章指挥、强令冒险作业危及劳动者人身安全的，劳动者可以立即解除劳动合同，不需事先告知用人单位。

【案例分析 9.2】

小王是某建筑公司起重机的一名操作员。有一天，该公司的起重机出现故障送去修理，但因为工期紧张，就从外单位借来一台起重机交给小王操作。小王发现该起重机已经停用两年，连钢丝绳也有轻微的损坏。于是，他就跟部门经理提出，起重机必须先进行全面的检验，合格之后才能操作。部门经理很生气，要求小王马上开工，否则辞退他。在该案中，部门经理的做法就属于“违章指挥、强令冒险作业”，小王有权拒绝，公司不能以此为由解除小王的劳动合同。

劳动者有下列情形之一的，用人单位可以解除劳动合同：

① 在试用期间被证明不符合录用条件的；

② 严重违反用人单位的规章制度的；

③ 严重失职，营私舞弊，给用人单位造成重大损害的；

④ 劳动者同时与其他用人单位建立劳动关系，对完成本单位的工作任务造成严重影响，或者经用人单位提出，拒不改正的；

⑤ 因非法订立劳动合同致使劳动合同无效的；

⑥ 被依法追究刑事责任的。

有下列情形之一的，用人单位提前 30 日以书面形式通知劳动者本人或者额外支付劳动者一个月工资后，可以解除劳动合同：

① 劳动者患病或者非因工负伤，在规定的医疗期满后不能从事原工作，也不能从事由用人单位另行安排的工作的；

② 劳动者不能胜任工作，经过培训或者调整工作岗位，仍不能胜任工作的；

③ 劳动合同订立时所依据的客观情况发生重大变化，致使劳动合同无法履行，经用人单位与劳动者协商，未能就变更劳动合同内容达成协议的。

劳动者有下列情形之一的，用人单位不得解除劳动合同：

① 从事接触职业病危害作业的劳动者未进行离岗前职业健康检查，或者疑似职业病病人在诊断或者医学观察期间的；

② 在本单位患职业病或者因工负伤并被确认丧失或者部分丧失劳动能力的；

③ 患病或者非因工负伤，在规定的医疗期内的；

④ 女职工在孕期、产期、哺乳期的；

⑤ 在本单位连续工作满 15 年，且距法定退休年龄不足 5 年的；

⑥ 法律、行政法规规定的其他情形。

用人单位单方解除劳动合同，应当事先将理由通知工会。用人单位违反法律、行政法规规定或者劳动合同约定的，工会有权要求用人单位纠正。用人单位应当研究工会的意见，并将处理结果书面通知工会。

（2）劳动合同的终止

有下列情形之一的，劳动合同终止：

① 劳动合同期满的；

② 劳动者开始依法享受基本养老保险待遇的；

③ 劳动者死亡，或者被人民法院宣告死亡或者宣告失踪的；

④ 用人单位被依法宣告破产的；

⑤ 用人单位被吊销营业执照、责令关闭、撤销或者用人单位决定提前解散的；

⑥ 法律、行政法规规定的其他情形。

用人单位违反规定解除或者终止劳动合同，劳动者要求继续履行劳动合同的，用人单位应当继续履行；劳动者不要求继续履行劳动合同或者劳动合同已经不能继续履行的，用人单位应当依法支付赔偿金。

5. 监督检查与法律责任

（1）监督检查

国务院劳动行政部门负责全国劳动合同制度实施的监督管理。

县级以上地方人民政府劳动行政部门负责本行政区域内劳动合同制度实施的监督管理。县级以上地方人民政府劳动行政部门实施监督检查时，有权查阅与劳动合同、集体合同有关的材料，有权对劳动场所进行实地检查，用人单位和劳动者都应当如实提供有关情况和材料。县级以上人民政府建设、卫生、安全生产监督管理等有关主管部门在各自职责范围内，对用人单位执行劳动合同制度的情况进行监督管理。

工会依法维护劳动者的合法权益，对用人单位履行劳动合同、集体合同的情况进行监督。用人单位违反劳动法律、法规和劳动合同、集体合同的，工会有权提出意见或者要求纠正；劳动者申请仲裁、提起诉讼的，工会依法给予支持和帮助。

任何组织或者个人对违反本法的行为都有权举报，县级以上人民政府劳动行政部门应当及时核实、处理，并对举报有功人员给予奖励。

（2）法律责任

① 用人单位直接涉及劳动者切身利益的规章制度违反法律、法规规定的，由劳动行政部门责令改正，给予警告；给劳动者造成损害的，应当承担赔偿责任。

② 用人单位提供的劳动合同文本未载明劳动合同必备条款或者用人单位未将劳动合同文本交付劳动者的，由劳动行政部门责令改正；给劳动者造成损害的，应当承担赔偿责任。

③ 用人单位自用工之日起超过一个月不满一年未与劳动者订立书面劳动合同的，应当向劳动者每月支付两倍的工资。

④ 用人单位违反规定不与劳动者订立无固定期限劳动合同的，自应当订立无固定期限劳动合同之日起向劳动者每月支付两倍的工资。

⑤ 用人单位违反规定与劳动者约定试用期的，由劳动行政部门责令改正；违法约定的试用期已经履行的，由用人单位以劳动者试用期满月工资为标准，按已经履行的超过法定试用期的期间向劳动者支付赔偿金。

⑥ 用人单位违反规定，扣押劳动者居民身份证等证件的，由劳动行政部门责令限期退还劳动者本人，并依照有关法律规定给予处罚。

⑦ 用人单位违反规定，以担保或者其他名义向劳动者收取财物的；劳动者依法解除或者终止劳动合同，用人单位扣押劳动者档案或者其他物品的。由劳动行政部门

责令限期退还劳动者本人，并以每人500元以上2000元以下的标准处以罚款；给劳动者造成损害的，应当承担赔偿责任。

【小案例 9.1】

某女士应聘到一家酒店上班时，酒店要求其交纳500元押金，用于员工服装等费用。半年后，该女士离职，她要求酒店退还500元押金，但该酒店以其已经穿了其中一套工作服为由，只答应退还其中的200元。由于我国法律有明确规定，所以劳动部门要求该酒店如数退还500元押金，并对该酒店处以相应罚款。

⑧ 用人单位有下列情形之一的，由劳动行政部门责令限期支付劳动报酬、加班费或者经济补偿；劳动报酬低于当地最低工资标准的，应当支付其差额部分；逾期不支付的，责令用人单位按应付金额50%以上100%以下的标准向劳动者加付赔偿金：未按照劳动合同的约定或者国家规定及时足额支付劳动者劳动报酬的；低于当地最低工资标准支付劳动者工资的；安排加班不支付加班费的；解除或者终止劳动合同，未依照本法规定向劳动者支付经济补偿的。

⑨ 用人单位有下列情形之一的，依法给予行政处罚；构成犯罪的，依法追究刑事责任；给劳动者造成损害的，应当承担赔偿责任：以暴力、威胁或者非法限制人身自由的手段强迫劳动的；违章指挥或者强令冒险作业危及劳动者人身安全的；侮辱、体罚、殴打、非法搜查或者拘禁劳动者的；劳动条件恶劣、环境污染严重，给劳动者身心健康造成严重损害的。

6. 特别规定

（1）集体合同

集体合同是企业与工会之间就劳动报酬、工作时间、休息休假、劳动安全卫生、保险福利等事项签订的书面集体协议。集体合同不规定劳动者个人的劳动条件，仅规定劳动者的集体劳动条件。用人单位与劳动者订立的劳动合同中劳动报酬和劳动条件等标准不得低于集体合同规定的标准。

集体合同订立后，应当报送劳动行政部门。劳动行政部门自收到集体合同之日起15日内未提出异议的，集体合同自动生效。

（2）劳务派遣

劳务派遣是指劳务派遣单位根据劳务需求单位（即实际用工单位）的要求，与劳务需求单位签订派遣合同，将与之建立劳动合同关系的劳动者派往劳务需求单位，受派劳动者在劳务需求单位的指挥和管理下提供劳动，劳务派遣单位从劳务需求单位获取派遣费，并向派遣劳动者支付劳动报酬的一种特殊劳动关系见图9-2。

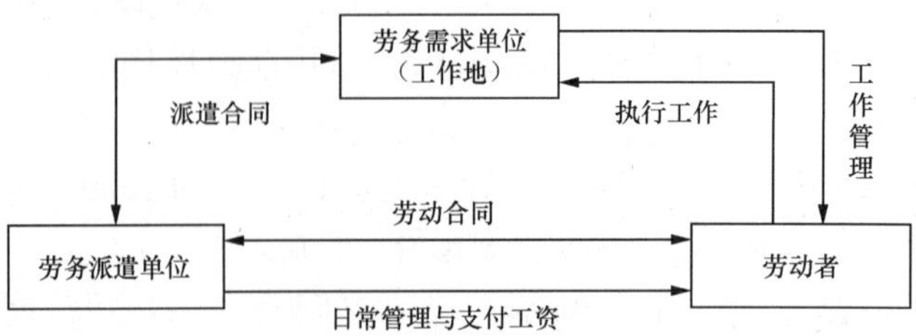

图9-2 劳务派遣

【小案例 9.2】

某女士被一家劳务公司派遣到某单位做清扫工作，在工作期间意外从二楼跌落，造成肋骨骨折。在该种情况下，应由劳务公司首先为其支付医疗费用。

其中，劳务派遣单位应当依照公司法的有关规定设立，其注册资本不得少于 50 万元人民币。劳务派遣单位应当与被派遣劳动者订立两年以上的固定期限劳动合同，按月支付劳动报酬；被派遣劳动者在无工作期间，劳务派遣单位应当按照所在地人民政府规定的最低工资标准，向其按月支付报酬。被派遣劳动者享有与用工单位的劳动者同工同酬的权利。劳务派遣一般在临时性、辅助性或者替代性的工作岗位上实施。用人单位不得设立劳务派遣单位向本单位或者所属单位派遣劳动者。

（3）非全日制用工

非全日制用工是指以小时计酬为主，劳动者在同一用人单位一般平均每日工作时间不超过 4 小时，每周工作时间累计不超过 24 小时的用工形式。非全日制用工双方当事人可以订立口头协议，并不得约定试用期，劳动报酬结算支付周期最长不得超过 15 日。其任何一方都可以随时通知对方终止用工，用人单位在用工终止时不向劳动者支付经济补偿。

【小案例 9.3】

某学生业余时间在快餐店里找了一份兼职工作，要求月底发放当月工资，而快餐店不同意。该学生的兼职行为属于非全日制用工，我国法律规定：非全日制用工的工资报酬结算周期最长不能超过 15 天。所以该学生的工资结算应该每半月一次。

9.2 环境保护法

9.2.1 环境保护简述

1. 环境保护的重要性

1962 年，美国生物学家蕾切尔·卡逊出版了《寂静的春天》一书，该书阐释了农药杀虫剂滴滴涕（DDT）对环境的污染和破坏作用。1970 年，美国政府成立了环境保护局，开展环境保护与治理工作。1972 年，由联合国发起并召开了“第一届联合国人类环境会议”，提出了著名的《人类环境宣言》，环境保护事业正式引起世界各国政府重视。

我国的环境保护事业起步于 1972 年北京市成立官厅水库保护办公室。1973 年，国家建委下设的环境保护办公室成立，后改为有国务院直属的部级国家环境保护总局。2008 年，中华人民共和国环境保护部成立。

正是由于人类生存的环境在不断被破坏，环境保护才日益引起人们的关注与重视。从世界范围来看，由于世界人口与日俱增，人们对生活水平的要求不断提高，对粮食的需求量在逐年增加，而耕地面积有限，为了获取更多的粮食产量，过度垦荒，过度使用化肥、农药，过度放牧，过度捕捞，造成森林植被的消失、生物多样性的减少、土壤剥蚀严重、沿海地带被污染等。而不规范的工业化又造成资源浪费，生态污染，气候变暖，海平面升高等。

我国环境污染问题也呈日益严重趋势。环境问题在很大程度上是人类社会发展，尤其是以牺牲环境为代价搞发展的必然产物。保护环境就是保护人类自己，这不仅是政府管理社会的重要责任，也是每个人的责任。建立环境保护的法制体系，让环境保护理念深入人心，通过法律约束与治理环境问题，是目前我国需要完成的重要任务。

2. 可持续发展

1987 年，世界环境与发展委员会在其出版的《我们共同的未来》报告中将“可持续发展”定义为：“既能满足当代人的需要，又不对后代人满足其需要的能力构成危害的发展。”可持续发展就是将经济、社会、资源和环境保护协调起来发展，既要发展经济，又要保护好人类赖以生存的自然资源和环境，使人类能够永续发展。在地球环境日益严峻的今天，可持续发展已经得到了国际社会的广泛共识。

环境保护是可持续发展的重要方面。但可持续发展的核心是发展，其要求在严格控制人口、提高人口素质、保护环境和资源永续利用的前提下进行经济和社会的发展。

为了全面推动可持续发展战略的实施，我国政府于 2003 年制定了《中国 21 世纪初可持续发展行动纲要》。其发展目标如下。

① 通过国民经济结构战略性调整，完成从“高消耗、高污染、低效益”向“低消耗、低污染、高效益”转变。促进产业结构优化升级，减轻资源环境压力，改变区域发展不平衡，缩小城乡差别。

② 继续大力推进扶贫开发，进一步改善贫困地区的基本生产、生活条件，加强基础设施建设，改善生态环境，逐步改变贫困地区经济、社会、文化的落后状况，提高贫困人口的生活质量和综合素质，巩固扶贫成果，尽快使尚未脱贫的农村人口解决温饱问题，并逐步过上小康生活。

③ 严格控制人口增长，全面提高人口素质，建立完善的优生优育体系和社会保障体系，基本实现人人享有社会保障的目标；社会就业比较充分；公共服务水平大幅度提高；防灾减灾能力全面提高，灾害损失明显降低。加强职业技能培训，提高劳动者素质，建立健全国家职业资格证书制度。到 2010 年，全国人口数量控制在 14 亿以内，年平均自然增长率控制在 9%以内。全国普及九年义务教育的人口覆盖率进一步提高，初中阶段毛入学率超过 95%，高等教育毛入学率达到 20%左右，青壮年非文盲率保持在 95%以上。

④ 合理开发和集约高效利用资源，不断提高资源承载能力，建成资源可持续利用的保障体系和重要资源战略储备安全体系。

⑤ 全国大部分地区环境质量明显改善，基本遏制生态恶化的趋势，重点地区的生态功能和生物多样性得到基本恢复，农田污染状况得到根本改善。到 2010 年，森林覆盖率达到 20.3%，治理“三化”（退化、沙化、碱化）草地 3300 万公顷，新增治理水土流失面积 5000 万公顷，二氧化硫、工业固体废物等主要污染物排放总量比前 5 年下降 10%，设市城市污水处理率达到 60%以上。

⑥ 形成健全的可持续发展法律、法规体系，完善可持续发展的信息共享和决策咨询服务体系，全面提高政府的科学决策和综合协调能力，大幅度提高社会公众参与可持续发展的程度，参与国际社会可持续发展领域合作的能力明显提高。

为了保障发展目标的实现，同时提出了 6 项保障措施：运用行政手段，提高可持续发展的综合决策水平；运用经济手段，建立有利于可持续发展的投入机制；运用科教手段，为推进可持续发展提供强有力的支撑；运用法律手段，提高全社会实施可持续发展战略的法制化水平；运用示范手段，做好重点区域和领域的试点示范工作；加强国际合作，为国家可持续发展创造良好的国际环境。

3.《京都议定书》

近年来，可靠的科学探测表明：地球的气候正在变暖。为了使人类免受气候变暖的威胁，1997 年《联合国气候变化框架公约》第 3 次缔约方大会在日本京都召开。149 个国家和地区的代表通过了旨在限制发达国家温室气体排放量以抑制全球变暖的《京都议定书》。我国于 2002 年核准了该议定书，目前已有 170 多个国家批准加入该议定书，世界主要工业发达国家中只有美国没有签署《京都议定书》。

《京都议定书》规定，到 2010 年，所有发达国家二氧化碳等 6 种温室气体的排放量，要比 1990 年减少 5.2%。具体削减目标是：欧盟削减 8%、美国削减 7%、日本削减 6%、加拿大削减 6%、东欧各国削减 5%～8%。新西兰、俄罗斯和乌克兰可将排放量稳定在 1990 年的水平上。

2005 年《京都议定书》正式生效。这是人类历史上首次以法规的形式限制温室气体排放。为了促进各国完成温室气体减排目标，议定书允许采取以下 4 种减排方式。

① 两个发达国家之间可以进行排放额度买卖的“排放权交易”，即难以完成削减任务的国家，可以花钱从超额完成任务的国家买进超出的额度。

② 以“净排放量”计算温室气体排放量，即从本国实际排放量中扣除森林所吸收的二氧化碳的数量。

③ 可以采用绿色开发机制，促使发达国家和发展中国家共同减排温室气体。

④ 可以采用“集团方式”，即欧盟内部的许多国家可视为一个整体，采取有的国家削减、有的国家增加的方法，在总体上完成减排任务。

9.2.2　我国的主要环境保护法律

我国的环境保护法律除了《宪法》、《刑法》等规定外，主体法主要包括自然资源法律和环境保护法律两个方面。自然资源方面的法律主要有《森林法》、《草原法》、《渔业法》、《矿产资源法》、《土地管理法》、《野生动物保护法》、《煤炭法》、《节约能源法》、《水法》、《畜牧法》等。环境保护方面的法律主要有《海洋环境保护法》、《水污染防治法》、《大气污染防治法》、《环境保护法》、《城市规划法》、《水土保持法》、《固体废物污染环境防治法》、《环境噪声污染防治法》、《防震减灾法》、《建筑法》、《海域使用管理法》、《防沙治沙法》、《环境影响评价法》、《清洁生产促进法》、《放射性污染防治法》、《可再生能源法》等。

1. 环境保护法

《中华人民共和国环境保护法》于 1989 年 12 月施行。该法共 6 章 47 条，第 1 章为总则，第 2 章为环境监督管理，第 3 章为保护和改善环境，第 4 章为防治环境污染和其他公害，第 5 章为法律责任，第 6 章为附则。《中华人民共和国环境保护法》是我国环境保护方面的基本法律，它用法律的形式确定了我国环境保护监督管理体制，规定了相关的法律责任，为全面加强环境保护工作提供了法律保障。

【知识链接 9.6】

《中国人民共和国环境保护法》第 26 条规定：建设项目中防治污染的措施，必须与主体工程同时设计、同时施工、同时投产使用。防治污染的设施必须经原审批环境影响报告书的环境保护行政主管部门验收合格后，该建设项目方可投入生产或者使用。

"三同时"制度是具有中国特色并行之有效的环境管理制度，其具体内容如下。

① 在建设项目的设计阶段，应当编制环境保护篇章，包括建设项目环境影响报告、防治环境污染和生态破坏的措施以及环境保护设施投资概算。

② 建设项目的主体工程完工后，其配套建设的环境保护设施必须与主体工程同时投入试运行。

③ 建设项目试生产期间，建设单位应当对环境保护设施运行情况和建设项目对环境的影响进行监测。

④ 建设项目竣工后，建设单位应当向环境保护行政主管部门，申请该建设项目需要配套建设的环境保护设施竣工验收。

2. 大气污染防治法

《中华人民共和国大气污染防治法》于 2000 年 9 月施行。该法共 7 章 66 条，主要对大气污染防治的监督管理体制、防治燃烧产生的大气污染、防治机动车船排放污染以及防治废气、尘和恶臭污染的主要措施与法律责任等均做了较为明确、具体的规定。该法标志着我国环境保护法规的进一步完善，环境保护事业逐步走向法制化。

【知识链接 9.7】

排污收费制度是指向环境排放污染物或超过规定标准排放污染物的排污者，依照国家法律法规按标准交纳费用的制度。排污收费制度是为了促使排污者加强经营管理，节约和综合利用资源，治理污染，改善环境，体现了"谁污染、谁治理"的原则。

在《中华人民共和国大气污染防治法》中对排污收费制度作出如下规定。

① 国家实行按照向大气排放污染物的种类和数量征收排污费的制度。

② 根据加强大气污染防治的要求和国家的经济、技术条件合理制定排污费的征收标准。

③ 征收排污费必须遵守国家规定的标准，具体办法和实施步骤由国务院规定。

④ 征收的排污费一律上缴财政，专款专用，按照国务院的规定用于大气污染防治，不得挪作他用，并由审计机关依法实施审计监督。

3. 水污染防治法

《中华人民共和国水污染防治法》于 2008 年 6 月施行。该法共 8 章 92 条，在旧法的水污染防治规划、环境影响评价、“三同时”制度、排污申报和收费制度、饮用水地表水源保护等基本法律制度基础上进行了新的规定，其特点如下。

① 加大了地方政府对水环境保护的责任。

② 明确了违法界限：超标排放水污染物即违法。

③ 重点水污染物排放总量控制制度得到进一步强化。

④ 全面推行排污许可证制度。

⑤ 完善水环境监测网络，建立水环境信息统一发布制度。

⑥ 完善饮用水水源保护区管理制度。

⑦ 强化城镇污水防治管理体制。

⑧ 增加了防治农业和农村水污染的规定。

⑨ 建立了水污染应急反应制度。

⑩ 加大了对违法排污行为的处罚力度。

4. 环境影响评价法

《中华人民共和国环境影响评价法》于 2003 年 9 月施行。该法共 5 章 83 条，其立法宗旨是：为了实施可持续发展战略，预防因规划和建设项目实施后对环境造成不良影响，促进经济、社会和环境的协调发展。

《环境影响评价法》的主要特点如下。

① 对环境影响评价进行了详细的强制性规定。

② 充分保护公众的环保知情权和参与权。

③ 明确了环境影响评价不仅在规划和项目建设之前，还要在建设中和建设后进行跟踪评价，以确保环境质量的稳定。

④ 在程序设计上充分考虑了环境影响评价的公正性。如该法律规定：预审、审核、审批建设项目环境影响评价文件，不得收取任何费用。

⑤ 明确规定了相应的法律责任。

学习回顾

本讲首先介绍了劳动法的产生和发展。现代劳动立法起源于 1802 年英国的《学徒健康与道德法》。经过近两个世纪的发展历程，劳动法在世界各国的法律体系中已经占有了重要的地位。我国的劳动立法出现于 20 世纪初。新中国建立后，我国的劳动立法有了新的飞跃。

广义的劳动法是调整劳动关系以及与劳动关系密切联系的一切关系的法律。狭义的劳动法是指《中华人民共和国劳动法》。

《我国的劳动法》自 1995 年 1 月 1 日起实施，其内容主要包括：劳动者的主要权利和义务，劳动就业方针政策及录用职工的规定，劳动合同的订立、变更与解除程序的规定，集体合同的签订与执行办法，工作时间与休息时间制度，劳动报酬制度，劳动卫生和安全技术规程，女职工与未成年工的特殊保护办法，职业培训制度，社会保险与福利制度，劳动争议的解决程序，对执行劳动法的监督、检查制度以及违反劳动法的法律责任等。此外，还包括工会参加协调劳动关系的职权的规定。

《劳动合同法》自2008年1月1日起施行。其立法宗旨是为了完善劳动合同制度，明确劳动合同双方当事人的权利和义务，保护劳动者的合法权益，构建和发展和谐稳定的劳动关系。

我国的环境保护事业起步于1972年。我国的环境保护法律已经建立基本体系，本讲简要介绍了《中华人民共和国环境保护法》、《中华人民共和国大气污染防治法》、《中华人民共和国水污染防治法》和《中华人民共和国环境影响评价法》。

知识巩固

1.《劳动法》规定的劳动者在劳动关系中的权利主要有哪些？

2.《劳动法》对限制延长工作时间和延长工作时间的补偿待遇是如何规定的？

3. 工资立法的基本原则包括哪些？

4. 劳动争议在时处理是怎样的程序？

5.《劳动合同法》的适用范围是什么？

6. 劳动合同必备条款包括哪些内容？

7.《劳动合同法》对试用期是怎么规定的？

8. 用人单位有哪些情形劳动者可以单方解除劳动合同？

9. 什么是可持续发展？

10.《中华人民共和国环境影响评价法》的主要特点是什么？

案例分析

2007年太湖蓝藻事件

从2007年5月27日开始，江苏省无锡市太湖蓝藻大规模爆发。供给全市市民的饮水源也迅速被蓝藻污染，太湖水质开始恶化。无锡市70%的市民没有办法正常用水，人们处于恐慌之中，大肆抢购各种水及饮料。

太湖蓝藻事件的主要原因是大量污染物被排放到水体中，致使太湖水体富营养化，加之夏季的高温少雨，蓝藻大量生长、繁殖所致。污染物主要有3个方面的来源。一是没有经过有效处理的生活污水直接排放到湖中。二是工业污染物的排放，工业污染主要集中在纺织印染业、化工原料及化学制品制造业、食品制造业等领域。虽然近年来太湖流域实施达标排放，但由于经济高速发展，污染排放量迅速增加。随着产业转移加快，一些技术含量低、污染严重的工业企业转移到了监管相对薄弱的农村，大量工业污染物沿着河网进入太湖，使太湖工业污染控制更加困难。三是农业面源物，就是农业生产过程中所产生的一些污染物，如我国农村过量和不合理地使用农药、化肥，小规模畜禽养殖的畜禽粪便，以及未经处理的农业生产废弃物、农村生活垃圾和废水等。

太湖蓝藻事件给我们敲响了生态危机的警钟。中国现在已经进入“水污染密集爆发阶段”，凸显经济高速成长之痛。对此，国家环保总局宣布，中国将在太湖、巢湖、滇池流域制定更严格的环保标准，对违法排污者采取“高限处罚”措施，并进一步扩大“区域限批”范围。随后，国家有关部门频频动用财税杠杆，调控“两高一资”行业，遏制资源过度开发畸形出口，抑制高能耗、高污染行业投资反弹。

技能训练

模拟仲裁劳动争议处理。

1. 训练目的：应用劳动法，增强实践能力。
2. 训练内容：选择案例，模拟劳动用工双方及仲裁庭。
3. 训练步骤：学生分组，扮演不同角色；组内讨论；现场模拟；指导教师总结。
4. 训练成果：各组学生上交一份训练总结（含模拟各方的文件）。

参考文献

[1] 胡德华. 2011. 经济法概论（第三版）. 北京：清华大学出版社.

[2] 王立波. 2010. 经济法教程（第二版）. 北京：清华大学出版社.

[3] 刘泽海. 2010. 新编经济法教程. 北京：清华大学出版社.

[4] 钱晓英. 2010. 经济法概论. 北京：电子工业出版社.

[5] 全承相，李茂华. 2009. 经济法概论. 北京：清华大学出版社.

[6] 张德实. 2008. 经济法实务（第二版）. 北京：高等教育出版社.

[7] 曲振涛，王福友. 2007. 经济法（第二版）. 北京：高等教育出版社.

[8] 严成根. 2007. 经济法. 北京:高等教育出版社.

[9] 陈解生. 2004. 注册会计师全国统一考试（经济法）考点精粹. 北京：朝华出版社.

[10] 陈小君. 2002. 合同法学. 北京：中国政法大学出版社.

[11] 单飞跃. 2001. 经济法. 长沙：湖南大学出版社.

[12] 胡德华. 1999. 市场经济法律知识. 北京：中国商业出版社.

[13] 李艳芳. 2001. 以案说法. 北京：中国人民大学出版社.

[14] 李永军. 2001. 合同法案例教程. 北京：知识产权出版社.

[15] 吕景胜. 2000. 经济法实务. 北京：中国人民大学出版社.

[16] 牛洪光. 2003. 经济法. 北京：机械出版社.

[17] 王德福等. 2003. 经济法教程. 哈尔滨：黑龙江人民出版社.

[18] 王建平. 2000. 经济法. 北京：东北财经大学出版社.

[19] 游文丽. 2000. 经济法. 北京：中信出版社.

[20] 全国会计专业技术资格考试领导小组办公室. 2002. 经济法. 北京：经济科学出版社.

[21] 全国会计专业技术资格考试应试精华编写组. 2002. 应试精华（中级经济法）. 北京：中国商业出版社.